Disfrute gratuitamente **DURANTE UN AÑO**
del eBook de esta obra
Fraudes e incumplimientos laborales de las personas trabajadoras

⊘ Acceda a la página web de la editorial **www.colex.es**

⊘ Identifíquese con su usuario y contraseña. En caso de no disponer de una cuenta regístrese.

⊘ Acceda en el menú de usuario a la pestaña «Mis códigos» e introduzca el que aparece a continuación:

RASCAR PARA VISUALIZAR EL CÓDIGO

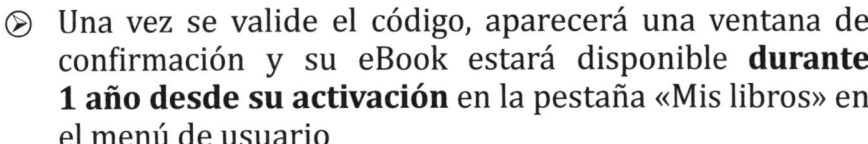

⊘ Una vez se valide el código, aparecerá una ventana de confirmación y su eBook estará disponible **durante 1 año desde su activación** en la pestaña «Mis libros» en el menú de usuario

¡Gracias por confiar en Colex!

La obra que acaba de adquirir incluye de forma gratuita la versión electrónica. Acceda a nuestra página web para aprovechar todas las funcionalidades de las que dispone en nuestro lector.

Funcionalidades eBook

Acceso desde cualquier dispositivo

Idéntica visualización a la edición de papel

Navegación intuitiva

Tamaño del texto adaptable

Puede descargar la APP "Editorial Colex" para acceder a sus libros y a todos los códigos básicos actualizados.

Síguenos en: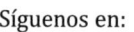

FRAUDES E INCUMPLIMIENTOS LABORALES DE LAS PERSONAS TRABAJADORAS

FRAUDES E INCUMPLIMIENTOS LABORALES DE LAS PERSONAS TRABAJADORAS

Guía práctica para el ejercicio del poder de dirección y disciplinario frente a los incumplimientos laborales de las personas trabajadoras

3.ª EDICIÓN 2024

Obra realizada por el Departamento de Documentación de Iberley

COLEX 2024

© Editorial Colex, S.L.
Calle Costa Rica, número 5, 3.º B (local comercial)
A Coruña, 15004, A Coruña (Galicia)
info@colex.es
www.colex.es

I.S.B.N.: 978-84-1194-246-1
Depósito legal: C 19-2024

SUMARIO

1. PODER DE DIRECCIÓN Y DISCIPLINARIO DEL EMPRESARIO . . . 11

1.1. Poder de dirección del empresario y aproximación a su aplicación 11

1.2. Poder disciplinario o sancionador del empresario y aproximación a su aplicación 15

    1.2.1. Facultades disciplinarias del empresario y mejoras legales para evitar la discriminación en el ámbito laboral. 19

    1.2.2. Facultades disciplinarias del empresario y el principio de indemnidad. . . .21

    1.2.3. El poder disciplinario y la tolerancia empresarial sobre las conductas imputadas a la persona trabajadora 25

2. EL RÉGIMEN SANCIONADOR. 29

2.1. Deberes laborales básicos de los trabajadores: ¿la persona trabajadora puede desobedecer las órdenes del empresario? 29

2.2. Conocimiento por el empresario de la infracción: ¿cuándo prescribe una sanción laboral? 32

2.3. Sanción prohibida: multa de haber o reducción de vacaciones o descansos 39

2.4. Procedimiento para la imposición de la sanción: ¿Cómo se sanciona? ¿Cómo advertir correctamente a un trabajador? 41

    2.4.1. Calificación y graduación de faltas y sanciones 41

    2.4.2. Tipos de faltas y sanciones. 43

    2.4.3. Inexistencia de convenio colectivo y aplicación de la sanción 53

2.5. Revisión judicial de las sanciones impuestas a las personas trabajadoras. . . .54

    2.5.1. Notas comunes al régimen jurídico de la imposición de sanciones al trabajador 55

    2.5.2. Cuestiones previas a la impugnación de sanciones por parte del trabajador. 56

    2.5.3. ¿Cómo impugnar una sanción laboral de la empresa? 58

    2.5.4. Confirmación, revocación o nulidad judicial de la sanción impuesta al trabajador. 62

    2.5.5. Recursos contra las sentencias que confirmen, revoquen o anulen la sanción impuesta al trabajador. 64

3. EL DESPIDO DISCIPLINARIO 67

3.1. Procedimiento para la realización del despido disciplinario 69

   3.1.1. Posible prescripción de la falta de la que derive y formalidades
del despido disciplinario 70

   3.1.2. La comunicación del despido disciplinario 72

   3.1.3. Inexistencia de convenio colectivo ante un despido disciplinario 78

3.2. Incumplimiento grave y culpable 80

3.3. Incumplimientos contractuales que pueden originar un despido
disciplinarios 83

   3.3.1. Mala conducta hacia compañeros o superiores 83

   3.3.2. Trasgresión de la buena fe y abuso de confianza como causa de
despido disciplinario 96

   3.3.3. Disminución en el rendimiento laboral 105

   3.3.4. Absentismo laboral injustificado e impuntualidad 110

   3.3.5. Acoso laboral o *mobbing* como motivo del despido disciplinario . . . 117

   3.3.6. Embriaguez o toxicomanía habitual como causa del despido
disciplinario 123

   3.3.7. Indisciplina y desobediencia 128

3.4. Revisión judicial del despido disciplinario 130

   3.4.1. Proceso de impugnación del despido disciplinario 131

   3.4.2. Procedencia, improcedencia o nulidad de despido disciplinario 134

**4. GARANTÍAS DE LOS REPRESENTANTES DE LOS
TRABAJADORES EN RELACIÓN CON EL DESPIDO** 139

**5. EL MEDIO DE PRUEBA Y SU OBTENCIÓN PARA LAS
SANCIONES O DESPIDO DISCIPLINARIO DE LA PERSONA
TRABAJADORA** 141

5.1. La videovigilancia: ¿pueden las empresas usar grabaciones para
justificar la sanción o el despido? 144

5.2. Correo electrónico de los empleados: ¿es posible el acceso al
correo electrónico de la persona trabajadora por parte de la empresa? . . 151

5.3. Datos obtenidos por geolocalización: ¿es posible el despido o la
sanción utilizando dispositivos de geolocalización como prueba? 156

5.4. Detectives: ¿una empresa puede contratar un detective privado si
sospecha de un fraude por parte de la persona trabajadora? 163

5.5. Publicaciones en redes sociales: ¿es posible la sanción o despido
por el contenido que la persona trabajadora publica en redes sociales? . 169

5.6. WhatsApp: ¿es medio válido de prueba? ¿Es un canal válido para la
comunicación del despido o la sanción? 176

5.7. Canal de denuncias 187

5.7.1. Procedimiento de gestión del canal de denuncias: canales de denuncias internos y externos 187

5.7.2. Denuncias internas 189

5.7.3. Denuncias externas 193

6. ANÁLISIS DE LAS FALTAS MÁS FRECUENTES COMETIDAS POR LAS PERSONAS TRABAJADORAS

6. ANÁLISIS DE LAS FALTAS MÁS FRECUENTES COMETIDAS POR LAS PERSONAS TRABAJADORAS 197

6.1. Fraude para obtener o conservar prestaciones por incapacidad temporal . . 197

6.2 Incumplimientos relacionados con el registro horario y la jornada laboral . . 202

6.3. Concurrencia y competencia desleal de la persona trabajadora 204

ANEXO I. CASOS PRÁCTICOS

Caso práctico | ¿Las grabaciones constituyen una prueba válida para justificar el despido disciplinario? 209

Caso práctico | ¿Es posible realizar un despido disciplinario reconociendo la improcedencia? 211

Caso práctico | ¿Es posible imponer una sanción consistente en la reducción de jornada? 213

Caso práctico | ¿Se puede cobrar el paro tras un despido disciplinario? 215

Caso práctico | Cálculo de la indemnización en caso de consideración del despido disciplinario como improcedente 217

Caso práctico | ¿Es posible despedir disciplinariamente a un trabajador por mentir en su currículum vitae? 221

ANEXO II. FORMULARIOS

Carta de sanción por falta laboral al trabajador 225

Carta de sanción por falta muy grave con suspensión de empleo y sueldo. . 227

Carta de despido disciplinario 229

Papeleta de conciliación en reclamación por despido disciplinario improcedente 231

Papeleta de conciliación para la impugnación de sanción laboral al trabajador. 233

Demanda para la impugnación de sanción impuesta al trabajador. 235

Demanda contra despido disciplinario para su consideración como improcedente 239

1.
PODER DE DIRECCIÓN Y DISCIPLINARIO DEL EMPRESARIO

El **poder de dirección** podría definirse como la potestad del empresario de alterar, de forma unilateral, los límites de la prestación laboral, siempre que no supongan modificaciones sustanciales de las condiciones de trabajo. El **poder disciplinario y sancionador,** por su parte, le permite sancionar a aquellos trabajadores que no cumplan con sus deberes laborales.

1.1. Poder de dirección del empresario y aproximación a su aplicación

La Constitución Española y el Estatuto de los Trabajadores regulan varios preceptos de los que se deriva directamente el poder de dirección empresarial:

1. Se reconoce la libertad de empresa en el marco de la economía de mercado. Los poderes públicos garantizan y protegen su ejercicio y la defensa de la productividad, de acuerdo con las exigencias de la economía general y, en su caso, de la planificación.

2. Las personas trabajadoras prestan sus servicios «dentro del ámbito de organización y dirección» de un empresario (art. 1.1 del ET).

3. Es deber básico del trabajador «cumplir las órdenes e instrucciones del empresario en el ejercicio regular de sus funciones directivas» [art. 5 c) del ET].

4. El trabajador estará obligado a realizar el trabajo convenido bajo la dirección del empresario o persona en quien este delegue (art. 20.2 del ET).

5. El contrato de trabajo podrá extinguirse por decisión del empresario, mediante despido basado en un incumplimiento grave y culpable del trabajador (art. 54 del ET).

La titularidad del poder de dirección corresponde al empresario. Sin embargo, el ejercicio de este poder suele delegarse, ya que su extensión e intensidad no puede ser idéntica para los distintos tipos de relaciones laborales existentes, y más, cuando tenemos en cuenta las relaciones laborales al amparo de las nuevas tecnologías donde, opciones como el teletrabajo terminan por desdibujar las interacciones entre las partes.

La persona trabajadora estará obligada a realizar el trabajo convenido bajo la dirección del empresario o persona en quien este delegue, toda vez que en el cumplimiento de la obligación de trabajar asumida en el contrato, **el trabajador debe la diligencia y colaboración en el trabajo que marquen las disposiciones legales, los convenios colectivos y las órdenes o instrucciones adoptadas** por aquel en el ejercicio regular de sus facultades de dirección y, en su defecto, por los usos y costumbres. En cualquier caso, el trabajador y el empresario se someterán en sus prestaciones recíprocas a las exigencias de la buena fe.

Para lo anterior, el empresario podrá adoptar las **medidas que estime más oportunas de vigilancia y control para verificar el cumplimiento por el trabajador de sus obligaciones y deberes laborales, guardando en su adopción y aplicación la consideración debida a su dignidad** y teniendo en cuenta, en su caso, la capacidad real de los trabajadores con discapacidad (art. 20.3 del ET).

Potestad normativa

Como bien indicó la STS, rec. 17/2007, de 11 de junio de 2008, ECLI:ES:TS:2008:3541, «(...) Las instrucciones de la empresa no son en nuestro ordenamiento ninguna norma, porque no forman parte del sistema de fuentes de ordenación de la relación laboral que define el artículo 3 del Estatuto de los Trabajadores, salvo cuando pudieran generar una condición más beneficiosa que se incorporase al vínculo contractual por la vía del apartado c) del n.º 1 de ese precepto, si bien en este caso tampoco se trataría propiamente de una norma, sino de una condición de origen contractual. Pero no por ello puede concluirse que este tipo de instrucciones son necesariamente ilícitas, pues las mismas pueden constituir un ejercicio legítimo del poder directivo empresarial, si bien hay que aclarar que no se trata ya del poder de dirección de la prestación laboral (artículo 20 del Estatuto de los Trabajadores), sino del poder general de dirección en el marco de cualquier organización compleja y jerárquica».

De esta forma, el empresario está facultado para emitir ciertos tipos de «normas» como:

a) **Normas con carácter general, como códigos de conducta**. La base legal para la existencia de esta regulación interna en la empresa la encontramos en el art. 5.c) del ET y art. 20.1 y 20.2 del ET, dentro de la facultad que el texto estatutario concede al empresario sobre la dirección y control del trabajo. Siendo este el auténtico principio tenido en cuenta por la doctrina jurisprudencial para conceder eficacia jurídica de los —códigos de conducta—, a pesar, como se reiterará, de no ser acordados con la representación de los trabajadores y regular cuestiones alejadas de las obligaciones impuestas por el contrato de trabajo.

En relación con los límites legales a la hora de determinar su contenido nos encontraremos tanto los derechos fundamentales e indisponibles de los trabajadores reconocidos en la legislación, como los establecidos por el convenio colectivo de aplicación. Igualmente ha de prevalecer cualquier condición individualmente pactada con el trabajador (STSJ de Cataluña, n.º 808/2011, de 02 de febrero, ECLI:ES:TSJCAT:2011:1864; STSJ de Galicia, n.º 2896/2015, de 22 de mayo, ECLI:ES:TSJGAL:2015:4187).

b) **Normas concretas para el desarrollo de la actividad laboral**. Como pueden ser directrices, órdenes o instrucciones para desempeñar determinados trabajos, o normas relacionadas con la prevención de riesgos laborales, protocolos para prevenir el acoso o fomentar la igualdad.

Ius variandi empresarial

El denominado *ius variandi* podría definirse como la manifestación del poder de dirección empresarial para organizar y ordenar las prestaciones laborales, asociado al poder disciplinario para reprimir las conductas ilícitas de las personas trabajadoras, siempre, sometido al respeto de los derechos fundamentales.

La normativa sustantiva laboral es rígida en ciertos aspectos sobre cualquier modificación de las condiciones de trabajo, pero permite que en aplicación del *ius variandi*, el empresario puede cambiar condiciones de la prestación laboral de forma unilateral mientras no se trate de una modificación sustancial de las condiciones de trabajo (arts. 41 y 83.2 del ET), en las que sería necesario seguir los cauces legales establecidos.

En línea, la STS n.º 271/2022, de 29 de marzo, ECLI:ES:TS:2022:1375, viene a recopilar la doctrina en esta materia para significar que «(...) por modificación sustancial de las condiciones de trabajo hay que entender aquéllas de tal naturaleza que alteren y transformen los aspectos fundamentales de la relación laboral, entre ellas, las previstas en la lista ad exemplum del art. 41.2 pasando a ser otras distintas, de un modo notorio, mientras que cuando se trata de simples modificaciones accidentales, éstas no tienen dicha condición siendo manifestaciones del poder de dirección y del ius variandi empresarial».

Límites al poder de dirección

El poder de dirección del empresario no es absoluto o ilimitado, se encuentra sujeto a límites materiales, entre ellos (STSJ de Madrid n.º 1095/2018, de 7 de diciembre de 2018, ECLI:ES:TSJM:2018:12557):

> «Que la falta se encuentre tipificada en la norma legal o convencional de aplicación a la empresa, de manera que no sancione por conductas que no estén descritas en tales normas.
>
> Que la graduación de la falta se haya realizado atendiendo a principios de individualización y proporcionalidad correspondiendo al Juez de lo Social examinar si la sanción impuesta es acorde a la gravedad de la conducta del trabajador, teniendo en cuenta la trayectoria profesional, la antigüedad, los hechos coetáneos y posteriores, la mayor o menor responsabilidad.
>
> Que no se discrimine a los trabajadores en la imposición de la sanción cuando concurren los mismos hechos salvo circunstancias que justifiquen la imposición de sanciones diferentes.
>
> Que no se haya sancionado previamente por los mismos hechos o principio de non bis in idem.
>
> Que la sanción impuesta no esté prohibida legalmente, como la disminución de vacaciones o descansos y multas de haber.
>
> También el ejercicio del poder disciplinario por los empresarios está sometido a límites formales, como son la comunicación escrita al trabajador por faltas graves y muy graves haciendo constar la fecha y los hechos que lo motivan (artículo 58.2 ET) con la debida concreción para evitar imputaciones vagas o genéricas que impidan garantizar el derecho de defensa del trabajador en el acto del juicio, y la aportación de expediente contradictorio cuando se trate de sanciones a los representantes legales y sindicales, así como audiencia a los delegados sindicales cuando el trabajador sancionado esté afiliado a un Sindicato (artículo 114 y 115 LRJS)».

En este sentido, el Pleno del Tribunal Constitucional, en la STC n.º 39/2016, de 3 de marzo, ha establecido una serie de pautas para considerar correcto y constitucional cualquier medida restrictiva de derechos fundamentales y el poder de dirección por parte del empresario, como son:

1. **Juicio de idoneidad.** Si tal medida es susceptible de conseguir el objetivo propuesto.

2. **Juicio de necesidad.** Si además esta medida es necesaria, en el sentido de que no exista otra medida más moderada para la consecución de tal propósito con igual eficacia.

3. **Juicio de proporcionalidad.** Si la medida es ponderada o equilibrada, por derivarse de ella más beneficios o ventajas para el interés general que perjuicios sobre otros bienes o valores en conflicto.

Dentro de los límites al poder de dirección, resulta imprescindible el análisis de las **nuevas tecnologías** en la medida en la que la aparición de **nuevas formas para el control de la actividad** puede chocar frontalmente con derechos fundamentales de las personas trabajadoras como el de la intimidad, la propia imagen, o, el derecho a la desconexión digital, en base al nuevo entorno normativo que ha supuesto la publicación del Reglamento (UE) 2016/679 del Parlamento Europeo y del Consejo, de 27 de abril de 2016, (Reglamento general de protección de datos) y la Ley Orgánica 3/2018, de 5 de diciembre, de Protección de Datos Personales y garantía de los derechos digitales (LOPDGDD) y la Ley 10/2021, de 9 de julio, de trabajo a distancia.

> **RESOLUCIÓN RELEVANTE**
>
> **SAN n.º 251/2021, de 30 de noviembre, ECLI:ES:AN:2021:4743**
>
> *«En el marco de los límites impuestos al poder de dirección y control del empresario en el desarrollo de la relación laboral cabe citar la doctrina sostenida por el Tribunal Constitucional referida a la necesidad de mantener un adecuado equilibrio entre las obligaciones del trabajador y la facultad de control empresarial, pero siempre teniendo presente que los derechos fundamentales que el trabajador ostenta prevalecen sobre el derecho de control del empresario (STC 6/1998, de 21 de enero), por lo que aquéllos constituyen límites negativos para el poder de control empresarial y operan como derechos de defensa frente a un ejercicio ilegítimo del mismo por parte del empleador. Y es precisamente en este sentido en el que los arts. 20.3 y 18 ET aluden al respeto de la dignidad del trabajador como base de todos los derechos fundamentales, de modo que la proyección de la dignidad de la persona en general y los derechos fundamentales en particular en el control por parte del empresario no sólo va a permitir superar una visión patrimonialista de la relación laboral, sino que va a situar a la actividad de control empresarial en sus justos términos, erigiéndose los derechos fundamentales del trabajador en límites a la discrecionalidad del ejercicio del poder de control del empresario».*

1.2. Poder disciplinario o sancionador del empresario y aproximación a su aplicación

En virtud del art. 58.1 del ET, «los trabajadores podrán ser sancionados por la dirección de las empresas en virtud de incumplimientos laborales, de acuerdo con la graduación de faltas y sanciones que se establezcan en las disposiciones legales o en el convenio colectivo que sea aplicable». No obstante, la valoración de las faltas y las sanciones impuestas por la dirección de la empresa serán siempre revisables ante la jurisdicción social en caso de reclamación por parte del trabajador, mediante el procedimiento de impugnación de sanciones regulado en los arts. 114 y 115 de la LRJS.

Como establece la STC n.º 17/2000, rec. de amparo 1.628/1996, 31 de enero de 2000, ECLI:ES:TC:2000:17, «(...) el empresario, en nuestro sistema legal, tiene atribuido un llamado poder disciplinario que le permite adoptar decisiones sancionadoras de eficacia inmediata, sin necesidad de acudir a las instancias judiciales para su imposición y efectividad, siendo su contrapartida "el correlativo derecho del trabajador, además de otras garantías, de instar y obtener en la vía judicial laboral la revisión de la conformidad a derecho de tal decisión empresarial"».

A excepción de las causas de despido, el Estatuto de los Trabajadores no establece una clara tipificación de las conductas sancionables, de este modo, **corresponde al empresario elegir la sanción que estime oportuna dentro de las limitadas en la negociación colectiva.**

A TENER EN CUENTA. Para que la empresa pueda imponer una sanción al trabajador esta debe encontrarse tipificada como tal en el convenio colectivo de aplicación.

Los **límites que se han de observar sobre las sanciones** son los siguientes:

1. Las personas trabajadoras «(...) podrán ser sancionados por la dirección de las empresas en virtud de incumplimientos laborales, **de acuerdo con la graduación de faltas y sanciones que se establezcan en las disposiciones legales o en el convenio colectivo** que sea aplicable» (art. 58.1 del ET).

2. No se podrán imponer sanciones que consistan en la reducción de la duración de las **vacaciones** u otra **minoración** de los derechos al descanso del trabajador o **multa de haber** (art. 58.3 del ET).

3. Moderación en el ejercicio de la facultad disciplinaria, de forma que exista una **proporcionalidad entre la falta cometida y la sanción impuesta.**

4. La potestad sancionadora ha de ejercerse **sin vulnerar el principio de igualdad y la prohibición de discriminaciones.**

5. **Criterio individualizador**, en cuanto se ha de atender a la singularidad de cada caso.

6. Principio de **presunción de inocencia.**

7. La valoración de las faltas y las correspondientes sanciones impuestas por la dirección de la empresa serán siempre **revisables ante la jurisdicción social.**

8. La sanción de las faltas graves y muy graves requerirá **comunicación escrita** al trabajador, haciendo constar la fecha y los hechos que la motivan.

9. Los miembros del comité de empresa y los delegados de personal, como representantes legales de los trabajadores, tendrán, derecho a la apertura de expediente contradictorio en el supuesto de sanciones por faltas graves o muy graves, en el que serán oídos, aparte del interesado, el comité de empresa o restantes delegados de personal (art. 68 a] del ET).

10. Para que una desobediencia en el trabajo sea susceptible de ser sancionada como despido es necesario que se trate de un **incumplimiento grave, trascendente e injustificado**.

¿QUÉ HA DE TENERSE EN CUENTA A LA HORA DE IMPONER UNA SANCIÓN A LA PERSONA TRABAJADORA?

FACULTADES SANCIONADORAS → El art. 58 del ET atribuye las facultades sancionadoras a la dirección de la empresa.

DETERMINACIÓN DE LAS FALTAS LABORALES → Los convenios colectivos contienen el régimen disciplinario en la empresa, definiendo las faltas laborales y las sanciones aparejadas a las mismas.

GRADUACIÓN DE LAS FALTAS → Las faltas se deben graduar en leves, graves y muy graves. → Atendiendo a la intención, importancia, y trascendencia del incumplimiento, al igual que a la reincidencia.

PROPORCIONALIDAD → Es necesaria una perfecta proporcionalidad y adecuación entre la sanción que se impone y la gravedad de la falta cometida.

SANCIONES NO PERMITIDAS → El empresario no podrá imponer sanciones que impliquen multa de haber, o minoración del derecho de vacaciones o de cualquier otro derecho de descanso del trabajador.

PRESCRIPCIÓN DE FALTAS → Art. 60 del ET → Las faltas leves prescribirán a los 10 días. / Las faltas graves prescribirán a los 20 días. / Las faltas graves prescribirán a los 60 días. → A partir de la fecha en que la empresa tuvo conocimiento de su comisión y, en todo caso, a los 6 meses de haberse cometido.

PROPORCIONALIDAD → Es necesaria una perfecta proporcionalidad y adecuación entre la sanción que se impone y la gravedad de la falta cometida.

SANCIONES DE DESPIDO → Art. 54.1 del ET → Para que el incumplimiento del trabajador pueda dar lugar, de manera legítima, a la extinción de su contrato de trabajo, es preciso:
- El incumplimiento tenga las características de gravedad y culpabilidad.
- Se trate de conductas como, por ejemplo, la existencia de faltas repetidas e injustificadas de asistencia o puntualidad al trabajo.

RESOLUCIONES RELEVANTES

STSJ de Navarra n.º 298/2021, 7 de octubre de 2021, ECLI:ES:TSJNA:2021:529

La empresa en la comunicación remitida al trabajador no indicó la fecha de efectos de la sanción, demorando su efectividad al momento en que la sanción resultase firme.

«(...) no se incumple la exigencia de consignar la fecha de efectos de la sanción cuando se demora dicha fecha al momento en que la sanción sea firme o a cualquier otro, pues nada impide que en la fijación de aquellos tal fecha se demore, con posposición incluso a la del transcurso del plazo legalmente establecido para su impugnación».

«(...) no puede afirmarse que, en el presente caso, la comunicación de la sanción no indique la fecha de efectividad de la sanción, sino que tal efectividad queda referida al momento en que dicha sanción adquiera firmeza. En la comunicación se dice que la sanción deberá cumplirse "en las fechas que se le comuniquen una vez que la sanción alcance su firmeza", expresión que a diferencia de lo que afirma la parte recurrente sí concreta la fecha de efectos de la sanción que se cumplirá una vez que la misma alcance firmeza. El mero hecho de que se establezca que la empresa comunicará al trabajador las fechas no es sino una referencia al hecho de que cuándo se produzca la firmeza de la sanción, y no antes, se establecerán las fechas de cumplimiento, no existiendo por tanto imprecisión alguna determinante de una posible nulidad de la sanción».

STSJ de Extremadura n.º 247/2011, de 26 de mayo de 2011, ECLI:ES:TSJEXT:2011:874

«(...) el Tribunal Supremo, en Sentencia de 2 de abril de 1.992, ha declarado que "las infracciones que tipifica el art. 54.2 ET, para erigirse en causa que justifiquen sanción de despido, han de alcanzar cotas de culpabilidad y gravedad suficiente, lo que excluye su aplicación bajo meros criterios objetivos, exigiéndose, por el contrario, análisis individualizado de cada conducta, tomando en consideración las circunstancias que configuran el hecho, así como las de su autor, pues sólo desde tal perspectiva cabe apreciar la proporcionalidad de la sanción, ya que tales infracciones (...)"».

STSJ de Andalucía n.º 247/2004, de 26 de junio, ECLI:ES:TSJAND:2004:3687

«Como ha declarado el Tribunal Constitucional el principio de presunción de inocencia es de escasa aplicabilidad en el proceso laboral, incluso en el supuesto del despido disciplinario basado en el incumplimiento contractual del trabajador, pues las normas contenidas en el artículo 1214 del Código Civil y en el artículo 55 del Estatuto de los Trabajadores cubren las exigencias que laten en el mencionado derecho fundamental (SSTC 81/1988 de 28 de abril y 53/1995 de 23 de febrero). Además, la presunción de inocencia, por ser tal, cede tras la prueba, incluso mínima, si es suficientemente acreditativa de la culpabilidad, siempre que se lleve a efecto algún acto probatorio encaminado a acreditar la culpabilidad del trabajador, según sentencia del Tribunal Supremo de 19 de diciembre de 1989. En el mismo sentido, la sentencia del Tribunal Constitucional 153/00 de 12 de junio de 2000, exige que la imputación efectuada al trabajador para extraer una consecuencia jurídica tan grave como el despido precisa del suficiente respaldo probatorio y no de simples conjeturas o sospechas».

CUESTIÓN

¿Qué es una multa de haber?

La multa de haber —según establece la STS n.º 582/2021, de 27 de mayo, ECLI:ES:TS:2021:2264— *«(...) consiste en la detracción de salario devengado o al que el trabajador tiene derecho».* El empresario no puede interponer una multa de haber, estando prohibida en el art. 58.3 del ET.

1.2.1. Facultades disciplinarias del empresario y mejoras legales para evitar la discriminación en el ámbito laboral

Nuestro ordenamiento otorga —indistintamente al hombre y a la mujer— derechos cuyo menoscabo se ve limitado por una especial protección. Dentro de las medidas impulsadas en el marco del derecho a la igualdad de trato y de oportunidades entre mujeres y hombres para conseguir la ausencia de toda discriminación, directa o indirecta, por razón de sexo, encontramos medidas como la **nulidad del despido objetivo o disciplinario, mejora en el cálculo de indemnizaciones en determinados supuestos de jornada reducida o la suspensión del periodo prueba** (*Medidas de conciliación de la vida personal, laboral y familiar. Paso a paso*. Colex. 2023). Ante las distintas remisiones que haremos a lo largo de la obra, a modo de resumen, destacamos:

a) **Nulidad de despidos en determinados supuestos**. Los apdos. a), b) y c) de los arts. 55.5 y 53.4 del ET, establecen la nulidad de los despidos relacionados con el disfrute de permisos relacionadas con el nacimiento, adopción, guarda con fines de adopción, acogimiento, riesgo durante el embarazo o riesgo durante la lactancia natural, trabajadoras víctimas de violencia de género o de violencia sexual por el ejercicio su protección, o por enfermedades causadas por embarazo, parto o lactancia natural, o notificados en una fecha tal que el plazo de preaviso concedido finalice dentro de dichos periodos, trabajadoras embarazadas, o el de personas trabajadoras después de haberse reintegrado al trabajo al finalizar los periodos de suspensión relacionados con los mismos [arts. 37.4, 5 y 6; 45.1.d) y e), 46.3 del ET].

> **A TENER EN CUENTA**. Con efectos de 30/06/2023, se modifican los arts. 53.4 y 55.5 del ET añadiendo como motivo de la nulidad del despido la solicitud o disfrute de las adaptaciones de jornada prevista en el art. 34.8 del ET o del nuevo permiso parental a que se refiere el art. 48 bis del ET.

b) **Cálculo de indemnizaciones en determinados supuestos de jornada reducida**. En los supuestos de reducción de jornada contemplados en el art. 37.4 de ET en su párrafo final, así como en sus apartados 5, 6 y 8, el salario a tener en cuenta a efectos del cálculo de las indemnizaciones, será el que hubiera correspondido a la persona trabajadora sin considerar la reducción de jornada efectuada, siempre y cuando no hubiera transcurrido el plazo máximo legalmente establecido para dicha reducción (D.A. 19.ª del ET).

Igualmente, será de aplicación lo dispuesto en el párrafo anterior en los supuestos de ejercicio a tiempo parcial de los derechos según lo establecidos en los arts. 48.4 y 5 del ET.

c) **Suspensión o extinción durante el periodo de prueba**. La resolución a instancia empresarial será nula en el caso de las trabajadoras por razón de embarazo, desde la fecha de inicio del embarazo hasta el comienzo del período de suspensión a que se refiere el art. 48.4 del ET, o maternidad, salvo que concurran motivos no relacionados con el embarazo o maternidad (art. 14.2 del ET).

Las situaciones de incapacidad temporal, nacimiento, adopción, guarda con fines de adopción, acogimiento, riesgo durante el embarazo, riesgo durante la lactancia y violencia de género, que afecten a la persona trabajadora durante el periodo de prueba, interrumpen el cómputo de este siempre que se produzca acuerdo entre ambas partes (art. 14.3 del ET).

Con efectos de 14/07/2022, tras la publicación de la **Ley 15/2022, de 12 de julio**, también se entenderán discriminatorios los criterios y sistemas de acceso al empleo, público o privado, o en las condiciones de trabajo que produzcan situaciones de discriminación indirecta por razón de las causas previstas en el nuevo texto normativo.

RESOLUCIÓN RELEVANTE

SJS de Toledo, rec. 5/2023, de 18 de abril del 2023, ECLI:ES:JSO:2023:2057

Analizando una posible indemnización por daños y perjuicios derivados de la vulneración del art. 14 CE:

«(...) la conducta considerada podría incluirse como infracción muy grave en el art. 8.12 de la LISOS que se refiere a "Las decisiones unilaterales de la empresa que impliquen discriminaciones directas o indirectas desfavorables por razón de edad o discapacidad o favorables o adversas en materia de retribuciones, jornadas, formación, promoción y demás condiciones de trabajo, por circunstancias de sexo, origen, incluido el racial o étnico, estado civil, condición social, religión o convicciones, ideas políticas, orientación sexual, adhesión o no a sindicatos y a sus acuerdos, vínculos de parentesco con otros trabajadores en la empresa o lengua dentro del Estado español, así como las decisiones del empresario que supongan un trato desfavorable de los trabajadores como reacción ante una reclamación efectuada en la empresa o ante una acción administrativa o judicial destinada a exigir el cumplimiento del principio de igualdad de trato y no discriminación", en relación con el artículo 40.1.c) del mismo texto legal (en la redacción dada por Disposición Final 1.2 de la Ley 10/2021, de 9 de julio que entró en vigor el 1.10.21) que sanciona las infracciones muy graves con multa, en su grado mínimo, de 7.501 a 30.000 euros; en su grado medio de 30.001 a 120.005 euros; y en su grado máximo de 120.006 euros a 225.018 euros; se estima adecuada y razonable la fijación de una indemnización en correspondencia con el grado mínimo, que se cuantifica en la suma de 7.501 euros. Y se atiende al mínimo previsto considerando que con tal cantidad se resarce el daño moral sufrido derivado de la vulneración de un concreto derecho fundamental, el del art. 14 CE, y no de tres como se pretendía en la demanda (evidentemente, el daño no ha de ser el mismo si se lesiona un derecho fundamental o más de un derecho fundamental), cantidad que esta Juzgadora considera que satisface tanto la finalidad reparadora como la finalidad pretendida, al aplicarse la actualización cuantitativa efectuada por Ley 10/21 que complementa las consecuencias inherentes a la calificación de nulidad del despido, no evidenciándose concretas circunstancias que aconsejen una agravación de la responsabilidad relativas a reiteración, intensidad, resistencia al cumplimiento de órdenes judiciales, u otras similares».

1.2.2. Facultades disciplinarias del empresario y el principio de indemnidad

Protección del principio de indemnidad

El derecho de indemnidad o garantía de indemnidad es un instrumento jurídico cuya finalidad es **garantizar la efectividad de los derechos fundamentales que ha desplegado su virtualidad en relación con el ejercicio del derecho a la tutela judicial efectiva reconocido por el art. 24 de la Constitución.** Su función consiste en permitir que el trabajador ejercite sus derechos frente al empresario sin el riesgo de recibir de éste una reacción de represalia.

En el campo de las relaciones laborales, la **imposibilidad de adoptar medidas de represalia derivadas del ejercicio por el trabajador de la tutela de sus derechos** (SSTC n.º 55/2004, de 19 de abril, n.º 87/2004, de 10 de mayo y n.º 38/2005, de 28 de febrero), de donde se sigue la consecuencia de que una actuación empresarial motivada por el hecho de haber ejercitado una acción judicial tendente al reconocimiento de unos derechos de los que el trabajador se creía asistido debe ser calificada como discriminatoria y radicalmente nula por contraria a ese mismo derecho fundamental, ya que entre los derechos laborales básicos de todo trabajador se encuentra el de ejercitar individualmente las acciones derivadas de su contrato de trabajo [art. 4.2.g) del ET].

> **RESOLUCIÓN RELEVANTE**
>
> **STSJ de Galicia, n.º 1832/2023, de 10 abril 2023, ECLI:ES:TSJGAL:2023:2773**
>
> La garantía de indemnidad «(...) significa que del ejercicio de la acción judicial o de los actos preparatorios o previos a ésta no pueden seguirse consecuencias perjudiciales en el ámbito de las relaciones públicas o privadas para la persona que los protagoniza. (...) En el ámbito de las relaciones laborales, la garantía de indemnidad se traduce en la imposibilidad de adoptar medidas de represalia derivadas de las actuaciones del trabajador encaminadas a obtener la tutela de sus derechos».

Reiterada doctrina constitucional sostiene que «(...) la vulneración del derecho a la tutela judicial efectiva no sólo se produce por irregularidades acaecidas dentro del proceso judicial que ocasionen privación de garantías procesales, sino que, asimismo, tal derecho puede verse también lesionado cuando su ejercicio, o la realización por el trabajador de actos preparatorios o previos necesarios para una acción judicial, produzca como consecuencia una represalia empresarial o, en todo caso, un efecto negativo en su posición y patrimonio de derechos». (STC n.º 14/1993, de 18 de enero de 1993; STC n.º 54/1995, de 24 de febrero de 1995; STC n.º 197/1998, de 13 de octubre de 1998; STC n.º 38/2005, de 28 de febrero de 2005).

En suma, la garantía de indemnidad se puede generar por las reclamaciones presentadas ante la propia empresa u órganos internos de la misma, así como por el ejercicio de acciones por las que se promueva un proceso judicial o de preparación del mismo; incluso, no son pocos los casos en que la denuncia de un trabajador ante la Inspección de Trabajo y de la Seguridad Social ha comportado una acción por parte de la empresa que ha repercutido de forma negativa en el empleado. Todo ello resulta con independencia del órgano administrativo o jurisdiccional al que se acuda, de si se ejerce individual o colectivamente, o bien de que la reclamación del trabajador haya prosperado siempre y cuando ésta tuviera una cierta fundamentación legal (STSJ de Madrid n.º 713/2019, de 28 de junio, ECLI:ES:TSJM:2019:5139). Se ha considerado, entre otras causas, vulnerada la garantía de indemnidad ante la represalia empresarial como consecuencia de:

– **Haber realizado reclamaciones judiciales o extrajudiciales.** Este punto impone recordar que el «derecho a la tutela judicial efectiva no sólo se satisface (...) mediante la actuación de los Jueces y Tribunales, sino también a través de la garantía de indemnidad, que significa que del ejercicio de la acción judicial o de los actos preparatorios o previos a ésta no pueden seguirse consecuencias perjudiciales en el ámbito de las relaciones públicas o privadas para la persona que los protagoniza (...). En el ámbito de las relaciones laborales, la garantía de indemnidad se traduce en la imposibilidad de adoptar medidas de represalia derivadas de las actuaciones del trabajador encaminadas a obtener la tutela de sus derechos». (STS n.º 236/2016, de 18 de marzo de 2016, ES:TS:2016:1549).

– **Haber denunciado al empresario ante la Inspección de Trabajo y Seguridad Social (ITSS) considerado como acto preparatorio o previo necesario para el ejercicio de una acción judicial.** La STS, rec. 4380/2009, de 23 de diciembre de 2010, extiende a las denuncias ante Inspección de Trabajo, de forma clara y contundente, la denominada garantía de indemnidad. Una garantía que, para el Alto Tribunal, alcanza no sólo a las actuaciones judiciales propiamente dichas sino a los «actos previos o preparatorios» al ejercicio de las acciones judiciales, como pueden serlo la denuncia a la Inspección de Trabajo y la actuación de la misma en distintos supuestos. (STS, rec. 3781/2011, de 13 de noviembre de 2012, ECLI:ES:TS:2012:7902).

– **Desplegar una «actividad reivindicativa»** —sin existir reclamaciones ni administrativas ni judiciales—. A modo de ej.:

  • **Despido tras reclamación por WhatsApp al móvil del responsable financiero de la empresa del pago de nóminas y el abono del bonus mensual adeudado.** (STS de Madrid, n.º 895/2023, de 13 de octubre de 2023, ECLI:ES:TSJM:2023:11155).

  • **Despido del trabajador el día después de que manifestara al empresario su disconformidad con la falta de pago de las horas extraordinarias sin posibilidad de formular reclamación judicial.** (STS n.º 917/2022, de 15 de noviembre de 2022, ECLI:ES:TS:2022:4345).

  • **Despido cuando la empleada ha presentado un escrito a la dirección ante un «(...) trato abusivo, intimidante y vejatorio de su persona por parte del director y algunos compañeros de trabajo del centro en que prestaba servicios».** (STSJ de Galicia, n.º 5420/2022, de 2 de diciembre de 2022, —ECLI:ES:TSJGAL:2022:8095—).

A TENER EN CUENTA. En contraposición, existen pronunciamientos judiciales entendiendo que la comunicación interna de una persona trabajadora no activa la protección de la garantía de indemnidad sin posterior reclamación judicial o acto preparatorio de la misma. A modo de ej.: STSJ de Canarias n.º 207/2008, de 28 de marzo de 2008, ECLI:ES:TSJICAN:2008:534 (comunicación interna de acoso laboral), STSJ de Cantabria n.º 478/2019, de 26 de junio de 2019, ECLI:ES:TSJCANT:2019:313 (cese aludiendo pérdida de confianza), STSJ de Aragón n.º 377/2012, de 29 de marzo de 2012, ECLI:ES:TSJAR:2012:969), STS, n.º 456/2018, de 26 de abril de 2018, ECLI:ES:TS:2018:1985 (negarse a firmar una novación contractual), STSJ de Madrid, n.º 133/2017, de 23 de febrero de 2017, ECLI:ES:TSJM:2017:2549 (abono de horas extraordinarias de forma incorrecta), etc.

JURISPRUDENCIA

STS, rec. 2736/2004, de 6 de octubre de 2005, ECLI:ES:TS:2005:5933 y STS, rec. 2607/2006, de 17 de enero de 2008

Del ejercicio de la acción judicial o de los actos preparatorios o previos a ésta no pueden seguirse consecuencias perjudiciales en el ámbito de las relaciones públicas o privadas para la persona que los protagoniza. En el concreto ámbito de las relaciones laborales, la garantía de indemnidad se traduce en la imposibilidad de adoptar medidas de represalia derivadas de las actuaciones del trabajador encaminadas a obtener la tutela de sus derechos.

«(...) si un trabajador efectúa una reclamación interna e inmediatamente después es despedido, sin que la empresa acredite la existencia de incumplimientos que justifiquen la extinción contractual, debemos concluir que la imposibilidad de formular la reclamación judicial con anterioridad al despido es imputable únicamente al empresario, por lo que, en ese concreto contexto temporal, opera como un indicio de la vulneración de la garantía de indemnidad que obliga al empleador a acreditar que el despido ha sido ajeno a la violación del derecho fundamental (...). Pues la: «(...) tesis contraria incentivaría que, ante cualquier reclamación interna en el seno de la empresa, el empleador procediera a despedir inmediatamente al trabajador, antes de que éste pudiera ejercitar la reclamación judicial, con la finalidad de evitar la declaración de nulidad del despido (...)».

RESOLUCIONES RELEVANTES

STSJ de Cantabria n.º 357/2021, de 17 de mayo de 2021, ECLI:ES:TSJCANT:2021:172

La garantía de indemnidad no se extiende automáticamente en caso de presentar reclamaciones o comunicaciones mediante un abogado. No cualquier acto de comunicación del trabajador con la empresa, o incluso con sus representantes unitarios o sindicales, justifica de forma automática la efectividad de la garantía de indemnidad.

El art. 96.1 de la Ley de la Jurisdicción Social exige la existencia de indicios fundados de discriminación por razón de sexo, orientación o identidad sexual, origen racial o étnico, religión o convicciones, discapacidad, edad, acoso y en cualquier otro supuesto de vulneración de un derecho fundamental o libertad pública.

STSJ de Galicia, rec. 571/2023, de 3 de mayo del 2023, ECLI:ES:TSJGAL:2023:3529

Derecho a la tutela judicial y vulneración de la garantía de indemnidad: El contenido de dicha garantía supone la prohibición de que del ejercicio de la acción judicial [o de la reclamación de derechos de los trabajadores, con denuncia ante la Inspección de Trabajo, como sucede en el caso que nos ocupa], se deriven para el trabajador consecuencias perjudiciales en el ámbito de las relaciones públicas o privadas. En el ámbito concreto de la relación de trabajo, la citada garantía se traduce en la imposibilidad de adoptar medidas de represalia derivadas del ejercicio por parte del trabajador de su derecho a pedir la tutela de los Jueces y Tribunales en orden a la satisfacción de sus derechos e intereses legítimos. Tal doctrina se plasma, entre otras, en SSTC 7/1993, de 18 de enero; 14/1993, de 18 de enero; 54/1995, de 24 de febrero; 140/1999, de 22 de julio; 168/1999, de 27 de septiembre; 191/1999, de 25 de octubre; 101/2000, de 10 de abril; 196/2000, de 24 de julio; 197/2000, de 24 de julio; 199/2000, de 24 de julio y 198/2001, de 4 de octubre, en donde se cita el artículo 4.2.g del E.T. y el artículo 5.c) del Convenio 158 de la OIT, y de todas ellas se deriva la siguiente conclusión: «represaliar a un trabajador con el despido por haber intentado el ejercicio de la acción judicial, representa una conducta vulneradora de la tutela judicial efectiva frente a cualquier medida extintiva que represalia el previo ejercicio del derecho constitucionalmente consagrado en el art. 24 de la Constitución Española, y que alcanza a todos los actos previos a la vía judicial, y que habrá de ser sancionada por los Tribunales con la nulidad radical del despido». Intento de ejercicio de la acción judicial que no solo puede verse ceñido a la presentación de la demanda ante los Tribunales, sino que ha de extenderse a la realización, por parte del trabajador, de actos preparatorios o previos necesarios para el ejercicio de una acción judicial (STC n.º 16/2006, de 19 de enero de 2006).

CUESTIÓN

¿Cualquier reclamación realizada por el trabajador es susceptible de englobarse dentro de la garantía de indemnidad?

Como regla general, las reclamaciones internas en el seno de la empresa no activan la garantía de indemnidad. Pero si un trabajador efectúa una reclamación interna e inmediatamente después es despedido, sin que la empresa acredite la existencia de incumplimientos que justifiquen la extinción contractual, debemos concluir que la imposibilidad de formular la reclamación judicial con anterioridad al despido es imputable únicamente al empresario, por lo que, en ese concreto contexto temporal, opera como un indicio de la vulneración de la garantía de indemnidad que obliga al empleador a acreditar que el despido ha sido ajeno a la violación del derecho fundamental recogido en el art. 24 de la Constitución. De no haberlo hecho, podrá entenderse que el despido vulnera la garantía de indemnidad de la persona trabajadora, por lo que sería declarado nulo.

Procedimiento adecuado para reclamar la nulidad de una actuación empresarial por infracción del derecho de indemnidad

El procedimiento adecuado para reclamar por la vulneración del derecho de indemnidad sería el procedimiento de tutela de derechos fundamentales y libertades públicas regulados en los art. 177-184 de la Ley de Jurisdicción Social.

Para este proceso, el legislador ha instrumentado un mecanismo de defensa del derecho fundamental, cual es la inversión probatoria prevista en el art. 181.2 de la LRJS. (STSJ de Madrid n.º 826/2018, de 25 de julio de 2018, ECLI:ES:TSJM:2018:8835).

En el caso de estimación de la pretensión dará lugar a la indemnización por daños morales siempre y cuando expresamente se hayan solicitado en la demanda (art. 183 de la LRJS).

Plazo para interponer denuncia judicial ante infracción del derecho de indemnidad

La demanda no está sometida a un plazo especial de prescripción o de caducidad, sino que debe interponerse en los plazos legalmente previstos para ejercitar acciones derivadas de las conductas o actos en que se concrete la correspondiente lesión que se impugne (art 179.2 de la LRJS). A modo de ejemplo: el plazo que se aplica para la interposición de demanda por parte del trabajador que ha sido víctima de despido disciplinario en represalia del empleador ante alguna reclamación judicial de este, es el mismo que para el despido disciplinario (art. 55.5 del ET y 108.2 de la LRJS).

El art. 184 de la LJS, establece que es inexcusable utilizar la modalidad procesal de despido aunque se alegue vulneración de derechos fundamentales dando carácter preferente a dichos procesos y acumulando las pretensiones de tutela de derechos fundamentales y libertades públicas con las propias de la modalidad procesal de despido.

1.2.3. El poder disciplinario y la tolerancia empresarial sobre las conductas imputadas a la persona trabajadora

La doctrina de los actos propios y la tolerancia empresarial supone que si la empresa conoce y tolera una conducta antijurídica de su trabajador durante un periodo de tiempo significativo, sin imponer sanciones graves como el despido, no puede contradecir su comportamiento anterior.

La existencia de tolerancia empresarial sobre la conducta sancionada o los hechos imputados puede incidir en la declaración de improcedencia del despido disciplinario.

Esta posibilidad deriva de la doctrina de los actos propios:

> «(...) la prohibición de obrar en contra de los propios actos, que evoca el aforismo romano "venire contra factum propium non valet" (a nadie se permite ir contra sus propios actos), se justifica por la legítima protección que merece la confianza que fundadamente se puede haber depositado en el comportamiento ajeno y la procedencia de ejercitar los propios derechos conforme a las exigencias de la buena fe (art. 7.1 del Código Civil). Se entiende que alguien actúa en contra de la buena fe cuando contradice sin razón objetiva su comportamiento anterior, sobre el cual un tercero fundó una legítima confianza que le llevó a determinadas disposiciones, inhibiciones o asunción de compromisos patrimoniales, que quedarían frustradas con aquel comportamiento contradictorio». (STS, rec. 171/2013, de 1 de junio de 2016, ECLI:ES:TS:2016:2599).

Es, por tanto, inadmisible la sanción o despido en contradicción con la propia conducta empresarial que validó o aceptó los hechos anteriormente sin reacción sancionadora. (STS, rec. 220/1999, de 17 de noviembre de 1990).

Algunos ejemplos de la consideración del despido como improcedente ante tolerancia empresarial previa son:

– STS n.º 1283/2021, de 21 de diciembre de 2021, ECLI.ES:TS:2021:4922. Respecto del desempeño del cargo de administrador social de otra sociedad permitido por la empresa hasta el despido de la persona trabajadora aludiendo concurrencia desleal:

«Si el empleador conoce y tolera una conducta antijurídica de su trabajador durante un periodo de tiempo significativo, sin imponerle ninguna sanción o imponiéndole sanciones menos graves que el despido, el empresario no puede contradecir su comportamiento anterior realizando sorpresivamente un despido disciplinario porque ello vulneraría su deber de buena fe. Sancionar con la mayor severidad (el despido disciplinario) una conducta que se había tolerado anteriormente, sin ninguna advertencia previa al trabajador de que se iba a poner fin a dicha tolerancia, sería contrario a la buena fe del empleador.

Ahora bien, para que la actuación empresarial pueda apreciarse como una actitud permisiva de tolerancia, debe tener suficiente solidez y consistencia para que a partir de la misma pueda deducirse de forma inequívoca y concluyente una manifestación de voluntad limitativa del ejercicio de un derecho».

– STSJ de Asturias n.º 1715/2022, de 28 de julio de 2022, ECLI:ES:TSJAS:2022:2439. Retrasos habituales (prácticamente todos los días), unos «minutos en la entrada y también en la salida». «Considera que el despido es la primera y única reacción empresarial a ese comportamiento, por lo ante el tácito aquietamiento de la empresa resulta irracional, desproporcionada e incongruente la respuesta actual, pues antes debió la empresa advertir a la trabajadora de que no admitía esa forma de proceder, sancionarla por falta leve o grave, y solo ulteriormente por falta muy grave si pese a lo anterior mantenía ese comportamiento».

– STSJ de Madrid n.º 367/2022, de 22 de abril de 2022, ECLI:ES:TSJM:2022:5540. Utilización de un coche de empresa para fines personales. «Respecto a la utilización del vehículo desde marzo a diciembre, la empresa tiene establecido según consta en los hechos probados un control para la recogida y devolución de vehículos, se firma la entrega y devolución haciendo constar la fecha y el lugar de desplazamiento, existe por tanto un sistema de control y consta que durante la pandemia estaban limitado los viajes para fines profesionales salvo autorización expresa. La empresa por el sistema de control que tenía establecido sabia en cada momento donde estaban los vehículos, quien lo retiraba y la fecha, por lo tanto la empresa había hecho dejación de su sistema de control, no puede alegar que no conocía que el vehículo no había sido devuelto porque la dejación del sistema de control establecido por la misma no interrumpe la prescripción, si no conocía que no había sido devuelto el vehículo lo fue porque no quería y porque había permitido o tolerado el uso del vehículo y no podemos hablar de falta continuada en base a esa tolerancia inicial. La empresa estaba en condiciones de conocer que el vehículo no había sido devuelto, no existía ninguna ocultación por el actor y desde el mismo momento de la recogida del vehículo el 9 de marzo ya sabía o podía saber por el sistema de control que tenía establecido que el vehículo estaba siendo utilizado por el actor y la empresa tenía que saber que no se utilizaba para fines laborales y desde ese momento se computa el plazo de prescripción porque no existe una conducta clandestina de ocultación, por parte del recurrente. Lo expuesto lleva a considerar prescritas las faltas imputadas y a declarar la improcedencia del despido».

En el supuesto contrario, entendiendo que no existe tolerancia empresarial:

– **STSJ de la C. Valenciana, rec. 353/2021, de 3 de febrero de 2021, ECLI:ES:TSJCV:2021:984**. Se sanciona el uso abusivo de internet en asuntos que nada tiene que ver con su actividad profesional: «Los datos expuestos evidencian que no cabe tachar de arbitrario el acceso de la empresa al contenido del disco duro del ordenador utilizado por el trabajador constando una clara prohibición de utilizar el ordenador de la empresa para usos distintos al profesional lo que lleva a afirmar que "si no hay derecho a utilizar el ordenador para usos personales, no habrá tampoco derecho para hacerlo en unas condiciones que impongan un respeto a la intimidad o al secreto de las comunicaciones, porque, al no existir una situación de tolerancia del uso personal, tampoco existe ya una expectativa razonable de intimidad y porque, si el uso personal es ilícito, no puede exigirse al empresario que lo soporte y que además se abstenga de controlarlo" (STS SG 06/10/11 —rco 4053/10—). De este modo cabe entender que la actuación llevada a efecto ha respetado los requisitos exigidos por la jurisprudencia constitucional y se han superado los juicios de idoneidad, necesidad y proporcionalidad, todo lo cual lleva a afirmar la validez de la prueba practicada y derivada del examen del ordenador».

– **STSJ de la C. Valenciana, rec. 497/2017, de 15 de mayo de 2017, ECLI:ES:TSJCV:2017:3693**. Analizando una ausencia continuada de la documentación de los contratos suscritos por un comercial: «El hecho de que hubiera un coordinador de tiendas no significa que la empresa conociera con exactitud todas las operaciones que se realizaban en la tienda, sobre todo cuando podían ocultarse fácilmente pues consistían, en general, en conductas omisivas, como no disponer de documentación física ni informática de determinadas operaciones o no recoger la autorización firmada de los clientes».

CUESTIÓN

¿Cuándo se entiende que existe tolerancia empresarial sobre un incumplimiento por parte de la persona trabajadora?

Cuando un comportamiento susceptible de ser sancionado se repite en el tiempo sin haber sido apercibido o amonestado.

2.
EL RÉGIMEN SANCIONADOR

El Estatuto de los Trabajadores establece los deberes laborales que deben cumplir todas las personas trabajadoras, entre estos se encuentra el deber de cumplir las órdenes e instrucciones del empresario para el ejercicio regular de sus facultades directivas. La desobediencia de estas órdenes es posible de forma excepcional, cuando existan circunstancias de peligrosidad, ilegalidad, arbitrariedad o abuso de derecho.

2.1. Deberes laborales básicos de los trabajadores: ¿la persona trabajadora puede desobedecer las órdenes del empresario?

El Estatuto de los Trabajadores establece en su art. 5 una serie de deberes laborales a los que están sujetas todas las personas trabajadoras. En el precepto aludido, se establecen los siguientes deberes laborales:

- Cumplir con las obligaciones concretas de su puesto de trabajo, de conformidad con las reglas de la buena fe y diligencia.
- Observar las medidas de prevención de riesgos laborales que se adopten.
- Cumplir las órdenes e instrucciones del empresario en el ejercicio regular de sus facultades directivas.
- No concurrir con la actividad de la empresa, en los términos fijados en esta ley.
- Contribuir a la mejora de la productividad.
- Cuantos se deriven, en su caso, de los respectivos contratos de trabajo.

La STSJ de La Rioja n.º 82/2018, de 22 de marzo, ECLI:ES:TSJLR:2018:138, analiza el art. 5.c) del ET y la implicación del mismo en cuanto a deber laboral básico del trabajador «cumplir las órdenes e instrucciones del empresario en el ejercicio regular de sus facultades directivas». Implicando ese deber de obediencia que el trabajador debe cumplir las instrucciones que la empresa le dirige aunque las considere desacertadas o incorrectas, sin perjuicio de utilizar contra ellas los medios legales precedentes ante los órganos y por el cauce que corresponda, a no ser que concurran circunstancias de peligrosidad, ilegalidad u otras análogas que razonablemente justifiquen la negativa o cuando el empresario actúe con manifiesta arbitrariedad o abuso de derecho.

Trayendo a colación el art. 5 del ET, la STSJ de Galicia n.º 2013/2022, de 29 de abril, ECLI:ES:TSJGAL:2022:3132, establece lo que se entiende por desobediencia relacionada directamente con el poder de dirección del empresario «(...) hay desobediencia —en su caso indisciplinada— cuando el trabajador incumple las obligaciones concretas de su puesto de trabajo, determinadas, bien por las normas laborales aplicables, bien por las órdenes e instrucciones que emanen legítimamente del poder de dirección del empresario».

Debe señalarse también, como declara la STSJ de Castilla-León, rec. 341/2006, de 20 de marzo de 2006, ECLI:ES:TSJCL:2006:1510, que el acatamiento debido por el trabajador al empresario, en el marco del contrato de trabajo, está esencialmente relacionado con el ejercicio, dentro de los cauces correctos, del poder de dirección del segundo, de tal manera que la actitud de desobediencia laboral se sitúa fuera del marco de la lógica del contrato. Este se construye en base, por un lado, al sometimiento al poder de dirección del empresario, a través de la concurrencia de las notas de ajenidad y subordinación del trabajador, y, por otro, a las consecuencias inmediatas de dicho poder, que se reflejan en la exigencia de buena fe, diligencia y obediencia. Por ello, tradicionalmente se ha señalado que «(...) el trabajador debe cumplir las órdenes de la empresa relativas al trabajo sin perjuicio de poder reclamar contra las mismas cuando las crea improcedente, pero sin que ello le autorice a incumplirla, salvo si concurren circunstancias de peligrosidad, ilegalidad u otras análogas que razonablemente justifiquen la negativa» (STS 29-1-87). Del mismo modo, se ha entendido que ese deber de cumplimiento no es absoluto pues el trabajador «(...) podrá negarse a cumplirla, sin incurrir en desobediencia, cuando el empresario actúe con manifiesta arbitrariedad y abuso de derecho» (STS 28-12-1989).

Cabe preguntarnos si es posible que el trabajador en algún momento de la relación laboral pueda desobedecer las órdenes del empresario. La respuesta es afirmativa, pero solamente en el caso de que atente a la dignidad de la persona trabajadora, o resulte ilegal, abusiva o contraria a las mismas exigencias laborales. La STSJ de Canarias n.º 666/2021, de 10 de junio de 2022, ECLI:ES:TSJICAN:2022:575, define lo que se entiende por el *ius resistentiae* o «derecho a desobedecer»:

> «El ejercicio del Ius resistentiae frente a una orden ilegal con impacto en derechos constitucionales.
>
> Expuesto lo anterior, debe recordarse que la jurisprudencia ha determinado, en relación al "ius resistentiae" frente a una orden empresarial, que excepcionalmente entra en juego, cuando la orden recibida atente a la dig-

nidad de la persona trabajadora, ilegal, abusiva o contraria a las mismas exigencias laborales, rigiendo en caso contrario el principio consagrado por la jurisprudencia laboral "solve et repete", según el cual no se puede desatender, bajo pretexto de improcedencia, las órdenes de quien en la empresa tiene el poder de cursarlas en razón de la facultad de dirección que le incumbe, subordinando su apreciación subjetiva a la necesaria dependencia de la jerarquía empresarial, sin perjuicio de reclamar ante los organismos competentes si estima que fueron conculcados sus derechos».

Fuera de los casos indicados, si el trabajador dentro de la esfera laboral incumple injustificadamente las directrices u órdenes del empresario, se podrá producir la imposición de sanciones o, en su caso, la extinción del contrato (art. 54 del ET).

De la doctrina tratada se desprende, pues, que la desobediencia obedece siempre al contenido del contrato de trabajo, y se valora en relación con las prestaciones que corresponden al trabajador, consistentes en cumplir las órdenes sensatas y relativas a su prestación de servicios. Por ello, no es posible considerar la existencia en este supuesto de una desobediencia grave o indisciplina constitutiva de falta sancionable con el despido, pues en la negativa del trabajador no existe asomo alguno de ánimo de incumplimiento contractual. (STS de Toledo, rec. 5/2023, de 18 de abril de 2023, ECLI:ES:JSO:2023:2057).

RESOLUCIÓN RELEVANTE

STSJ de Oviedo n.º 419/2021, de 2 de marzo, ECLI:ES:TSJAS:2021:567

«4. La indisciplina o desobediencia en el trabajo, consideradas como incumplimiento contractual en el art. 54.2, b) del Estatuto de los Trabajadores, constituyen la vertiente negativa del deber básico del trabajador de cumplir las órdenes e instrucciones del empresario en el ejercicio regular de sus facultades directivas (art. 5,c) del Estatuto de los Trabajadores), y de su obligación de realizar el trabajo convenido bajo la dirección del empresario o persona en quien delegue (art. 20.1 del citado Estatuto). Sin embargo, como se expone en la sentencia de esta Sala de 20 de febrero de 2018, recurso 3081/2017, conforme a reiterada jurisprudencia, tanto la indisciplina como la desobediencia, para que puedan merecer la máxima sanción del despido, han de ser de índole grave, pues no todo incumplimiento lleva aparejada la máxima sanción, sino tan sólo aquella que merece un intenso reproche por parte del ordenamiento jurídico. Así el Tribunal Supremo ha sostenido en esta causa de despido, la doctrina de la proporcionalidad y adecuación entre hecho imputado, conducta y sanción, manifestando que una simple desobediencia, que no encierra una actitud exageradamente indisciplinada, que no se traduzca en un perjuicio para la empresa o en la que concurra una causa incompleta de justificación, no puede ser sancionada con la extinción del contrato de trabajo (Sentencia de 5 marzo 1.987), y que hay que conjugar conductas, antecedentes, trascendencia y gravedad para adecuar acto y sanción, debiendo ser el incumplimiento grave, trascendente e injustificado (Sentencia de 16 de julio de 1.986) y que debe valorarse la gravedad atendiendo a las consecuencias de la desobediencia y sobre todo a la trascendencia de la orden social empresarial que se recibe (Sentencia de 29 de marzo de 1.990)».

2.2. Conocimiento por el empresario de la infracción: ¿cuándo prescribe una sanción laboral?

Incumplimientos de los trabajadores y conocimiento del empresario de los mismos

Con excepción de las causas de despido, el Estatuto de los Trabajadores no establece una clara tipificación de las conductas sancionables, concediendo al empresario la posibilidad de elegir la sanción que estime oportuna dentro de las limitadas por convenio colectivo.

Como analizaremos el art. 60.2 del ET, dispone: «Respecto a los trabajadores, las faltas leves prescribirán a los diez días; las graves, a los veinte días, y las muy graves, a los sesenta días a partir de la fecha en que la empresa tuvo conocimiento de su comisión y, en todo caso, a los seis meses de haberse cometido». Por tanto, la fecha en que se inicia el plazo de prescripción establecido en el art. 60.2 del ET no es aquella en que la empresa tiene un conocimiento superficial, genérico o indiciario de las faltas cometidas, sino que, cuando la naturaleza de los hechos lo requiera, ésta se debe fijar en el día en que la empresa tenga un conocimiento cabal, pleno y exacto de los mismos.

Es reiterada y conocida la jurisprudencia que establece que el conocimiento por el empresario de la falta cometida ha de ser cabal y suficiente para actuar con eficacia la facultad sancionadora.

Normativamente, se fija un plazo máximo de seis meses para llevar a efecto una sanción, de tal modo que, una vez ya rebasado ese plazo, si la empresa tiene conocimiento del hecho sancionable, no podrá sancionar a la persona trabajadora. No obstante, el debate se centrará en la determinación del día inicial del plazo de esos seis meses establecido en el artículo 60.2 del Estatuto de los Trabajadores, cuando existe un transcurso de tiempo superior entre la fecha de comisión de los actos que se imputan al trabajador y la fecha en la que se impone la sanción disciplinaria. La doctrina del TS en esta materia puede resumirse del siguiente modo (STS, rec. 3512/2004, de 11 de octubre de 2005, ECLI:ES:TS:2005:6023, y STS, rec. 383/2017, de 8 de mayo de 2018, ECLI:ES:TS:2018:2129; STS n.º 370/2022, de 26 de abril, ECLI:ES:TS:2022:1735; STS, rec. 4141/18, de 13 de octubre de 2021, ECLI:ES:TS:2021:3804; STS, rec. 1869/2019, de 14 de diciembre de 2021, ECLI:ES:TS:2021:4923, entre otras):

- En los supuestos de despidos por transgresión de la buena fe contractual o abuso de confianza, la fecha en que se inicia el plazo de prescripción establecido en el art. 60.2 del ET no es aquella en que la empresa tiene un conocimiento superficial, genérico o indiciario de las faltas cometidas, sino que, cuando la naturaleza de los hechos lo requiera, esta se debe fijar en el día en que la empresa tenga un conocimiento cabal, pleno y exacto de los mismos.

- Se ha de entender que ese conocimiento cabal y exacto lo tiene o adquiere la empresa, cuando el mismo llega a un órgano de la misma dotado de facultades sancionadoras.

- En los supuestos en los actos transgresores de la buena fe contractual se cometen por el trabajador de modo fraudulento o con ocultación, eludiendo los posibles controles del empresario, debe tenerse en cuenta que tal ocultación no requiere ineludiblemente actos positivos, basta para que no empiece a computarse la prescripción, que el cargo que desempeña el infractor obligue a la vigilancia y denuncia de la falta cometida, pues en este supuesto, el estar de modo continuo gozando de una confianza especial de la empresa, que sirve para la ocultación de la propia falta, es una falta continua de lealtad que impide mientras perdura que se inicie el cómputo de la prescripción.

- El conocimiento empresarial tiene que ser un conocimiento efectivo, real y cierto, no siendo aceptable sustituir ese conocimiento real y cierto por la mera posibilidad de haber tenido la empresa noticia de los hechos acontecidos, sin que ese conocimiento hubiese tenido lugar. El mero hecho de efectuar en la contabilidad de la empresa los oportunos asientos contables, aunque tal contabilidad se lleve informáticamente y aunque se realicen los pertinentes arqueos diarios, no supone de ningún modo que en la realidad de las cosas la empresa haya tomado noticia y conocimiento de la falta o faltas cometidas.

- Que el trabajador, bien durante la investigación de los hechos, bien durante el expediente contradictorio, efectúe un reconocimiento de los hechos investigados o imputados no implica, necesariamente, que ya exista un conocimiento empresarial efectivo, real y cierto, dado que, especialmente si aquel reconocimiento se realiza durante la investigación, no determina que el órgano con capacidad de sancionar tenga un conocimiento real y cierto.

RESOLUCIONES RELEVANTES

STSJ de La Rioja n.º 91/2023, de 26 de julio, ECLI:ES:TSJLR:2023:254

Se ratifica la declaración de procedencia del despido (por prestar servicios en otro centro de trabajo sin autorización cuando el convenio colectivo establece como falta muy grave «el trabajo por cuenta propia o para otra empresa del ámbito funcional del Convenio, sin autorización escrita de aquella a que pertenece») al considerar que el día inicial del cómputo del plazo de 60 días para sancionar empieza con la fecha de entrega del informe del detective por el que la empresa conoce los hechos imputados, ya que desde entonces hasta la comunicación del despido no había transcurrido dicho plazo.

STSJ de Aragón, rec. 1016/2022, de 23 de enero del 2023, ECLI:ES:TSJAR:2023:210

Despido procedente por transgresión de la buena fe: irregularidades contables, simulando operaciones ficticias a través de cuentas de clientes y sin conocimiento de los mismos. Dies a quo de la prescripción: delimitación infractora por la auditoría.

STSJ de Canarias, rec. 295/2022, de 8 de febrero del 2023, ECLI:ES:TSJICAN:2023:207

«El mero hecho de efectuar en la contabilidad de la empresa los oportunos asientos contables, aunque tal contabilidad se lleve informáticamente y aunque se realicen

los pertinentes arqueos diarios, no supone de ningún modo que en la realidad de las cosas la empresa haya tomado noticia y conocimiento de la falta o faltas cometidas».

«Es obvio que el conocimiento empresarial a que se refiere la jurisprudencia reseñada tiene que ser un conocimiento efectivo, real y cierto, no siendo aceptable sustituir ese conocimiento real y cierto por la mera posibilidad de haber tenido la empresa noticia de los hechos acontecidos, sin que ese conocimiento hubiese tenido lugar, y menos aún cabe admitir a este respecto la aplicación de ficciones o suposiciones».

JURISPRUDENCIA

STS n.º 215/2022, de 9 de marzo, ECLI:ES:TS:1007

«(...) estamos ante faltas continuadas, no ocultas, en la medida en que son comportamientos irregulares hacia los propios subordinados, sin que conste que la conducta irregular hubiese cesado. Son faltas de transgresión de buena fe contractual y abuso de confianza. Por eso la sentencia entiende que el "dies a quo" es cuando la empresa tiene cabal conocimiento de las conductas infractoras a través de la denuncia y de las grabaciones aportadas por los empleados».

STS n.º 1261/2021, de 14 de diciembre, ECLI:ES:TS:2021:4923

«(...) se inicia el plazo de prescripción establecido en el artículo 60.2 ET no es aquella en que la empresa tiene un conocimiento superficial, genérico o indiciario de las faltas cometidas, sino que, cuando la naturaleza de los hechos lo requiera, ésta se debe fijar en el día en que la empresa tenga un conocimiento cabal, pleno y exacto de los mismos».

STS n.º 811/2019, de 27 de noviembre de 2019, ECLI:ES:TS:2019:4231

Analizando un despido disciplinario ante irregularidades cometidas por un empleado de banca, el TS entiende que la prescripción de las faltas imputadas comienza el día en que la empresa y, en su seno el órgano con capacidad sancionadora tiene conocimiento cabal pleno y exacto de los hechos.

STS n.º 1261/2021, de 14 de diciembre de 2021, ECLI:ES:TS:2021:4923

«(...) el plazo prescriptivo no podía iniciarse "hasta que finalizó la ocultación, hasta que se descubrió su continuado comportamiento desleal con ocasión de la denuncia de un tercero interesado. Dada la conducta del actor, los hechos (traspasos y transferencias irregulares de metálico, ocultación de defunciones, disposición de saldos y apertura de cuentas a las que se trasladaban estos), no podían descubrirse con una simple auditoría contable y sólo podían ser conocidos por la empresa en virtud de la denuncia de terceros o por la comunicación que le hiciera el trabajador, cuyo silencio es constitutivo de una falta continuada de deslealtad, que sólo empieza a prescribir cuando es conocida por el patrono o cuando la debió o pudo conocer por tener indicios de su comisión (...)"».

STS n.º 834/2018, de 14 de septiembre, ECLI:ES:TS:2018:3364 (voto particular)

Se analiza la prescripción de las faltas muy graves en un caso de despido disciplinario, en relación con el art. 60.2 del ET en supuestos de ocultación con transgresión de la buena fe contractual y abuso de confianza en el desempeño del trabajo.

STSJ de Andalucía n.º 3034/2011, de 09 de noviembre, ECLI:ES:TSJAND:2011:10798

«(...) existiendo un procedimiento criminal encaminado a su averiguación el mismo ha de interrumpir la prescripción, lo que lleva a que el nuevo cómputo no comience hasta que el proceso penal concluya, STS de 24 septiembre 1992 y las que allí se

citan. En conclusión, el conocimiento completo y exacto de la conducta sancionada, en casos como el analizado, no cabe sostener que se produce sino cuando el camino de análisis judicial de la conducta del trabajador lleva a cabo todo su recorrido en la jurisdicción penal, de manera que la Sentencia en cuyos hechos se base sea firme, STS de 9 febrero 2009, por lo que la Sentencia acierta por lo menos en parte de su razonamiento, ya que cuando se les imputan los hechos justificadores del despido, no existía Sentencia firme, ni la empresa acreditó en el juicio otros hechos que las imputaciones que penalmente se hacían a los actores, por ello, no acreditados los hechos imputados, art. 55.4 ET, la sentencia que declaró el despido improcedente, no infringió los preceptos y jurisprudencia que se invoca, debiendo ser confirmada (...)».

STS, rec. 3217/2002, de 15 de julio de 2003, ECLI:ES:TS:2003:5054

La Sala IV establece que el cómputo del plazo de prescripción larga comienza desde que se cometió la falta y no cuando la empresa tuvo conocimiento de ella. Y si bien cuando se trata de faltas cometidas de forma continuada en el tiempo o faltas ocultas, el día de inicio del plazo prescriptivo no es aquel en que se cometió cada una de ellas, sino aquel en que fue cometida la última o se tiene cabal y exacto conocimiento de ella, lo cierto es que ello no habilita a la empresa para iniciar la investigación cuando lo tenga por conveniente o para prolongar las averiguaciones indefinidamente.

Límites temporales: la prescripción de las sanciones laborales

El art. 60.2 del ET, respecto a la prescripción de las faltas de los trabajadores, establece «(...) las faltas leves prescribirán a los diez días; las graves, a los veinte días, y las muy graves, a los sesenta días a partir de la fecha en que la empresa tuvo conocimiento de su comisión y, en todo caso, a los seis meses de haberse cometido». Diferenciamos una doble prescripción, por un lado la «prescripción corta» que es la relacionada con las faltas leves y graves y la denominada como «prescripción larga» para las faltas muy graves. (ATS, rec. 633/2009, de 14 de enero de 2010, ECLI:ES:TS:2010:1458A).

La prescripción de las faltas del trabajador presenta los siguientes plazos:

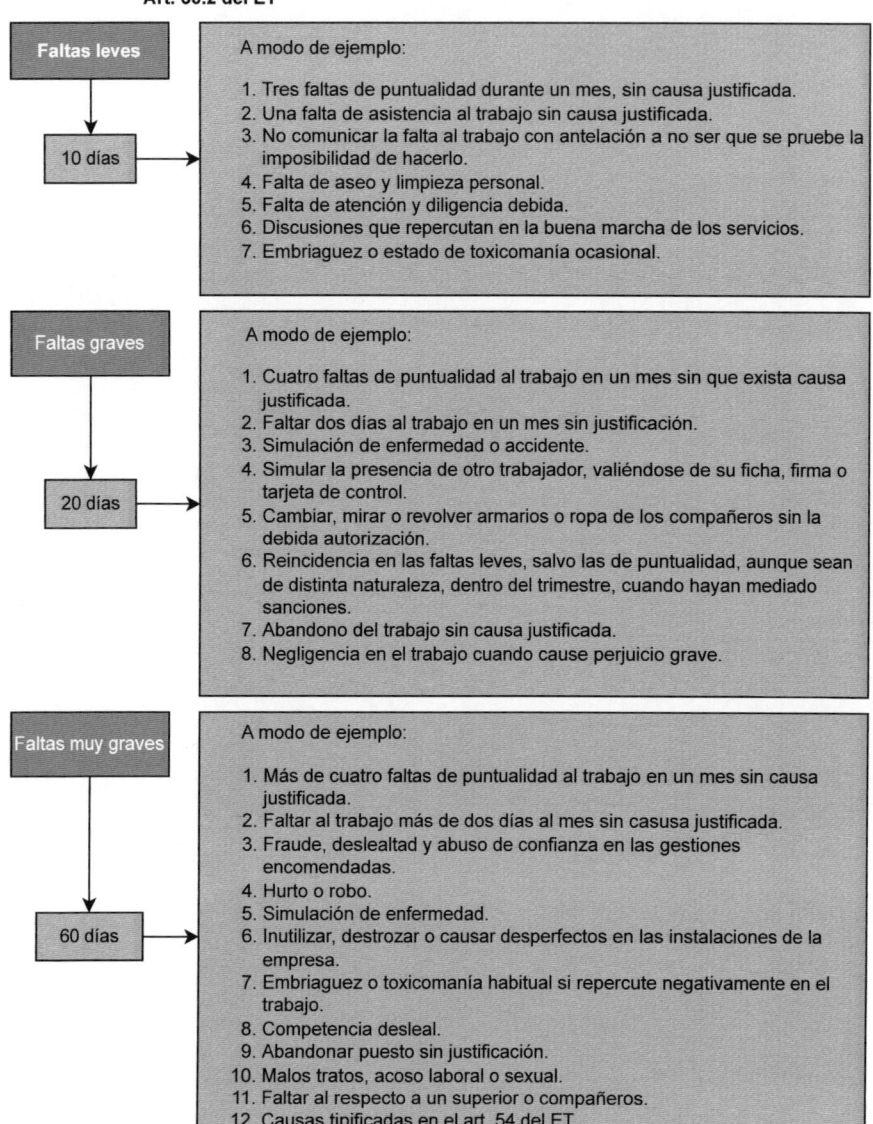

PLAZOS DE PRESCRIPCIÓN DE LAS FALTAS COMETIDAS POR LA PERSONA TRABAJADORA

Se clasificarán atendiendo a su importancia, reincidencia e intención en: leves, graves y muy graves

Art. 60.2 del ET

Faltas leves

10 días

A modo de ejemplo:

1. Tres faltas de puntualidad durante un mes, sin causa justificada.
2. Una falta de asistencia al trabajo sin causa justificada.
3. No comunicar la falta al trabajo con antelación a no ser que se pruebe la imposibilidad de hacerlo.
4. Falta de aseo y limpieza personal.
5. Falta de atención y diligencia debida.
6. Discusiones que repercutan en la buena marcha de los servicios.
7. Embriaguez o estado de toxicomanía ocasional.

Faltas graves

20 días

A modo de ejemplo:

1. Cuatro faltas de puntualidad al trabajo en un mes sin que exista causa justificada.
2. Faltar dos días al trabajo en un mes sin justificación.
3. Simulación de enfermedad o accidente.
4. Simular la presencia de otro trabajador, valiéndose de su ficha, firma o tarjeta de control.
5. Cambiar, mirar o revolver armarios o ropa de los compañeros sin la debida autorización.
6. Reincidencia en las faltas leves, salvo las de puntualidad, aunque sean de distinta naturaleza, dentro del trimestre, cuando hayan mediado sanciones.
7. Abandono del trabajo sin causa justificada.
8. Negligencia en el trabajo cuando cause perjuicio grave.

Faltas muy graves

60 días

A modo de ejemplo:

1. Más de cuatro faltas de puntualidad al trabajo en un mes sin causa justificada.
2. Faltar al trabajo más de dos días al mes sin casusa justificada.
3. Fraude, deslealtad y abuso de confianza en las gestiones encomendadas.
4. Hurto o robo.
5. Simulación de enfermedad.
6. Inutilizar, destrozar o causar desperfectos en las instalaciones de la empresa.
7. Embriaguez o toxicomanía habitual si repercute negativamente en el trabajo.
8. Competencia desleal.
9. Abandonar puesto sin justificación.
10. Malos tratos, acoso laboral o sexual.
11. Faltar al respecto a un superior o compañeros.
12. Causas tipificadas en el art. 54 del ET.

Como hemos tratado, estos plazos se inician a partir de la **fecha en que la empresa tuvo conocimiento de su comisión y, en todo caso, a los seis meses de haberse cometido (art. 60.2 del ET).** Habiendo transcurrido más de 60 días desde que la empresa tomó conocimiento de las infracciones presuntamente cometidas por el trabajador y de su significación antijurídica, no cabe la exigencia de responsabilidad al mismo por las anomalías relativas a los ejercicios anteriores, estando prescritas las faltas imputadas (STSJ de la Comunidad Valenciana n.º 1516/2000, de 29 de marzo de 2000, ECLI:ECLI:ES:TSJCV:2000:267).

> **JURISPRUDENCIA**
>
> **STS n. 834/2018, de 14 de septiembre de 2018, ECLI:ES:TS:2018:3364**
>
> *«El precepto establece una doble previsión en relación a la prescripción, pues mientras la de los veinte días (o "prescripción corta") comienza a contar desde que la empresa tuvo conocimiento de la comisión de la falta, la de los seis meses (o "prescripción larga") comienza a contar desde que se cometió la falta y no desde que la empresa tiene conocimiento de la misma, con el fin de que la pendencia de una posible falta se perpetúe a lo largo del tiempo».*

|| Faltas laborales continuadas

Diferentes problemas plantean las denominadas faltas laborales continuadas, entendidas como aquellas infracciones que comportan la realización de una pluralidad de acciones que configuran una conducta prolongada en el tiempo.

La STS n.º 834/2018, de 14 de septiembre, ECLI:ES:TS:2018:3364, define las faltas continuadas como «aquellas que "responden a una conducta que se prolonga en el tiempo, a través de una pluralidad de hechos consecutivos dotados de unidad de propósito que corresponden al mismo tipo de infracción", dada la unidad de propósito que las mueve (...)», el plazo de prescripción de este tipo de faltas, según determina la sentencia será de seis meses que «(...) no comienza el día en que se cometió cada falta sino el día en que se cometió la última "pues es a partir de ese último hecho cuando cesa esa conducta continuada que debe ser apreciada de forma conjunta a efectos de su sanción", bien sea por abandono voluntario de dicha conducta, bien por la investigación de tal conducta llevada a cabo por el empresario (...)».

A partir del contenido del art. 60.2 del ET, la STS, rec. 3217/2002, de 15 de julio 2003, ECLI:ES:TS:2003:5054, reconoce la existencia de situaciones en las que aplicar esta previsión en su literalidad haría imposible la persecución de determinadas faltas:

> «Lo que ha hecho la jurisprudencia en estos casos excepcionales referidos a las faltas continuadas y a las faltas ocultadas no es modificar la regla legal de cómputo, como no puede hacer en atención al principio constitucional de legalidad —art. 117.1 CE— sino **aplicar las previsiones legales a tal tipo de faltas para entender que en estos casos el día en que fueron cometidas es aquel en el que se cometió la última o en que cesó la deslealtad en que se traducía la ocultación;** o, lo que es igual, la

Jurisprudencia no ha modificado la regla legal aunque sí que la **ha aco-modado a las circunstancias de cada caso para aceptar que mientras la falta se esté cometiendo —por continuada o por ocultada— la apreciación por el empresario de su comisión constituye el momento inicial del plazo de los seis meses por cuanto desde entonces, aunque el empleado siga cometiéndola o intentando ocultarla, ya es patente para él y debe sancionarla.** Pero partiendo siempre de la base de que el trabajador sigue ocultándola o cometiéndola, pues en el caso de que estas circunstancias no se den el plazo de los seis meses habrá de esperar desde la última falta cometida (continuada) o desde que cesó la ocultación (faltas ocultadas), en aplicación del principio legal».

De esta forma, las faltas laborales continuadas no empiezan a prescribir en tanto persista la conducta infractora y hasta que se completen los hechos constitutivos. Además, se entiende que el día inicial del cómputo de la prescripción es el de la fecha de la última falta cometida, o incluso, en la que desiste el trabajador infractor de su conducta.

‖ Incidencia en el plazo prescripción de las faltas de un posible reconocimiento de los hechos por parte del trabajador

La STS n.º 1005/2021, de 13 de octubre de 2021, ECLI:ES:TS:2021:3804, analiza la incidencia en el plazo prescripción de las faltas (art. 60.2 del ET) ante un posible reconocimiento parcial o total de los hechos por parte del trabajador despedido:

«(...) la tesis de la sentencia recurrida según la que el reconocimiento de los hechos por parte del trabajador durante la investigación constituye el momento en el que la empresa tiene un adecuado conocimiento de los hechos no puede sostenerse habida cuenta de que tal reconocimiento se realizó, como ya se ha avanzado, sin perjuicio de las ulteriores comprobaciones por parte de la empresa y, también, porque el reconocimiento se refirió a unos determinados hechos que no coinciden plenamente con los finalmente imputados y, especialmente, no alcanzó a la calificación de los mismos ni implicó conformidad alguna con una posible decisión sancionadora o extintiva por parte de la empresa. Contrariamente, resulta evidente que la respuesta al cuestionario entregado en la fase de investigación no implicaba, en aquel preciso momento, ni suponía de ningún modo que en la realidad de las cosas la empresa hubiera tomado noticia y conocimiento real, cierto y efectivo de la falta o faltas cometidas.

Lo expuesto obliga a concluir que las infracciones laborales que se imputan al actor en la carta de despido no habían prescrito, lo que significa que la sentencia recurrida ha vulnerado el artículo 60.2 del ET, y, en consecuencia, de conformidad con lo informado por el Ministerio Fiscal, se ha de acoger favorablemente el recurso entablado por la entidad recurrente, lo que implica que dicha sentencia ha de ser casada y anulada».

RESOLUCIONES RELEVANTES

ATS rec. 257/2019, de 25 de junio, ECLI:ES:TS:2019:8135A

«(...) la fecha en que se inicia el plazo de prescripción establecido en el artículo 60.2 del ET no es aquella en que la empresa tiene un conocimiento superficial, gené-

rico o indiciario de las faltas cometidas, sino que ésta se debe fijar en el día en que la empresa tenga un conocimiento cabal, pleno y exacto de los mismos (...)».

STSJ Andalucía n.º 2232/2014, de 11 de septiembre, ECLI:ES:TSJAND:2014:8528

«En todo caso, el cómputo de la prescripción de las faltas laborales que se cometen fraudulentamente, con ocultación y eludiendo los posibles controles del empresario, no se inicia hasta que tenga conocimiento de los hechos y pueda ejercer sus facultades disciplinarias (SSTS 27-1-90; 29-10-90; 28-1-91; 26-3-91; 25-4-91; 12-2- 92; 26-5-92; 3-11-93; 25-7-02). Más en empresas de gran envergadura organizativa o de compleja gestión, en las que el descubrimiento e investigación de las irregularidades resulta en extremo difícil (STSJA Sevilla n.º 3182/11 de 22 de noviembre) por la creatividad contable y contractual ilimitada, la participación de diversos departamentos de la empresa, la existencia de protocolos de actuación que fragmentan la toma de decisiones, etc. que posibilitan la clandestinidad y complejidad de las conductas fraudulentas».

2.3. Sanción prohibida: multa de haber o reducción de vacaciones o descansos

En caso de que una persona trabajadora incumpla su contrato la empresa podrá sancionarla o amonestarla, pero dicha sanción no podrá consistir una multa de haber o reducción de salarios, reducción de la duración de las vacaciones u otra minoración de los derechos al descanso (art. 58.3 del ET).

De lo establecido en el texto estatutario, queda claro que el legislador prohíbe por imperativo legal **las sanciones económicas a las personas trabajadoras**, encontrándose limitadas únicamente para relaciones laborales de carácter especial como la de los deportistas profesionales, donde su reglamento regulador deja en manos de los convenios colectivos la graduación de faltas y sanciones, «(...) que podrá comprender sanciones pecuniarias como consecuencia de incumplimientos contractuales del trabajador» (art. 17.Uno del Real Decreto 1006/1985, de 26 de junio).

Del mismo modo, «la empresa no estará capacitada para descontar del descanso anual día alguno, a modo de sanción, lo cual está expresamente vedado». (STSJ Aragón n.º 441/2018, de 17 de julio, ECLI:ES:TSJAR:2018:1501).

La regulación del derecho a vacaciones retribuidas viene fijada en el art. 38 del ET, el derecho constitucional (art. 40 de la Constitución Española) y el convenio 132 de la OIT, partiendo de una afirmación de principio (STC n.º 324/2006, de 20 de noviembre):

«El derecho a vacaciones anuales retribuidas, sin ser absoluto en cuanto a las fechas de su ejercicio, forma parte del núcleo irrenunciable de los derechos propios de un Estado social. (...)

Todo ello no quiere decir que tanto el legislador como la Administración no puedan poner límites al disfrute efectivo de las vacaciones, pero sí que la protección constitucional de las vacaciones sólo permite los límites derivados de su propia naturaleza y finalidad o los que aparezcan impuestos por la necesaria protección de un interés constitucionalmente legítimo, y respetuosos con el principio de proporcionalidad».

JURISPRUDENCIA

STS n.º 582/2021, de 27 de mayo, ECLI:ES:TS:2021:2264

Durante el tiempo en que el trabajador no presta servicios laborales, teniendo obligación de hacerlo, no se devenga salario, sin que ello suponga una multa de haber:

«En efecto, la multa de haber consiste en la detracción de salario devengado o al que el trabajador tiene derecho. En el supuesto enjuiciado, el trabajador no tiene derecho a percibir dicho salario porque no ha prestado servicios por causa imputable únicamente a él».

STS n.º 59/2021, de 19 de enero, ECLI:ES:TS:2021:178

Analizando una posible compensación legal de deudas con el salario ante el incumplimiento del pacto de permanencia: «(...) la compensación no opera cuando "no concurre la necesaria incontrovertibilidad de la deuda con lo cual ha de calificarse de improcedente la detracción directa y unilateral operada por la empresa. Quedan a salvo las acciones que a la empleadora puedan asistir ante los órganos de la jurisdicción social, en reclamación de la cantidad correspondiente a la indemnización que se alega percibida indebidamente por error"».

CUESTIONES

1. ¿Puede el juez mantener y revocar parcialmente una sanción muy grave autorizando al empresario a imponer una distinta?

No. La STS n.º 178/2021, de 10 de febrero de 2021, ECLI:ES:TS:2021:517, establece que «(...) no es ajustado a derecho que el Juez de instancia mantenga la calificación de falta muy grave y revoque en parte la sanción impuesta, autorizando al empresario a imponer una sanción diferente, adecuada a la gravedad de la falta».

2. En caso de que la persona trabajadora cometa una negligencia o descuido que suponga para la empresa una pérdida económica, ¿puede la empresa reclamar daños y perjuicios al trabajador?

En el ámbito laboral la sanción máxima posible sería el despido disciplinario, seguida del régimen sancionador establecido en el convenio colectivo, por lo que resultaría complicada una reclamación por daños y perjuicios causados por el trabajador por una negligencia o descuido.

No obstante, de existir un incumplimiento directo de directrices de la empresa y una vulneración de las obligaciones concretas de su puesto de trabajo, o la trasgresión de los deberes de obediencia y buena fe, como trata la STSJ de Canarias n.º 330/2006, de 18 de abril de 2006, ECLI:ES:TSJICAN:2006:1701, la exoneración de la responsabilidad en la prestación de servicios por cuenta ajena puede entenderse no aplicable.

Siguiendo la doctrina de la STS, rec. 4726/2006, de 14 de noviembre de 2007, ECLI:ES:TS:2007:7573, ha de atenderse a las circunstancias concretas del caso para poder determinar, no la existencia de daños y perjuicios, sino la concurrencia de negligencia grave en la actuación del trabajador. De existir, y ser demostrable, sería posible trasladar las normas reguladoras de la responsabilidad contractual por dolo o culpa del Código Civil al ámbito laboral, dada la supletoriedad de la legislación civil.

También, en el caso del quebrantamiento de moneda, y cuando el empleado cobre un plus por ello, el empresario podrá descontar de ese importe la diferencia económica si así se ha previsto en el convenio colectivo aplicable.

2.4. Procedimiento para la imposición de la sanción: ¿Cómo se sanciona? ¿Cómo advertir correctamente a un trabajador?

El procedimiento para la imposición de las sanciones vendrá determinado por el convenio de aplicación. En último lugar, el ET podrá servir como base para la imposición de sanciones a pesar de que es bastante escueto.

2.4.1. Calificación y graduación de faltas y sanciones

Antes de empezar hacer referencia al procedimiento para la imposición de las sanciones y todo lo que trae consigo, debemos hacer mención a la denominada «teoría gradualista» y los distintos **principios** de derecho aplicados por los tribunales.

Se entiende por teoría gradualista la doctrina jurisprudencial sentada por la Sala IV del Tribunal Supremo que analiza si las sanciones impuestas por el empresario como reacción a los incumplimientos laborales por parte de los trabajadores son acordes a los hechos cometidos y, por lo tanto, la sanción aplicada es desproporcionada o proporcional a las faltas indicadas por parte del empleador.

Hay que partir de la base que no todo incumplimiento contractual es sancionable, al igual que no toda falta puede calificarse como grave o muy grave, debiendo hacerse una valoración de las circunstancias concretas e individualizadas en cada caso concreto. Esta teoría va unida a los siguientes principios:

1. Principio de proporcionalidad.
2. Principio de legalidad o tipicidad.
3. Principio de *non bis in idem*.

Principio de proporcionalidad

Es la correspondiente coherencia que debe de existir entre la falta impuesta y la sanción aplicable atendiendo, como hemos dicho, a la individualización del caso concreto.

> **RESOLUCIÓN RELEVANTE**
>
> **STSJ Asturias n.º 2201/2012, de 27 de julio, ECLI:ES:TSJAS:2012:3196**
>
> *«El presupuesto básico del despido disciplinario es la existencia de un incumplimiento contractual; ahora bien, a estos efectos, no todo incumplimiento del contrato por parte del trabajador es causa de despido, sino que la resolución unilateral del contrato sólo puede operar como reacción a un incumplimiento cualificado. Es un principio básico del derecho disciplinario que las sanciones deben guardar la debida proporcionalidad con los incumplimientos a que responden, de suerte que, siendo*

el despido la máxima sanción disciplinaria es justo que se reserve para aquellos incumplimientos que por su intensidad o intencionalidad resulten menos tolerables o incompatibles con la subsistencia del vínculo laboral o, como se deduce del art. 54.1 ET, que se trate de un incumplimiento contractual grave y culpable».

JURISPRUDENCIA

STS n.º 178/2021, de 10 de febrero, ECLI:ES:TS:2021:517

«En conclusión, la graduación de las sanciones en función de la gravedad de las conductas, supone una aplicación del principio de proporcionalidad que conlleva un ajuste de la perspectiva de la graduación de los principios de justicia y proporcionalidad, también de igualdad, en la imposición de las sanciones acordadas por el empresario, bajo el análisis individualizado de cada caso, pretendiendo lograr esa adecuación y coherencia entre el hecho y la sanción en garantía de la facultad revisoria judicial de la disciplinaria empresarial.

Y es que la teoría gradualista es expresión del principio de proporcionalidad que debe exigirse entre falta y sanción y que atiende finalmente a la gravedad de las conductas según las circunstancias concurrentes, (...) y supone que el ejercicio del poder disciplinario por el empresario debe sujetarse a las reglas mencionadas bajo un principio de moderación, atemperamiento y proporcionalidad (...)».

Principio de legalidad o tipicidad

La persona trabajadora incurre en una falta cuando incumple de forma culpable sus obligaciones laborales. Conforme ha señalado la jurisprudencia «la facultad de elección de entre las sanciones previstas para cada grado de faltas es facultad exclusiva del empresario (...), quedando limitada la fiscalización judicial al grado de éstas». (STS, Rec. 3805/1992, de 11 de octubre de 1993, ECLI:ES:TS:1993:6754).

En ningún caso sería posible imponer al trabajador una sanción no prevista en el convenio colectivo de aplicación a la empresa. El art. 115.1 d) de la LJS establece: «(...) será nula la sanción cuando consista en alguna de las legalmente prohibidas o no estuviera tipificada en las disposiciones legales o en el convenio colectivo aplicable (...)».

Con carácter general, los convenios colectivos fijan las faltas laborales en tres tipos:

- **Leves**: constituidas por amonestaciones y suspensiones de empleo y sueldo de hasta 2 días.
- **Graves**: constituidas por suspensiones de empleo y sueldo de hasta 20 días.
- **Muy graves**: como inhabilitaciones para ascensos, suspensiones de empleo y sueldo de hasta 6 meses de duración, traslados a otro centro de trabajo y, en última instancia, o supeditadas a la reiteración, despido.

Principio de *non bis in idem*. Doble sanción por un solo hecho

El principio *non bis in idem* impone «que no recaiga duplicidad de sanciones en los casos en que se aprecie la identidad del sujeto, hecho y fundamento (...)» y, en virtud del mismo, «en el ámbito disciplinario laboral, no se puede sancionar a un trabajador con el despido o con otra sanción cuando la falta en virtud de la cual se impone la sanción, lo ha sido ya con anterioridad». (STSJ de Cataluña n.º 2551/2019, de 20 de mayo, ECLI:ES:TSJCAT:2019:3318).

El art. 3 de la LISOS normativiza el principio *non bis in idem*, prohibiendo la sanción administrativa de los hechos sancionados penalmente siempre que haya identidad de sujeto, de hecho y de fundamento: «No podrán sancionarse los hechos que hayan sido sancionados penal o administrativamente, en los casos en que se aprecie identidad de sujeto, de hecho y de fundamento». Aplicando esto a la posibilidad de sanción laboral, nuestro ordenamiento jurídico imposibilita que una misma persona resulte sancionada dos veces por el mismo incumplimiento.

Sobre lo anterior, hay que recalcar que **el trabajador no puede ser sancionado dos veces por la misma falta, pero sí tantas veces como faltas haya cometido.** «Actuación que en absoluto vulnera el principio "non bis in idem", por cuanto que el mismo lo que impide es que un mismo hecho resulte sancionado más de una vez, lo que no acontece cuando el trabajador lleve a cabo una doble acción, como pueden ser por ejemplo, por un lado, un incumplimiento de las obligaciones consustanciales a su puesto de trabajo, y por otro, un incumplimiento de las órdenes directas recibidas de la persona habilitada para ello, dos acciones pues incardinables en diferentes supuestos de hecho que se han de encontrar expresamente contemplados en la norma convencional aplicable, y a las que la misma aparejará sus correspondientes y diferenciadas sanciones». (STSJ de Castilla La Mancha n.º 201/2016, de 11 de febrero, ECLI:ES:TSJCLM:2016:359).

2.4.2. Tipos de faltas y sanciones

Faltas leves: amonestación y carta de advertencia

La amonestación es una penalización que la empresa impone a los empleados por el incumplimiento de las obligaciones laborales. Está prevista para las faltas leves, por lo que, al no tener que ser obligatoriamente comunicada de forma escrita, como sí sucede con las graves y muy graves siguiendo el art. 58.2 del Estatuto de los Trabajadores, existe la posibilidad de ser emitida de forma verbal. Hay que tener en cuenta que una falta leve no supondrá un despido en ningún caso.

A pesar de esto, resulta recomendable optar por la comunicación escrita mediante carta de amonestación para los casos en que pueda ser necesario acreditar la misma en el futuro.

> **A TENER EN CUENTA.** La amonestación debe ajustarse a los términos detallados en el convenio aplicable y ser proporcional al incumplimiento detectado.

Antes de notificar la sanción es necesario comprobar los hechos, acudir al ET o al convenio para ver si tiene asociada sanción, recabar las pruebas necesarias y tener presentes los plazos de prescripción de los incumplimientos.

Si la notificación de la sanción es escrita, hay que constatar la entrega del documento y deberá incluir la firma de ambas partes. En el documento figurará la fecha del conocimiento de los hechos y la sanción impuesta de forma clara, con la aplicación de los artículos correspondientes donde aparece reflejada.

El trabajador podrá solicitar copia de la notificación, consignar la fecha actual si no coincide y, en caso de no estar de acuerdo, incluir un «no conforme».

|| Requisitos de una amonestación

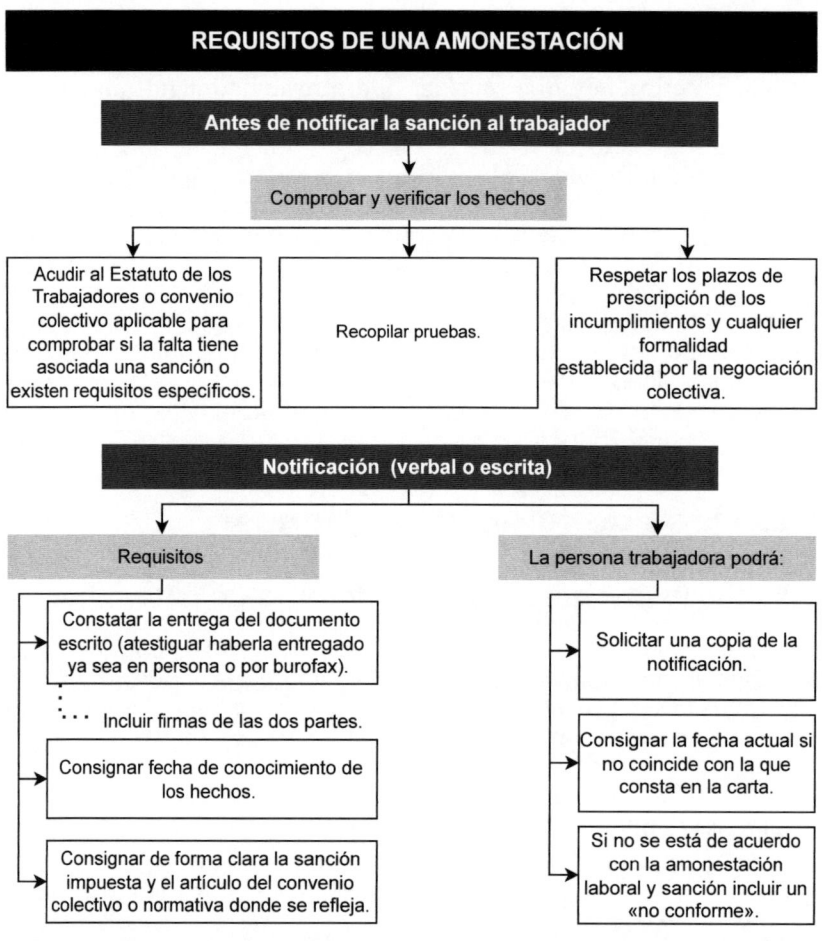

REQUISITOS DE UNA AMONESTACIÓN

Antes de notificar la sanción al trabajador

Comprobar y verificar los hechos

- Acudir al Estatuto de los Trabajadores o convenio colectivo aplicable para comprobar si la falta tiene asociada una sanción o existen requisitos específicos.
- Recopilar pruebas.
- Respetar los plazos de prescripción de los incumplimientos y cualquier formalidad establecida por la negociación colectiva.

Notificación (verbal o escrita)

Requisitos

- Constatar la entrega del documento escrito (atestiguar haberla entregado ya sea en persona o por burofax).
- Incluir firmas de las dos partes.
- Consignar fecha de conocimiento de los hechos.
- Consignar de forma clara la sanción impuesta y el artículo del convenio colectivo o normativa donde se refleja.

La persona trabajadora podrá:

- Solicitar una copia de la notificación.
- Consignar la fecha actual si no coincide con la que consta en la carta.
- Si no se está de acuerdo con la amonestación laboral y sanción incluir un «no conforme».

CUESTIÓN

¿Puede suponer el despido cometer una falta leve?

Una falta leve no implica una sanción como el despido. Un despido basado en una falta leve supondrá una revocación parcial en caso de reclamación judicial obligando al empresario a imponer una sanción proporcional a la falta cometida.

|| Carta de advertencia

Dentro del poder de dirección el empresario podrá emitir cualquier tipo de comunicación a sus trabajadores indicando instrucciones o apercibiendo sobre situaciones no deseadas para su corrección.

Con la remisión de la carta de advertencia a la persona trabajadora no se está aplicado régimen disciplinario alguno, sino que se trata de una manifestación del legítimo poder de dirección del empresario, siendo la carta de advertencia el resultado del ejercicio de las facultades de dirección y control de la actividad de sus empleados que por ley le vienen conferidas a la empresa según el art. 20 del ET. En este contexto, una carta de advertencia no es equiparable a una sanción disciplinaria.

Siempre y cuando la notificación no sancione hecho alguno, su entrega no tendrá efectos fuera de la constatación por parte empresarial de unos hechos o situaciones con las que no se está conforme. Por lo general, hemos de entender, como establece la STSJ de Asturias n.º 2710/2018, de 27 de noviembre de 2018, ECLI:ES:TSJAS:2018:3700, que «(...) con la remisión de la carta de advertencia al trabajador no se ha aplicado régimen disciplinario alguno, sino que se trata de una manifestación del legítimo poder de dirección del empresario, siendo la carta de advertencia el resultado del ejercicio de las facultades de dirección y control de la actividad de sus empleados que por ley le vienen conferidas a la empresa según el artículo 20 del ET. Señala que la empresa únicamente ha dirigido escrito consistente en una carta de advertencia, no estando sancionando hecho alguno, de modo que la carta entregada no tiene efecto alguno. Sostiene que la carta entregada consistió en una mera advertencia formal y por escrito, sin entidad sancionadora, y planteando que ante situaciones futuras podría imponerse sanciones si se repiten hechos similares».

RESOLUCIÓN RELEVANTE

STSJ de Castilla y León, rec. 1380/2012, de 31 de octubre, ECLI:ES:TSJCL:2012:5118

«(...) la denominada "carta de advertencia" que se cursara Sr. Juan Ramón el 2 de noviembre de 2011 en modo alguno constituye una previa decisión sancionadora del empresario por falta grave, puesto que en aquella carta se contenía un requerimiento dirigido al trabajador para que depusiera su actitud (...)».

CUESTIONES

1. ¿Una carta de advertencia sirve para la imposición de una sanción?

Si mediante una carta de advertencia se impone una sanción a la persona trabajadora esta debería ser entendida como otro tipo de misiva, y, por lo tanto, el empleado podría accionar contra la misma mediante el procedimiento especial habilitado al efecto. Una advertencia ha de entenderse como la solicitud empresarial al trabajador del correcto cumplimiento de sus obligaciones contractuales y laborales, poniendo en conocimiento del mismo la posibilidad de adoptar medidas disciplinarias o sancionadoras, conforme a la legislación o convenio colectivo aplicable, de persistir la situación considerada irregular.

2. ¿Cómo advertir (que no sancionar) correctamente a un trabajador?

En primer lugar, será necesario respetar lo establecido en la norma colectiva al efecto, teniendo en cuenta la necesidad de aclarar que no se impone sanción y especificar que se trata de una advertencia. Esto es así por cuanto, de imponerse una sanción, la misma deben cumplir unas determinadas exigencias legales, que de no cumplirse terminarán por considerarla nula, suponiendo una serie de costes innecesarios a la organización, ya que posiblemente termine en una reclamación judicial por parte del trabajador.

3. ¿Qué comportamientos pueden ser constatados mediante una carta de advertencia?

Siempre respetando el convenio, se podrá advertir al trabajador con carácter leve cuando se produzca error o demora en la ejecución de un trabajo, la impuntualidad injustificada, el abandono del puesto de trabajo injustificado, discusiones con otros trabajadores en el centro, falta de aseo, etc.

4. ¿Es necesario una carta de advertencia antes de notificar un despido?

No. La carta de advertencia es una potestad del empresario con la finalidad de dar un toque de atención al trabajador para que cumpla con las obligaciones propias de su actividad laboral sin que sea necesario que se le entregue ningún tipo de advertencia previa al despido.

Faltas graves y muy graves

Las faltas graves o muy graves en el trabajo son aquellas faltas laborales o infracciones asociadas a incumplimientos que impactan directamente en el funcionamiento de la empresa y suelen suponer el quebrantamiento de la buena fe laboral.

La sanción de las faltas graves y muy graves requerirá comunicación escrita al trabajador, haciendo constar la fecha y los hechos que la motivan, así lo establece el art. 58.2 del ET. Se puede tomar como punto de referencia para identificar posibles incumplimientos merecedores de ser considerados como falta grave o muy grave lo establecido en el art. 54 del ET.

Por regla general, los convenios colectivos recogerán los diferentes comportamientos de las personas trabajadoras susceptibles de sanción, así como la determinación de la misma.

La STSJ de Madrid n.º 1159/2010, de 8 de julio de 2010, ECLI:ES:TSJM:2010:11353, analiza la ponderación de las sanciones fijadas en este convenio de forma que la «(...) gravedad que debe apreciarse ponderando el hecho cometido, las circunstancias subjetivas de su autor y la sanción impuesta, lo que se recoge en una consolidada doctrina del Tribunal Supremo (entre otras sentencias de 21 de marzo de 1988, 6 de abril de 1990, 15 de noviembre de 1990 y 2 de abril y 6 de mayo de 1992), pues, si examinada la adecuación de las conductas imputadas a la descripción de faltas que se recogen en el cuadro sancionador correspondiente de la norma reglamentaria o convencional aplicable al caso, se comprueba que los incumplimientos encajan en los supuestos tipificados como falta muy grave sancionable hasta con el despido habrá de declarar que la calificación empresarial es adecuada y no debe rectificarse por el juez o tribunal la sanción impuesta pues, de acuerdo con lo dispuesto en el artículo 58 del Estatuto de los Trabajadores, corresponde al empresario la facultad de imponer la sanción que estime apropiada, dentro del margen que establezca la norma reguladora del régimen de faltas y sanciones».

JURISPRUDENCIA

STS n.º 355/2018, de 3 de abril, ECLI:ES:TS:2018:1355

Según la Sala IV, el incumplimiento del trámite de audiencia previsto en el convenio colectivo aplicable para despidos disciplinarios supondrá la consideración del despido como improcedente.

Una vez fijados requisitos adicionales para la efectividad del despido por convenio, las exigencias devienen obligatorias como las contempladas en el artículo 55 del ET. Para el TS, el apartado 4 del citado artículo dispone que el despido será improcedente cuando en su forma no se ajustara a lo establecido en el apartado 1, que señala no solo los requisitos legalmente exigidos —notificación por escrito haciendo figurar los hechos que lo motivan y la fecha en que tendrá efectos— sino también la posibilidad de que por convenio colectivo se establezcan otras exigencias formales para el despido.

«En el supuesto analizado, la literalidad del precepto aplicable —párrafo, segundo del artículo 58 del Convenio— no deja lugar a dudas en cuanto a su significado "Para la imposición de sanciones por faltas graves y muy graves, el trabajador afectado tendrá derecho a formular alegaciones por escrito en un plazo de cinco días naturales". Por lo tanto, antes de imponer una sanción al trabajador, por falta grave o muy grave se le hará saber a fin de que en plazo de cinco días pueda formular alegaciones, trámite de audiencia al interesado que persigue la finalidad de que la empresa, ante las alegaciones o justificaciones del trabajador pueda reconsiderar su postura y no sancionarle o imponerle una sanción de menor entidad».

STS, rec. 1230/2003, de 26 de noviembre, ECLI:ES:TS:2003:7504

La propia norma colectiva también ha de ser la encargada de establecer «las condiciones que han de concurrir para aplicar la falta muy grave, denominada "reincidencia en faltas graves"; y más concretamente si a tales efectos puede ser computada una anterior falta, que aun siendo calificada de grave de acuerdo con el convenio colectivo, pudo haber sido corregida por la patronal con una simple amonestación por escrito, sanción que la norma colectiva reserva para las faltas leves». Para acreditar la concurrencia en este tema del requisito exigido, la jurisprudencia ha aceptado que «(...) el empresario puede hacer un uso benevolente de su poder disciplinario y moderar las sanciones previstas en el convenio colectivo aplicable, es claro que si pretende que la falta castigada cuente a efectos de reincidencia, deberá ejercer su facultad moderadora con absoluta transparencia y claridad de forma tal que no induzca a confusión al sancionado y le lleve a aquietarse ante la sanción impuesta por creerla irrelevante a tales efectos». Es decir, para que opere la «reincidencia en faltas graves», la carta de sanción ha de contener todos los datos precisos para que el trabajador tome clara conciencia de la concreta falta imputada, de su gravedad y trascendencia y de la necesidad de impugnar la sanción impuesta si estaba en desacuerdo con la calificación efectuada por la empresa.

RESOLUCIONES RELEVANTES

STSJ de País Vasco n.º 2038/2016, de 25 de octubre, ECLI:ES:TSJPV:2016:3453

Se confirma la sanción de empleo y sueldo por ausencias injustificadas tras la negativa empresarial al uso del disfrute por hospitalización de familiar en las fechas solicitadas. El trabajador ha de acatar las órdenes del empresario sin perjuicio de su reclamación ulterior, no pudiendo erigirse en definidor de sus obligaciones, siendo la sanción impuesta proporcionada al incumplimiento cometido.

siguiendo la potestad disciplinaria empresarial, el trabajador no puede tener el poder decisorio inicial y unilateral y debe, sin perjuicio de las excepciones relatadas, cumplir de forma y manera, en tiempo y duración del permiso otorgado, con independencia de sus acciones o reclamaciones posteriores.

STSJ de Navarra n.º 416/2016, de 12 de septiembre, ECLI:ES:TSJNA:2016:755

Necesidad de sanción previa firme para despido disciplinario por reincidencia de faltas.

«Por ello, lo lógico es que esa conducta anterior haya sido sancionada con una falta grave y firme, bien porque el trabajador la consintió o bien porque se impugnó, confirmándola, un órgano jurisdiccional, pues solo desde una sanción firme, cabe la apreciación de la agravación de responsabilidad que lleva implícita la reincidencia».

CUESTIONES

1. En caso de reclamación judicial por parte del trabajador de una falta anterior, de producirse reincidencia en el comportamiento sancionable, ¿cuándo puede despedirse disciplinariamente?

En caso de reclamación de la sanción inicial previa, ha de esperarse a que esta sea confirmada o anulada judicialmente mediante sentencia, ya que, la firmeza de la sanción es necesaria para poder practicar reincidencia en la comisión de faltas graves merecedora de despido.

2. ¿Se puede despedir a un trabajador por criticar la gestión empresarial del centro de trabajo donde presta los servicios?

No podemos generalizar una respuesta. El TC, en su sentencia n.º 146/2019, de 25 de noviembre de 2019, ECLI:ES:TC:2019:146, indica que prima el derecho a la libertad de expresión y no es motivo de despido disciplinario (en sentido similar: STSJ de Asturias n.º 63/2021, de 19 de enero de 2021, ECLI:ES:TSJAS:2021:37, y STSJ de Cataluña n.º 6987/2022, de 27 de diciembre del 2022, ECLI:ES:TSJCAT:2022:11873). Por el contrario, si se emiten comentarios injuriosos excediendo el ánimo de crítica o denuncia, el despido podría ser considerado procedente (STSJ de Cataluña n.º 609/2017, de 30 de enero de 2017, ECLI:ES:TSJCAT:2017:764, y STSJ de Madrid n.º 804/2019, de 19 de julio de 2019, ECLI:ES:TSJM:2019:5944).

|| Reincidencia en la comisión de faltas graves

La infracción constitutiva de falta grave, por lo general, no puede ser castigada con despido disciplinario. No obstante, el hecho de reincidir en la comisión de una falta grave supone, para la mayoría de los convenios colectivos, una conducta merecedora de falta muy grave que sí podría ser sancionada con la máxima sanción.

Solo desde una sanción firme, cabe la apreciación de la agravación de responsabilidad que lleva implícita la reincidencia. Para poder considerar que concurre reincidencia en sanción la conducta anterior ha tenido que ser sancionada con una falta grave y firme, bien porque el trabajador la consintió o bien porque se impugnó, confirmándola, un juez de lo social.

La reincidencia exige que el trabajador sancionado haya cometido y haya sido sancionado por al menos dos faltas graves dentro de un periodo de tiempo, en este sentido así lo establece el ATS, rec. 4263/2018, de 29 de octubre, ECLI:ES:TS:2019:12385A.

Es importante reseñar la STSJ de Navarra n.º 416/2016, de 12 de septiembre, ECLI:ES:TSJNA:2016:755, que establece la necesidad de sanción previa firme para despido disciplinario por reincidencia de falta. Ante la reclamación judicial de un despido disciplinario por falta muy grave derivada de reincidencia en faltas graves de distinta naturaleza —reclamadas judicialmente por el trabajador—, el juzgado de instancia dictó sentencia, considerando la necesidad de firmeza de una sanción para la procedencia de falta muy grave merecedora de despido por reincidencia de faltas.

Para el TSJ de Navarra, «(...) si la reincidencia se pudiera interpretar sin consideración al hecho de que la sanción impuesta por la falta grave anterior fuera o no firme, ello significaría que para poder acudir a un despido disciplinario basado en reincidencia en la comisión de falta grave, la empresa podría sancionar, sin más, al trabajador con la antelación exigida en el convenio, para desde ese momento, legitimar el despido posterior, que como se ve, descansaría en la sola voluntad del empresario y también cabría la posibilidad, según esta tesis, de que judicialmente se dejara sin efecto la sanción anterior y no sería razonable el despido posterior que sólo descansa en una sanción anterior revocada por el Juzgado de lo Social».

Para la apreciación de la agravación de responsabilidad que lleva implícita la reincidencia, «lo lógico», asevera el tribunal, «(...) es que esa conducta anterior haya sido sancionada con una falta grave y firme, bien porque el trabajador la consintió o bien porque se impugnó, confirmándola, un órgano jurisdiccional, pues solo desde una sanción firme, cabe la apreciación de la agravación de responsabilidad que lleva implícita la reincidencia».

CUESTIÓN

¿Es posible fijar un periodo determinado entre la falta leve o grave para que pase a considerarse como muy grave?

Sí. Dentro de la regulación de las faltas o incumplimientos vía convenio colectivo, es posible fijar un período determinado por el cual la reincidencia o reiteración en falta leve o grave, pase a considerarse falta grave o muy grave. Siendo habitual fijar otros requisitos como la forma escrita de la sanción inicial o la exclusión de determinados comportamientos como acumulables a los efectos de reiteración.

La STSJ de Canarias n.º 133/2017, de 17 de febrero, ECLI:ES:TSJCAN:2017:755, califica la reincidencia en faltas graves, en un determinado periodo de tiempo, como falta muy grave sancionable con despido disciplinario.

JURISPRUDENCIA

STS, rec. 1230/2003, de 26 noviembre, ECLI:ES:TS:2003:7504

La propia norma colectiva también ha de ser la encargada de establecer las condiciones que han de concurrir para aplicar:

«(...) la falta muy grave, denominada "reincidencia en faltas graves"; y más concretamente si a tales efectos puede ser computada una anterior falta, que aun siendo

calificada de grave de acuerdo con el convenio colectivo (...)», pudo haber sido corregida por la patronal con una simple amonestación por escrito, sanción que la norma colectiva reserva para las faltas leves.

Para acreditar la concurrencia en este tema del requisito exigido, la jurisprudencia ha aceptado que «(...) el empresario puede hacer un uso benevolente de su poder disciplinario y moderar las sanciones previstas en el convenio colectivo aplicable, es claro que si pretende que la falta castigada cuente a efectos de reincidencia, deberá ejercer su facultad moderadora con absoluta transparencia y claridad de forma tal que no induzca a confusión al sancionado y le lleve a aquietarse ante la sanción impuesta por creerla irrelevante a tales efectos».

Es decir, para que opere la «reincidencia en faltas graves», la carta de sanción ha de contener todos los datos precisos para que el trabajador tome clara conciencia de la concreta falta imputada, de su gravedad y trascendencia y de la necesidad de impugnar la sanción impuesta si estaba en desacuerdo con la calificación efectuada por la empresa.

STSJ de Castilla y León, rec. 1041/2020 de 5 de octubre, ECLI:ES:TSJCL:2020:3102

Necesidad de firmeza de la sanción para que se estime la reincidencia.

«Sobre la reincidencia de faltas graves tampoco puede estimarse tal motivo, no consta que la imputación de la segunda falta tenga tal consideración por no constar su firmeza y tampoco ha quedado acreditado que la falta que ahora se imputa tenga la consideración de grave, por todo lo cual el motivo se desestima».

|| Suspensión de empleo y sueldo por razones disciplinarias

La suspensión de empleo y sueldo por razones disciplinarias es una situación de suspensión del contrato de trabajo, tipificada como tal en el artículo 45.1.h) del Estatuto de los Trabajadores, que produce el efecto general previsto en el artículo 45.2 del mismo texto legal: la exoneración de las obligaciones recíprocas de trabajar y remunerar el trabajo.

Corresponde al convenio colectivo establecer las faltas que pueden llevar aparejada este tipo de sanción, el procedimiento necesario para su imposición o la duración de la misma.

En relación con una posible suspensión de empleo y sueldo por sanción disciplinaria al trabajador ha de tenerse en cuenta:

- La necesidad de su regulación por convenio colectivo para poder ser de aplicación.
- El trabajador se encontrará en situación asimilada al alta (como analizamos en el siguiente apartado) durante la duración de la sanción.
- Han de respetarse los privilegios de los representantes de los trabajadores establecidos en el art. 64.1 del ET.
- La comunicación empresarial de la sanción ha de establecer una fecha concreta de los efectos sancionadores (que puede ser distinta a la fecha de notificación) y los hechos que la motivan.
- Se aplicará lo establecido en el art. 60 del ET, en relación con la prescripción para ejercitar la sanción por parte empresarial.

– El trabajador podrá impugnar la decisión de suspensión el trabajador puede impugnar la sanción siguiendo lo establecido en los arts. 103 y 114 de la LRJS. En estos supuestos pueden suceder que:

- Sea anulada total o parcialmente por los órganos judiciales (la empresa ha de comunicar el alta en la Seguridad Social e ingresar la cotización correspondiente).

- Los órganos judiciales consideren procedente la sanción por lo que se mantendrán los efectos señalados.

CUESTIONES

1. Una conducta que el convenio sanciona con suspensión de empleo y sueldo, ¿puede suponer un despido disciplinario?

Según establece la STSJ de Murcia, rec. 1216/2022, de 21 de febrero de 2023, ECLI:ES:TSJMU:2023:186, el convenio colectivo prevalece por el principio de norma especial. No puede sancionarse con despido la conducta que conforme a la norma derivada de la negociación colectiva se calificaría como falta grave. Por lo tanto, a la hora de tipificar la conducta merecedora de despido, se debe aplicar el régimen regulado por el convenio colectivo cuando resulte más favorable a la persona trabajadora. (Artículo revista Iberley. Dpto. Laboral Iberley. 08/11/2023).

2. ¿Qué sucede con el cómputo de la antigüedad durante la suspensión de empleo y sueldo?

El ET no se manifiesta acerca del cómputo de la antigüedad durante el periodo en el que la persona trabajadora permanece en situación de suspensión de empleo y sueldo. De esta forma, entendiendo que se trata de un supuesto «especial» de suspensión del contrato con origen sancionador, la primera decisión podría ser la exclusión del cómputo del periodo, no obstante, hemos de ser cautos, y ante el vacío normativo, entender analógicamente el mismo tratamiento que en otras causas suspensivas, esto es, computar el tiempo de suspensión a efectos de antigüedad.

A falta de concreción por parte de los tribunales de este aspecto (o especificación vía convenio colectivo), lo recomendable sería apreciar caso por caso y valorar la gravedad de la falta y los perjuicios que haya causado al empresario para considerar dentro del cómputo necesario para aspectos.

3. ¿Se genera el derecho a vacaciones durante la sanción de suspensión de empleo y sueldo?

No. Al estar en una suspensión del contrato, no se generan vacaciones en esta situación, no obstante, hay que precisar que:

- No se considera incumplido el art. 58.3 del ET donde se prohíbe la reducción de la duración de las vacaciones u otra minoración de los derechos al descanso del trabajador toda vez que esta reducción del periodo vacacional se asocia a la suspensión del contrato.

- En caso de que ante una eventual reclamación del trabajador judicialmente la sanción fuese anulada, si ya se hubiese aplicado la reducción del derecho a vacaciones, estas deberán compensarse posteriormente.

4. ¿Qué ocurre cuando finaliza la sanción de empleo y sueldo?

Dada la propia naturaleza de la sanción, la situación de suspensión que genera es temporal, limitándose su duración al periodo impuesto. Una vez finalice la suspensión, el trabajador tiene derecho a reincorporarse a su puesto de trabajo y el contrato vuelve a cobrar plenitud de efectos (art. 48 del ET).

- **Cotización durante la suspensión de empleo y sueldo por razones disciplinarias**

El mayor problema de este tipo de sanciones consiste en determinar su proyección en el ámbito de la Seguridad Social. La normativa no reconoce la situación de suspensión de empleo y sueldo por razones disciplinarias como de asimilada al alta. Hemos de recurrir a la jurisprudencia para resolver la cuestión, de esta forma, la STS, rec. 2240/2001, de 4 de junio de 2002, ECLI:ES:TS:2002:9098, ha creado doctrina y establece que «La suspensión de empleo y sueldo por razones disciplinarias es una situación de suspensión del contrato de trabajo, tipificada como tal en el artículo 45.1.h) del Estatuto de los Trabajadores y que produce el efecto general previsto en el artículo 45.2 del mismo texto legal: la exoneración de las obligaciones recíprocas de trabajar y remunerar el trabajo» contempla a su vez la cuestión de, si una suspensión de empleo y sueldo impuesta como sanción disciplinaria determina la baja de la trabajadora sancionada en el Régimen de la Seguridad Social, concluyendo que ante tal situación no procede el mantenimiento en alta de la misma pero sí su consideración como situación asimilada de alta.

CUESTIONES

1. ¿La suspensión disciplinaria por sanción sin empleo y sueldo determina la baja de los trabajadores sancionados en el Régimen General de la Seguridad Social?

No. La obligación de cotizar quedará suspendida y el trabajador se encontraría en situación asimilada al alta. Al inicio de la suspensión ha de comunicarse la baja a la TGSS, y a la finalización —día que ha de incorporarse al trabajo— habrá que volver a tramitar el alta con las mismas condiciones que tenía.

2. Durante la suspensión de empleo y sueldo, ¿el trabajador puede percibir otras cantidades?

Como en cualquier suspensión de contrato, el vínculo contractual continua vigente, por lo que, a pesar de que el trabajador no tenga derecho a remuneración o no genere vacaciones, es posible que perciba o disfrute cantidades de vencimiento periódico irregular como *bonus* o pagas de beneficios, o continúe disfrutando de concesión otorgadas por la empresa como vehículo o casa.

Igualmente, se devengarán las prestaciones o indemnizaciones que le pudieren corresponder.

RESOLUCIÓN RELEVANTE

STSJ de Madrid, n.º 5/2018, de 16 de enero, ECLI:ES:TSJM:2018:615

La obligación de cotizar va acompañada del mantenimiento del alta.

- **Suspensión de empleo y sueldo como medida cautelar**

La doctrina ha admitido expresamente la posibilidad de una suspensión de empleo y sueldo cautelar cuando no aparezca impuesta como tal sanción, sino como una medida dirigida a garantizar la investigación y siempre que esté permitida por la norma colectiva de aplicación. Supeditándose su legalidad a su previsión en la norma convencional, y a una imposición proporcionada o ajustada de la medida a la finalidad perseguida según la gravedad de los hechos imputados al trabajador y la forma en que se cometieron las infracciones detectadas.

La suspensión cautelar de empleo y sueldo del contrato durante la tramitación del expediente sancionador, no tiene entidad o sustantividad propia, sino que se supedita al resultado del propio expediente disciplinario y a la decisión que en última instancia se adopte; de tal manera que si dicho expediente concluye con la sanción del despido, y el mismo es declarado procedente, la ratificación de la medida cautelar se habrá producido, mientras que, si el despido posterior fuese declarado improcedente la medida cautelar habrá de considerarse injustificada y dejada sin efecto.

«La suspensión de empleo y sueldo cautelar no constituye una sanción propiamente dicha, sino que se trata de una medida dirigida a investigar los hechos imputado —y que por lo tanto puede considerarse razonada— cuya licitud se ampara en la norma paccionada que le da cobertura (...)», así lo indica la STSJ de Galicia n.º 6070/2016, de 25 de octubre, ECLI:ES:TSJGAL:2016:7867, haciendo referencia a la doctrina del TS.

2.4.3. Inexistencia de convenio colectivo y aplicación de la sanción

La inexistencia de convenio colectivo aplicable a la relación laboral no priva a la empresa de su potestad sancionadora que puede ejercer de acuerdo con el Estatuto de los Trabajadores.

En caso de ausencia de convenio colectivo se recomienda basar la sanción en alguno de los incumplimientos contractuales especificados en el artículo 54.2 del Estatuto de los Trabajadores:

- Las faltas repetidas e injustificadas de asistencia o puntualidad al trabajo.

- La indisciplina o desobediencia en el trabajo.

- Las ofensas verbales o físicas al empresario o a las personas que trabajan en la empresa o a los familiares que convivan con ellos.

- La transgresión de la buena fe contractual, así como el abuso de confianza en el desempeño del trabajo.

- La disminución continuada y voluntaria en el rendimiento de trabajo normal o pactado.

- La embriaguez habitual o toxicomanía si repercuten negativamente en el trabajo.

- El acoso por razón de origen racial o étnico, religión o convicciones, discapacidad, edad u orientación sexual y el acoso sexual o por razón de sexo al empresario o a las personas que trabajan en la empresa En este caso, y dada la ausencia de convenio colectivo, la suspensión de empleo y sueldo, por razones disciplinarias viene consignada como causa de suspensión del contrato en el art. 45. h) del ET.

En este sentido podemos destacar la STSJ País Vasco n.º 1172/2019, de 18 de junio de 2019, ECLI:ES:TSJPV:2019:2064, en la que se impugna un despido sustentado en la falta debida de tipificación de la sanción impuesta al apoyarse la comunicación de despido en el art. 54.2 d) ET, sin señalar el precepto del convenio colectivo de aplicación. El TSJ rechaza la pretensión de la persona trabajadora ya que la empresa apoyó la comunicación del incumplimiento en el ET, por transgresión de la buena fe contractual y abuso de confianza, y describió de forma pormenorizada los hechos que sustentaban el mismo, resultando que el convenio colectivo de aplicación, en el elenco de faltas muy graves que describe, también la especifica. Se califica el despido como sanción proporcional al probarse que la trabajadora se había apropiado de una serie de productos de la empresa donde prestaba servicios.

Para la Sala de lo Social:

> «La sanción de despido impuesta no puede tildarse de desproporcionada desde el momento en que está prevista dentro del elenco de sanciones para infracciones muy graves en el Convenio Colectivo, y en el Estatuto de los Trabajadores, y tal es la calificación de la cometida.
>
> No se aprecian circunstancias que justifiquen o disminuyan de alguna forma el incorrecto proceder de la actora, que ni siquiera se alegan más allá de la inexistencia de sanciones ni de quejas previas por su trabajo, extremo que no obsta a la proporcionalidad y sanción de despido una vez quebrada la confianza depositada en la actora no solamente por su empleadora, también por Osakidetza al conocer los hechos, entrañando de hecho mayor gravedad la conducta al recaer la apropiación sobre elementos de Osakidetza, titular del servicio y directamente perjudicada por el incumplimiento cometido».

CUESTIONES

1. ¿Se puede imponer una sanción a un trabajador a pesar de que en el convenio no esté reflejada una sanción?

En caso de despido sí. A la hora de imponer una sanción, hay que atenerse a la gravedad del hecho y al principio de proporcionalidad. Sería sancionable un hecho grave o muy grave a falta de convenio que regule la falta en el caso de que pueda basarse en alguno de los incumplimientos que refleja el art. 54 del ET.

2. ¿Puede imponerse una sanción de empleo y sueldo ante ausencia de convenio?

Ante la ausencia de norma colectiva será necesario basar la sanción de empleo y sueldo en los incumplimientos contractuales especificados en el artículo 54.2 del Estatuto de los Trabajadores (indisciplina o desobediencia en el trabajo) y la suspensión de la relación laboral en base al art. 45. h) del ET. El art. 58 del ET establece que los incumplimientos de los trabajadores se sancionarán «(...) de acuerdo con la graduación de faltas y sanciones que se establezcan en las disposiciones legales o en el convenio colectivo aplicable (...)».

2.5. Revisión judicial de las sanciones impuestas a las personas trabajadoras

Cuando la persona trabajadora es sancionada por alguna falta (ya sea leve, grave o muy grave), tiene la posibilidad de impugnar ante los órganos judiciales laborales en el caso de que no esté de acuerdo.

2.5.1. Notas comunes al régimen jurídico de la imposición de sanciones al trabajador

El trabajador sancionado podrá impugnar —en el tiempo establecido para ello— la sanción que la empresa, dentro de su potestad sancionadora, le haya impuesto por los incumplimientos cometidos.

El régimen jurídico que regula la imposición de sanciones, como venimos indicando a lo largo de la obra, se establece de manera genérica en el ET y en los convenios colectivos de aplicación, no obstante, la Ley de la jurisdicción social, regula una **modalidad específica denominada «impugnación de sanciones»** (arts. 114 y 115 de la LRJS), para el caso en el que el trabajador, no conforme con la sanción impuesta, pueda recurrirla.

La jurisprudencia se ha encargado de completar el marco en que se desenvuelve el poder disciplinario, pudiéndose establecer puntos comunes como:

- **Las faltas no operan de una manera objetiva y automática sino que han de ser estudiadas en su realidad de forma específica y singular en cada caso**, la jurisprudencia pone en relieve que ante la imprecisión del texto estatutario en orden al número de inasistencias laborales susceptibles de configurar la correspondiente falta de disciplina merecedora de la sanción más grave de despido ha de salvarse mediante la aplicación complementaria de la normativa laboral del sector en el que se integre la empresa en la que presta servicios el trabajador sujeto pasivo de la medida disciplinaria, un ejemplo lo encontramos en el ATS rec. 1507/2021, de 15 de marzo de 2022, ECLI:ES:TS:2022:4105A, que resuelve el despido disciplinario de un trabajador por faltas injustificadas de asistencia o puntualidad y transgresión de la buena fe contractual por haber tomado horas sindicales, todos los viernes, sin haberlas dedicado a dicha actividad.

- **Actuación del juez de lo social ante sanción disciplinaria.** El juez de lo social solo puede revocar la sanción si los hechos subsumibles no son de la gravedad suficiente, sin que pueda modificar la sanción dentro del mismo grado. De la misma forma, el juez tan solo podrá efectuar un juicio respecto a la gravedad de la falta, autorizando al empresario a imponer una sanción proporcional, pero no puede emitir un juicio respecto de la sanción que estime más procedente. La STS, rec. 2830/2003, de 27 de abril de 2004, ECLI:ES:TS:2004:2745, establece que cuando se mantiene en la sentencia impugnada la calificación de la falta en los mismos términos que los valorados por la empresa —en este caso de falta muy grave— no cabe que el juzgador aplique una sanción inferior a la impuesta.

- **Irrecurribilidad de las sentencias dictadas en impugnación de sanción.** El art. 191 de la LRJS señala como irrecurribles las sentencias dictadas en impugnación de sanción por falta que no sea muy grave, así como por falta muy grave no confirmada judicialmente y, del mismo modo el art. 115.3 de la LRJS, indica que «contra las sentencias dictadas en estos procesos no cabrá recurso alguno, salvo en los casos de sanciones por faltas muy graves, apreciadas judicialmente».

- **Posibilidad de despido disciplinario en relación con una falta muy grave**. Si el trabajador ha cometido faltas graves o muy graves contempladas en el convenio y el empleador tiene pruebas suficientes para acreditarlas, tiene la facultad de iniciar el **procedimiento de despido**. Sin embargo, el despido no es la única consecuencia, también podría implicar una responsabilidad de corte civil y/o penal. Puesto que, las vías laboral y penal son independientes y la falta de pronunciamiento dentro de un proceso penal no importa que un juez no pueda resolver en sede laboral confirmando la sanción al trabajador, de ser el caso. (STSJ de Cataluña, n.º 431/2003 de 22 de enero, ECLI:ES:TSJCAT:2003:793).

2.5.2. Cuestiones previas a la impugnación de sanciones por parte del trabajador

Venimos indicando a lo largo de la obra, que las empresas podrán sancionar los incumplimientos laborales de los trabajadores de conformidad a la graduación de las faltas y sanciones que se establezca para cada caso en el convenio colectivo aplicable como faltas leves, graves y muy graves. Una vez que la empresa ha tomado la decisión de imponer una sanción al trabajador y se la ha comunicado de forma fehaciente, la persona trabajadora podrá impugnar la misma mediante demanda, que habrá de ser presentada en el plazo de 20 días hábiles a aquel en el que su hubiera producido la notificación de la sanción. La jurisdicción social es la competente para la valoración de las faltas y las sanciones impuestas por la dirección de la empresa pudiendo ser revisables por la misma y, por lo tanto, en caso de ser necesario anuladas o confirmadas.

Este proceso de impugnación de sanciones se detalla en los arts. 114 y 115 de la Ley de Jurisdicción Social que serán objeto de análisis a continuación y en los que nos encontramos con **dos peculiaridades** destacables:

- Cuando la impugnación de sanciones por faltas graves o muy graves sea impuesta a los trabajadores que ostenten la condición de representante legal o sindical será necesario que la parte demandada (el empresario) aporte el **expediente contradictorio**.

    El expediente contradictorio es una garantía de los miembros del comité de empresa y de los delegados de personal, como representantes legales de los trabajadores, a salvo de lo que se disponga en los convenios colectivos que establece el art. 68 del ET siendo necesario con la apertura del expediente que sean oídos a parte del interesado, el comité de empresa o los restantes delegados de personal.

- **La carga de la prueba** y, por tanto, la responsabilidad de probar la realidad de los hechos imputados al trabajador y su entidad **corresponde al empresario**, no pudiendo alegar otros motivos distintos a los alegados en su momento para justificar la sanción (art. 114 de la LRJS). Las alegaciones, pruebas y conclusiones deberán ser realizadas por las partes en el orden establecido para los despidos disciplinarios (arts. 103 y ss. de la LRJS). (SJS de Logroño n.º 23/2020, de 30 de enero de 2020, ECLI:ES:JSO:2020:1894).

Como referíamos, los **órganos jurisdiccionales** del orden social, por aplicación de lo establecido en los artículos 1 y 2 a) de la LRJS, conocerán de las cuestiones litigiosas que se promuevan entre empresarios y trabajadores como consecuencia del contrato de trabajo y en el ejercicio de los demás derechos y obligaciones en el ámbito de la relación de trabajo, donde hemos de entender incardinado el supuesto de estudio, tal y como se dispone, del mismo modo, en los artículos 9.5 y 25.1.º de la Ley Orgánica 6/1985, de 1 de julio, del Poder Judicial (LOPJ).

La **competencia territorial** con carácter general para la impugnación de sanción por parte de la persona trabajadora se establece en el art. 10 de la LRJS.

La **legitimación** activa para interponer la demanda la ostenta, como es lógico, la persona trabajadora sancionada (art. 114.1 de la LRJS) y, en contrario, la legitimación pasiva corresponderá a la parte empresarial.

CUESTIONES

1. ¿Es necesario acudir con abogado o graduado social al juicio?

No. El trabajador podrá acudir por sí mismo al proceso, no obstante, podrá delegar su representación a estos profesionales, aunque no sea preceptiva en primera instancia (art. 18 y 21 de la LRJS).

2. ¿Será necesario conciliación ante el SMAC para este tipo de procedimientos?

Sí. En este tipo de procesos se impone la obligación legal y como requisito previo para acudir a la vía judicial, la conciliación extrajudicial ante el organismo competente.

El trabajador podrá impugnar la sanción que le hubiere sido impuesta mediante demanda dentro del **plazo señalado en el artículo 103 de la LRJS,** donde en relación con el despido disciplinario, se fija el plazo de veinte días hábiles siguientes a aquel en que se hubiera producido el mismo. Dicho plazo será de caducidad a todos los efectos y no se computarán los sábados, domingos y los festivos en la sede del órgano jurisdiccional.

En el supuesto de tratarse de una sanción *dies a quo* para el ejercicio de la acción de impugnación se realiza atendiendo al momento en que tal acción pudo ejercitarse de acuerdo con el art. 59.2 del ET y el artículo 1969 del Código Civil, siendo ese momento el día en que se comunicó al trabajador la imposición de la sanción. Resultando irrelevante, por tanto, la fecha en que se comunique al trabajador la ejecución de la sanción o la fecha inicial de tal ejecución. (STSJ de Madrid n.º 235/2016, de 18 de abril, ECLI:ES:TSJM:2016:4426).

JURISPRUDENCIA

STS, rec. 4042/2008, de 17 de mayo de 2010, ECLI:ES:TS:2010:3241

«(...) Sin embargo tal interpretación jurisprudencial de la fijación del "dies a quo" para el ejercicio de la acción en los supuestos de despido no puede ser aplicada al plazo de ejercicio de la acción de impugnación de las sanciones. En efecto la remisión que efectúa el artículo 114 de la Ley de Procedimiento Laboral al artículo 103 del mismo texto legal se refiere únicamente l plazo para el ejercicio de la acción y no a la fijación del "dies a quo" para el cómputo de dicho plazo. No resulta aplicable la citada

interpretación jurisprudencial porque son esencialmente distintos los efectos que se siguen de la ejecución de la decisión de despido —se extingue la relación laboral, cesando las recíprocas obligaciones de trabajar y remunerar, además de los efectos en la esfera de la Seguridad Social— que los que conlleva la ejecución de una sanción pues, además del diferente contenido que pueden tener las distintas sanciones, la relación laboral subsiste, con independencia de que se ejecute o no la sanción y del momento en que dicha ejecución se lleve a cabo.

Por lo tanto, la fijación del "dies a quo" para el ejercicio de la acción de impugnación de sanción habrá de realizarse, atendiendo al momento en que tal acción pudo ejercitarse, tal como para determinados supuestos establece el artículo 59.2 del Estatuto de los Trabajadores y el 1969 del Código Civil, siendo dicho día aquel en que se comunica al trabajador la imposición de la sanción».

A TENER EN CUENTA. El artículo 26.1 de la LRJS impide la posibilidad de acumular las acciones de impugnación de sanciones.

2.5.3. ¿Cómo impugnar una sanción laboral de la empresa?

Hemos de tener en cuenta, que el ordenamiento procesal laboral posee dos momentos para la conciliación dependiendo del tipo de procedimientos:

- Uno extrajudicial previo al inicio del proceso ante los órganos no jurisdiccionales (regulado en los arts. 63 a 73 de la LJS) y preceptivo para las materias especificadas en la ley.

- Otro ante el propio órgano jurisdiccional (regulado en los arts. 83 a 89 de la LJS).

Conciliación extrajudicial

El trámite de conciliación administrativa laboral o el intento de conciliación obligatoria se regulan en el título V de la Ley 36/2011, de 10 de octubre, reguladora de la jurisdicción social y en el Real Decreto 2756/1979, de 23 de noviembre, por el que el Instituto de Mediación, Arbitraje y Conciliación asume parte de las funciones que tiene encomendadas.

Los vigentes arts. 4 y 5 del citado Real Decreto 2756/1979, de 23 de noviembre, establecen la obligatoriedad de la conciliación como requisito previo para la tramitación de cualquier procedimiento laboral (respetando las exenciones que actualmente regula el art. 64 de la LJS), indicando que el órgano competente ante el que debería realizarse el acto de conciliación era el Instituto de Mediación, Arbitraje y Conciliación (IMAC), ahora Servicio de Mediación, Arbitraje y Conciliación (SMAC).

Además, el art. 63 de la LRJS contempla la posibilidad de crear órganos alternativos competentes para realizar dicha función conciliadora previa, estableciendo «que podrá constituirse mediante los acuerdos interprofesionales o los convenios colectivos a los que se refiere el artículo 83 del Texto Refundido de la Ley del Estatuto de los Trabajadores, así como mediante los acuerdos de interés profesional a los que se refieren el artículo 13 y el apartado 1 del artículo 18 de la Ley del Estatuto del trabajo autónomo».

Con carácter general, por lo tanto, las personas trabajadoras y empresas que se vean inmersos en un conflicto laboral deberán acudir en primera instancia al acto de conciliación extrajudicial —por sí o por medio de representante— ante las Unidades de Mediación, Arbitraje y Conciliación del lugar de la prestación del servicio o del domicilio de los interesados, a elección del solicitante.

Podemos establecer las siguientes notas características en relación con la conciliación laboral extrajudicial:

- La presentación de solicitud de conciliación suspende los plazos de caducidad e interrumpe los de prescripción que se reanudarán una vez realizado el acto de conciliación.

- La asistencia al acto de conciliación es obligatoria para ambas partes y se intenta llegar a un acuerdo para evitar acudir a la vía judicial.

- Una vez citadas las partes, el día del acto de conciliación, se levanta acta en la que se recoge el resultado del mismo:

  • Acta con avenencia: las partes llegan a acuerdo.

  • Sin avenencia: no se alcanza acuerdo.

  • Sin efecto: no comparece la parte solicitada (la empresa por lo general).

- Lo acordado en conciliación tendrá fuerza ejecutiva entre las partes intervinientes. Es decir, el acuerdo alcanzado no necesitará ratificación ante el juez o tribunal, pudiendo llevarse a efecto por el trámite de ejecución de sentencias.

- En el caso de que no se llegue a acuerdo, queda abierta la vía para poder reclamar la sanción judicialmente.

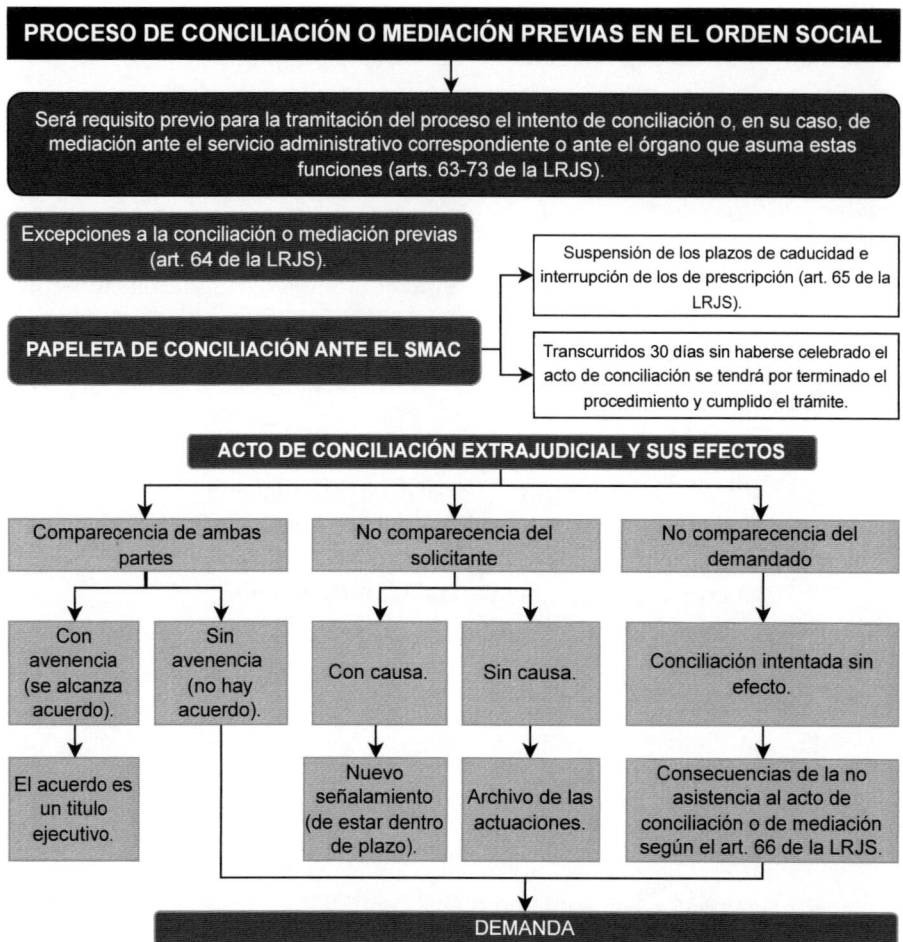

Conciliación ante órgano jurisdiccional

La celebración de los actos de conciliación y juicio, el primero ante el Letrado de la Administración de Justicia (LAJ) y el segundo ante el juez o magistrado, tendrán lugar en única convocatoria (pero en sucesivos actos):

– **Ante el LAJ**: el LAJ intentará la conciliación, llevando a cabo la labor mediadora que le es propia. Si las partes alcanzan la avenencia, dictará decreto aprobándola y acordando, además, el archivo de las actuaciones. La conciliación alcanzada ante el LAJ tendrá. a todos los efectos legales, la consideración de conciliación judicial.

– **Ante el juez de lo social**: si no hubiera avenencia en conciliación realizada ante el LAJ, se pasará seguidamente a juicio y se dará cuenta de lo actuado. En el propio acto de la vista, el juez intentará de nuevo conciliar y en el caso de la imposibilidad de llegar a acuerdo, se proseguirá con el juicio.

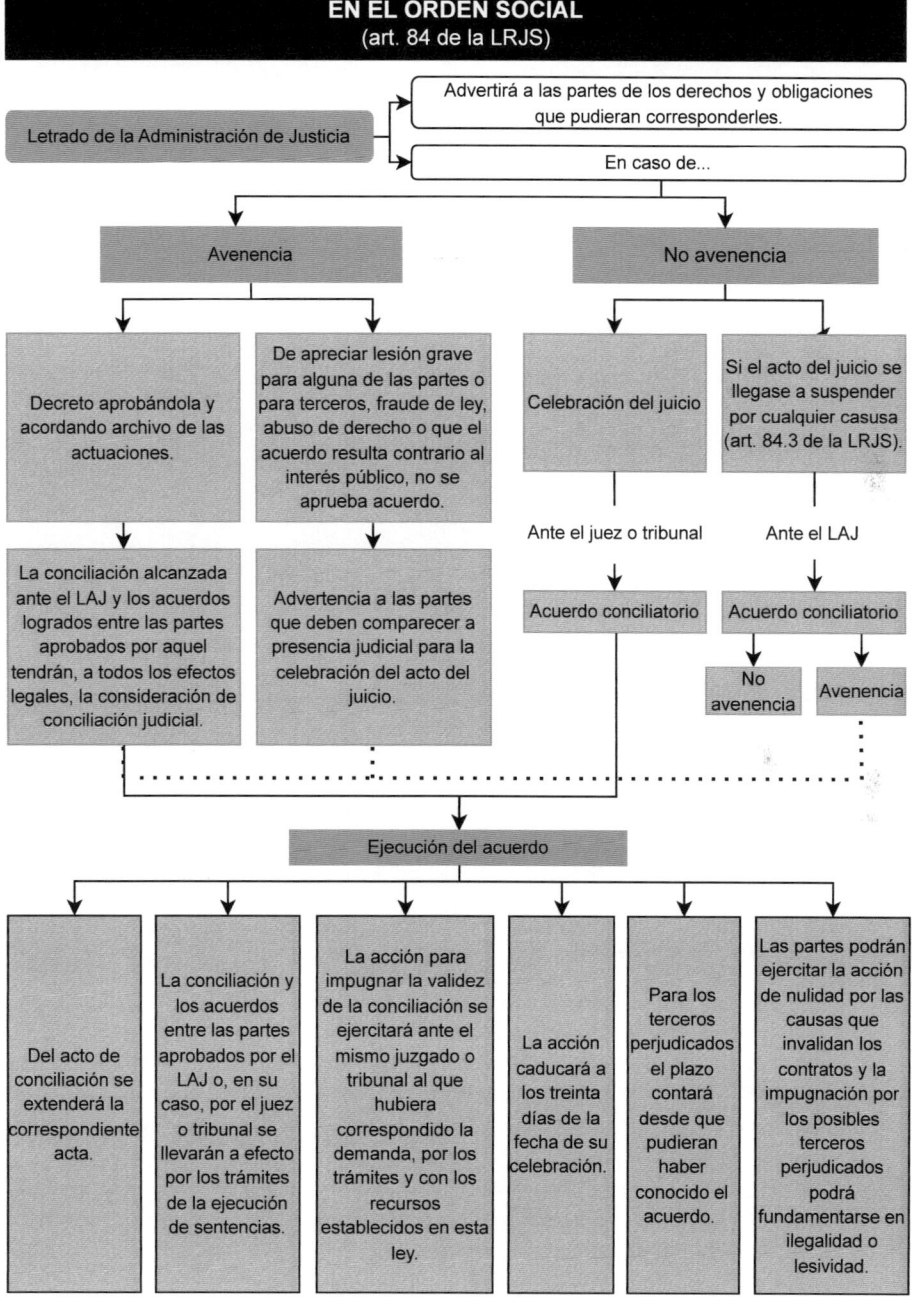

ACTO DE CONCILIACIÓN ANTE EL ÓRGANO JURISDICCIONAL EN EL ORDEN SOCIAL
(art. 84 de la LRJS)

Letrado de la Administración de Justicia

Advertirá a las partes de los derechos y obligaciones que pudieran corresponderles.

En caso de...

Avenencia

No avenencia

Decreto aprobándola y acordando archivo de las actuaciones.

De apreciar lesión grave para alguna de las partes o para terceros, fraude de ley, abuso de derecho o que el acuerdo resulta contrario al interés público, no se aprueba acuerdo.

Celebración del juicio

Si el acto del juicio se llegase a suspender por cualquier causa (art. 84.3 de la LRJS).

La conciliación alcanzada ante el LAJ y los acuerdos logrados entre las partes aprobados por aquel tendrán, a todos los efectos legales, la consideración de conciliación judicial.

Advertencia a las partes que deben comparecer a presencia judicial para la celebración del acto del juicio.

Ante el juez o tribunal

Ante el LAJ

Acuerdo conciliatorio

Acuerdo conciliatorio

No avenencia

Avenencia

Ejecución del acuerdo

Del acto de conciliación se extenderá la correspondiente acta.

La conciliación y los acuerdos entre las partes aprobados por el LAJ o, en su caso, por el juez o tribunal se llevarán a efecto por los trámites de la ejecución de sentencias.

La acción para impugnar la validez de la conciliación se ejercitará ante el mismo juzgado o tribunal al que hubiera correspondido la demanda, por los trámites y con los recursos establecidos en esta ley.

La acción caducará a los treinta días de la fecha de su celebración.

Para los terceros perjudicados el plazo contará desde que pudieran haber conocido el acuerdo.

Las partes podrán ejercitar la acción de nulidad por las causas que invalidan los contratos y la impugnación por los posibles terceros perjudicados podrá fundamentarse en ilegalidad o lesividad.

Especialidades del proceso de impugnación de sanciones

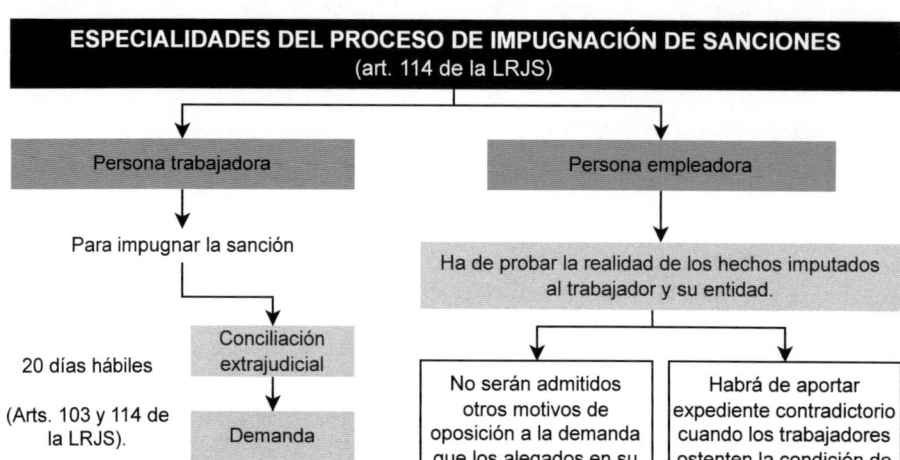

* Las alegaciones, pruebas y conclusiones deberán ser realizadas por las partes en el orden establecido para los despidos disciplinarios.

2.5.4. Confirmación, revocación o nulidad judicial de la sanción impuesta al trabajador

Entablado el procedimiento de impugnación de sanciones ante los juzgados, y tras el juicio correspondiente, la sentencia puede tener diversos pronunciamientos (art. 115 de la LRJS):

- **Confirmar la sanción**, cuando se haya acreditado el cumplimiento de las exigencias de forma y la realidad del incumplimiento imputado al trabajador, así como su entidad, valorada según la graduación de faltas y sanciones prevista en las disposiciones legales o en el convenio colectivo aplicable.

- **Revocar la sanción totalmente**, cuando no haya sido probada la realidad de los hechos imputados al trabajador o estos no sean constitutivos de falta, condenando al empresario al pago de los salarios que hubieran dejado de abonarse en cumplimiento de la sanción.

- **Revocar la sanción en parte**, con análogo pronunciamiento de condena económica por el período de exceso en su caso, cuando la falta cometida no haya sido adecuadamente calificada, pero los hechos constituyan infracción de menor entidad según las normas alegadas por las partes, de no haber prescrito la falta de menor gravedad antes de la imposición de la sanción más grave.

- **Declarar nula la sanción**, si hubiese sido impuesta sin observar los requisitos formales establecidos legal, convencional o contractualmente, o cuando estos presenten defectos de tal gravedad que no permitan alcanzar la finalidad para la que fueron requeridos, así como cuando tenga como móvil alguna de las causas de discriminación prevista en la Constitución y en la ley, o se produzca con violación de derechos fundamentales y libertades públicas del trabajador.

Serán nulas las sanciones impuestas a los representantes legales de los trabajadores o a los delegados sindicales por faltas graves o muy graves, sin la previa audiencia de los restantes integrantes de la representación a que el trabajador perteneciera, así como a los trabajadores afiliados a un sindicato, sin dar audiencia a los delegados sindicales.

RESOLUCIÓN RELEVANTE

STSJ de Asturias n.º 1149/2023, de 10 de octubre de 2023, ECLI:ES:TSJAS:2023:2114

Se revocada la sanción de empleo y sueldo impuesta a una enfermera (RLT) por un comentario manifiestamente injurioso contra su empresa en redes sociales. El TSJ desestima el recurso de la empresa al considerar que el comentario en Instagram no reviste la suficiente gravedad como para una sanción de empleo y sueldo. Se justifica la decisión en que el comentario en redes sociales por parte de una enfermera «(...) viene motivado por un acto previo de la empresa como fue que colgara una fotografía de un médico de la UVI para hacer referencia al Día Internacional de la Enfermería, y que fue lo que provocó el comentario, el cual a su vez es entendido como un acto despreciativo del hospital hacia la enfermería», esto implica que la acción sancionada no se adecúa a la descripción de las faltas contempladas en un cuadro sancionador aplicable al caso, y además, no se ha acreditado perjuicio alguno para la empleadora.

«Los incumplimientos analizados no son por tanto subsumibles en los supuestos calificados o tipificados como falta "muy grave", pues las conductas imputadas no se adecuan a la descripción de las faltas contempladas en el cuadro sancionador de la normativa convencional o estatutaria aplicable al caso, careciendo de la entidad suficiente para merecer aquélla calificación. Así las cosas, aun cuando atendiendo a lo dispuesto en el precepto 115.1 c) de la Ley Reguladora de la Jurisdicción Social la sanción impuesta debería ser revocada en parte, condenando al empresario al pago de los salarios que hubieran dejado de abonarse en cumplimiento de la misma, no procede sin embargo efectuar tal pronunciamiento al no constituir los hechos infracción menor según las normas alegadas por las partes».

STSJ de Madrid n.º 766/2021, de 22 de septiembre, ECLI:ES:TSJM:2021:9120

Es nula por defecto de forma, la sanción impuesta por no contener en la carta la fecha de cumplimiento de la misma.

«Con este régimen impugnatorio la sanción podría incluso quedar vacía de contenido y no ser ejecutada nunca si el trabajador no la impugnase, ya que nunca adquirirá firmeza a falta de una fecha de cumplimiento y sin adquirir firmeza nunca habría fecha de cumplimiento, ya que la misma queda condicionada a la firmeza. Este nudo gordiano lógico ha sido roto por el propio trabajador al impugnar la sanción sin esperar a que se fijase una fecha de cumplimiento de la misma, pero ello no subsana el defecto formal en que incurre la comunicación escrita.»

En aplicación del artículo 115.1.d de la Ley de la Jurisdicción Social los defectos formales en el ejercicio de la facultad sancionadora del empleador son determinantes de la nulidad de la decisión empresarial».

STS rec. 2830/2003, de 27 de abril de 2004, ECLI:ES:TS:2004:2745

Sentencia confirmando sanción. Cuando se mantiene en la sentencia impugnada la calificación de la falta en los mismos términos que los valorados por la empresa —en este caso de falta muy grave— no cabe que el juzgador aplique una sanción inferior a la impuesta.

«Si el Juez coincide con la calificación efectuada por la empresa habrá de declarar que la sanción es adecuada y no cabe que se rectifique la impuesta (...)».

2.5.5. Recursos contra las sentencias que confirmen, revoquen o anulen la sanción impuesta al trabajador

Los artículos 114 y 115 de la LRJS como hemos indicado, disciplinan el proceso de impugnación de sanciones. Atendiendo a la previsión del artículo 115.3 de la LJS, con arreglo a la cual contra las sentencias dictadas en estos procesos no cabrá recurso alguno, salvo en los casos de sanciones por faltas muy graves, apreciadas judicialmente.

Por su lado, el artículo 191.2.a) de la LRJS, al regular el acceso al recurso de suplicación, dispone también que no procederá este tipo de recurso en los procesos relativos a impugnación de sanción por falta que no sea muy grave, así como por falta muy grave no confirmada judicialmente.

La ley, por tanto, establece un régimen de recurribilidad diverso atendiendo a la entidad de la sanción, al fallo de la sentencia y a la identidad del perjudicado por ella, de lo que se desprenden una serie de posibilidades que la normativa no aclara:

- Cuando se ha reclamado contra una sanción muy grave, distinta del despido, y el juez no la ha confirmado, la sentencia es inatacable, regla que beneficia al trabajador inicialmente sancionado, pues impide que se reabra el debate sobre la improcedencia del castigo.

- Si se demandó contra una sanción por falta laboral muy grave y el juez confirmó su procedencia, es posible impugnar la sentencia, previsión también en beneficio del trabajador a quien, una vez que el juez ha entendido que estaba sancionado lícitamente, sí se le permite instar la revisión del criterio adverso a sus intereses.

- Si la sanción impugnada por el trabajador correspondía a cualquier otra falta (leve o grave, a tenor de la correspondiente norma sectorial —arts. 58.2 y 60.2 del ET—), no procede la interposición de recurso alguno.

JURISPRUDENCIA

STS n. 178/2021, de 10 de febrero, ECLI:ES:TS:2021:517

Legitimación del empresario para recurrir siéndole favorable la sentencia:

«(...) puede suceder que, aun siendo favorable al empresario el signo de la sentencia, exista un gravamen que le legitima para recurrir, como puede suceder si en los hechos probados la empresa entiende que existe un error en cuanto a las circunstancias personales del trabajador —antigüedad, categoría, salario (...)— o respecto al Convenio Colectivo aplicable, o respecto a las circunstancias de la empresa —se aprecia sucesión de empresa o grupo de empresa— o cualquier otra cuestión».

STS n.º 812/2020, de 30 de septiembre, ECLI:ES:TS:2020:3152

En virtud del art. 115.3 de la LRJS, que se reitera en el art. 191.2.a) de la LRJS, en la modalidad procesal de impugnación de sanciones se da una «(...) falta de legitimación de la empresa para recurrir las sentencias que recaigan en el litigio es absoluta, con independencia de su signo y del órgano que la dicte, careciendo de legitimación tanto para combatir en suplicación la sentencia de instancia que revoca la sanción impuesta al trabajador, como para acudir en casación unificadora frente a la sentencia de suplicación que deja sin efecto la medida disciplinaria».

ATSJ de Andalucía n.º 17/2012, de 23 de febrero, ECLI:ES:TSJAND:2012:9A

Contra las sentencias que se dicten en los procesos de impugnación de sanciones no cabrá recurso alguno, a excepción de los casos sobre la imposición de sanciones por faltas muy graves (apreciadas judicialmente). El artículo 191 de la LRJS establece cuáles son las sentencias susceptibles de recurso de suplicación, excluyendo expresamente en el apartado primero «los de impugnación de sanción por falta que no sea muy grave, así como por falta muy grave no confirmada judicialmente», ratificando así lo que dispone el art. 115.3 de la LRJS, según el cual contra las sentencias dictadas en procesos de impugnación de sanciones no cabrá recurso alguno, salvo en los casos de sanciones por faltas muy graves, apreciadas judicialmente.

3.
EL DESPIDO DISCIPLINARIO

El despido se define como la **finalización del contrato de trabajo por decisión unilateral del empresario (expresa o tácita)**, encontrándose distintas
modalidades en función de las causas por las que se producen o de la calificación legal que, sobre los mismos, realicen los jueces de lo social:

- Es un acto unilateral del empresario. La extinción de las relaciones laborales se lleva a cabo por la sola voluntad de aquel, sin participación
del trabajador.

- Es un acto constitutivo. El empresario realiza el acto extintivo.

- Es un acto receptivo. Su eficacia depende del conocimiento por parte
del afectado por el acto extintivo, es decir, no goza de eficacia jurídica
hasta que llega a conocimiento del trabajador afectado.

- Es un acto que produce la extinción contractual.

El despido, por tanto, es la manifestación más grave del poder disciplinario
del que dispone el empresario por los efectos que tiene respecto a la relación
contractual de trabajo —extinción del contrato— como por las innegables
consecuencias que también tiene sobre la situación personal del trabajador.
(STC n.º 125/1995, de 24 de julio de 1995).

En el caso del **despido disciplinario**, se trata de una expresión del poder
sancionador del empresario por la que se extingue la relación laboral ante
causas objetivas atribuibles al trabajador, donde resulta necesario que la
falta imputable cumpla, necesariamente, las características de **gravedad y
culpabilidad**, tal como expresa el artículo 54 del ET, donde encontramos un
listado tasado de causas:

DESPIDO DISCIPLINARIO (I)
–Arts. 54 y 55 del ET–

El contrato de trabajo podrá extinguirse por decisión del empresario, mediante despido basado en un incumplimiento grave y culpable del trabajador.

Se considerarán incumplimientos contractuales

Las faltas repetidas e injustificadas de asistencia o puntualidad al trabajo.

La indisciplina o desobediencia en el trabajo.

Las ofensas verbales o físicas al empresario o a las personas que trabajan en la empresa o a los familiares que convivan con ellos.

La transgresión de la buena fe contractual, así como el abuso de confianza en el desempeño del trabajo.

La disminución continuada y voluntaria en el rendimiento de trabajo normal o pactado.

La embriaguez habitual o toxicomanía si repercuten negativamente en el trabajo.

El acoso por razón de origen racial o étnico, religión o convicciones, discapacidad, edad u orientación sexual y el acoso sexual o por razón de sexo al empresario o a las personas que trabajan en la empresa.

A TENER EN CUENTA. Es de remarcar que la amplitud de la redacción dada al apartado 54.2.b) —indisciplina o desobediencia— y 54.2.d) —trasgresión de la buena fe—, hace prácticamente impensable que algún incumplimiento grave y culpable por parte de un trabajador pueda quedar excluido de alguno de los supuestos contemplados.

Es preciso saber asimismo que los trabajadores pueden ser también sancionados en virtud de los incumplimientos laborales de acuerdo con la graduación de faltas y sanciones que se establezcan en los convenios colectivos que les sean aplicables (art. 58.1 del ET), si bien dicha regulación no puede contradecir o desvirtuar los tipos legales que se acaban de citar.

Por otra parte, hemos de recordar que la norma exige que el incumplimiento contractual sea grave y culpable, intensidad que mide el empresario y controlan los órganos judiciales del orden social si la persona trabajadora reclama contra el despido. En este sentido, ha sido la doctrina jurisprudencial la que ha determinado que los hechos imputados han de ser de la máxima gravedad exigible, debiendo haber proporcionalidad y adecuación entre el hecho, la persona y la sanción, o la necesidad de realizar un estudio específico y concreto de cada caso, valorando el factor humano. (Citando jurisprudencia histórica del TS, STSJ del País Vasco n.º 1539/2020, de 19 de enero de 2021, ECLI:ES:TSJPV:2021:130).

JURISPRUDENCIA

STS, rec. 6701/2003, de 20 de abril de 2005, ECLI:ES:TS:2005:2419

«La posición de esta Sala de lo Social del Tribunal Supremo sobre la dificultad de llegar a un juicio positivo de contradicción en los pleitos sobre despidos disciplinarios no se extiende, como es conocido, a todos los aspectos del enjuiciamiento de los mismos, sino solamente a los que afectan a la valoración de la concurrencia de las causas de despido procedente, esto es, de las conductas de incumplimiento grave y culpable de las obligaciones de los trabajadores a las que se refiere la cláusula general del art. 54.1 ET, y que se enumeran con mayor concreción en las letras del art. 54.2. ET. Esta doctrina sobre la dificultad estadística (aunque no imposibilidad lógica) de la contradicción de sentencias sobre causas de despido disciplinario está basada en razones muy sólidas, que debemos reafirmar en la presente resolución.

En efecto, siendo el elemento constitutivo de las causas de despido disciplinario el incumplimiento grave y culpable de obligaciones laborales, resulta claro que la apreciación del mismo requiere un examen casuístico en el que el juicio de procedencia o improcedencia del despido viene determinado por una multitud de factores que varían de un supuesto a otro. Ello es así, en primer lugar, porque los incumplimientos laborales posibles dependen decisivamente de los actos y situaciones de trabajo, que no son idénticos de una empresa a otra, de un sector a otro, de un grupo profesional a otro, y de una circunstancia a otra. Y en segundo lugar, porque, de acuerdo con la llamada doctrina gradualista, la aplicación de la sanción disciplinaria de despido exige al empresario y en su caso a los órganos jurisdiccionales un detenido análisis de las conductas de los trabajadores despedidos para determinar la gravedad y la culpabilidad de las faltas cometidas».

CUESTIÓN

¿Una persona trabajadora tiene derecho a desempleo cuando ha sido despedida disciplinariamente?

Si cumplen los requisitos exigidos para el acceso a la prestación la persona trabajadora podrá acceder a la prestación por desempleo (arts. 266 y 267 de la LGSS). No obstante, ante la existencia de posibles acuerdos fraudulentos mediante este tipo de despido, el Servicio Público de Empleo suele incrementar los controles, pudiendo solicitar documentación adicional sobre el cese de la relación laboral o una investigación a la Inspección de Trabajo.

3.1. Procedimiento para la realización del despido disciplinario

Es importante señalar que el empresario debe cumplir con todos los requisitos formales y sustantivos del despido disciplinario, para evitar que este sea calificado como improcedente o nulo. Además, se debe tener en cuenta el posible convenio colectivo aplicable, que puede contener especificaciones adicionales sobre el procedimiento de despido.

3.1.1. Posible prescripción de la falta de la que deriva y formalidades del despido disciplinario

Al tratarse de incumplimientos graves, habrá que tener muy en cuenta la **prescripción de la falta** de que se trate, siendo el plazo para imponer la sanción de despido por la comisión de una falta calificada de muy grave el de sesenta días, a partir de que la empresa tenga conocimiento de la misma y, en todo caso, a los seis meses de haberse cometido.

El plazo para imponer la sanción al trabajador de despido por faltas graves o muy graves es de 20 y 60 días, respectivamente, desde el conocimiento por parte del empresario de su comisión y, en cualquier caso, a los 6 meses de haberse cometido (art. 60 del ET).

El art. 55 del Estatuto de los Trabajadores exige el cumplimiento de una serie de requisitos para que el despido disciplinario sea válido. Así, el despido deberá comunicarse a la persona trabajadora por escrito, haciendo constar los hechos que lo motivan (con la finalidad de que el trabajador poner en conocimiento del trabajador los hechos motivadores del despido), la fecha de su efecto (a partir del día siguiente a la misma comenzará a computar el plazo de 20 días hábiles para presentar reclamación) y otras formalidades establecidas en convenio colectivo (arts. 55 del ET y 103 de la LJS). (STS, rec. 121/2012, de 27 de marzo de 2013, ECLI:ES:TS:2013:1808).

Igualmente, la legislación establece una serie de «trámites previos», de carácter formal, cuando se da el despido de un representante unitario [apdo. a) del art. 68 del ET], de un delegado sindical (art. 10.3 de la LOLS) o de un delegado de prevención (art. 37 de la LPRL):

- **Apertura de expediente contradictorio**, en el que serán oídos, además del interesado, los restantes miembros de la representación a que perteneciera, si los hubiese.

- Si el trabajador estuviera afiliado a un sindicato y al empresario le constare, deberá dar **audiencia previa a los delegados sindicales** de la sección sindical correspondiente a dicho sindicato.

- **Cualquier otro trámite formal establecido en negociación colectiva** (ej.: expediente contradictorio, aunque no se sea representante obrero) o en normas generales a la que los convenios puedan remitirse.

Cuando una empresa decide despedir al trabajador mediante esta modalidad de despido es porque cree que existe causa legal para disolver el contrato. Así pues, el despido disciplinario **no conlleva ninguna indemnización ni preaviso.** No obstante, será necesario poder demostrar que la persona trabajadora ha incumplido gravemente sus obligaciones.

DESPIDO DISCIPLINARIO (II)
(Arts. 54 y 55 del ET)

Formalidades del despido disciplinario

Notificado por escrito al trabajador (hechos y fecha de efectos).

Cuando el trabajador fuera representante legal de los trabajadores o delegado sindical: apertura de expediente contradictorio (serán oídos el interesado y restantes miembros RLT si los hubiese).

Cuando el trabajador estuviera afiliado a un sindicato —y al empresario le constase—: audiencia previa a los delegados sindicales.

Cualquier otro requisito establecido por convenio.

PLAZO DEL TRABAJADOR PARA IMPUGNAR  20 días

RESOLUCIÓN RELEVANTE

STSJ de La Rioja n.º 91/1999, de 20 de abril, ECLI:ES:TSJLR:1999:254

Los tribunales han manifestado que las imputaciones críticas al comportamiento laboral del operario respecto a su diligencia, rendimiento o disciplina, contenidas en la carta de despido, no implica intromisión ilegítima en su honor, siempre que las expresiones no resulten vejatorias ni ofensivas.

CUESTIONES

1. Una empresa ha descubierto a una persona trabajadora apropiándose dinero de la caja registradora y del bote de las propinas 26 veces durante determinados días de un mes. ¿Ha de especificarse en la carta de despido la descripción del *modus operandi* imputado?

Atendiendo a la STS n.º 581/2020, de 2 de julio, ECLI:ES:TS:2020:2756, la carta de despido permite a la persona trabajadora saber, sin ambigüedad ni falta de concreción alguna, qué se le reprocha (en el caso analizado la apropiación de dinero de la caja registradora y del bote de las propinas) y el número de ocasiones (en el caso concreto: 26) y los días concretos en los que la empresa afirmaba que se habían producido las apropiaciones, ha de considerar la carta de despido «clara acerca de las motivaciones que amparan el despido de la actora, así la supuesta sustracción cometida por la misma de dinero de la caja registradora y del bote de las propinas en concretos días».

La carta de despido resulta así suficiente, sin que resulte exigible incluir la descripción del *modus operandi* imputado a la persona trabajadora para llevar a cabo la sustracción, la forma en que había sido empleado el mismo en cada uno de los días citados en la carta, así como las vías por las cuales había llegado a su conocimiento tales datos fácticos. De conformidad con el artículo 55.1 del ET, en la carta de despido la empresa debe hacer figurar los «hechos» que motivan el despido, sin que el precepto exija la preceptiva concurrencia de ese «plus» adicional, con independencia de que nada impide que así se haga. Pero una cosa es que nada impida que en la carta de despido figure ese «plus» o incluso que pueda considerarse conveniente así hacerlo en determinados supuestos, y otra que ello constituya una exigencia legal.

2. ¿Qué pautas han de seguirse para imputar correctamente los hechos en una carta de despido disciplinario?

En primer lugar, el contenido de la carta debe ser inequívoco, es decir, suficientemente claro y expreso para evitar toda duda o incertidumbre en cuanto a las imputaciones de la empresa. En segundo lugar, debe aplicarse una especial rigurosidad al enjuiciar la suficiencia en la descripción de los hechos, la significación de la exigencia de que se trata (suficiencia de los hechos) es más ostensible en la extinción por causas objetivas que en el despido disciplinario, en cuanto aquellas, sobre todo si son las del art. 55.2.c) del ET, carecen de relación con la conducta del trabajador y son, por ello, más difícilmente susceptibles de ser conocidas por parte de este.

3.1.2. La comunicación del despido disciplinario

El despido debe ser notificado por escrito a la persona trabajadora, especificando de forma concreta, clara y precisa los hechos que pueden constituir sanción de despido, además de la fecha a partir de la que el despido tendrá efectos. El empresario debe demostrar que el trabajador despedido ha recibido la carta de despido, para evitar la situación de indefensión del trabajador. Por otra parte, debemos tener en cuenta los requisitos establecidos por el convenio colectivo, expediente contradictorio, o audiencia previa de los delegados/as en caso de despido. El incumplimiento del requisito de comunicación escrita del despido puede originar la consideración de despido improcedente.

La empresa debe comunicar la decisión de extinguir la relación laboral mediante despido disciplinario. En virtud de lo establecido en el art. 55.1 del ET, esta modalidad extintiva ha de cumplir una serie de requisitos respecto a la notificación del despido, el contenido de la carta de despido, el cumplimiento de las exigencias formales establecidas por el convenio colectivo y la legislación, etc.

Notificación y fecha de efectos en la carta de despido

El despido deberá ser notificado por escrito a la persona trabajadora, haciendo figurar los hechos que lo motivan y la fecha en que tendrá efectos, evitando con ello la situación de indefensión, de manera que este sepa cuales son exactamente las imputaciones de las que debe defenderse, bastando con que la exposición sea suficiente para evitar la indefensión del trabajador, permitiendo ante los tribunales una correcta defensa de las imputaciones efectuadas. Esta carta puede hacerse llegar al destinatario indistintamente en mano, por correo ordinario, certificado o con acuse de recibo por conducto notarial o por cualquier otro medio hábil. (STSJ de Cataluña, rec. 4857/2001, 6 de julio de 2001, ECLI:ES:TSJCAT:2001:6897).

Reiterada doctrina judicial insiste, como se ha dicho, en que **la carta de despido debe especificar de forma concreta, clara y precisa los hechos que pueden constituir sanción de despido, como requisito necesario para que el trabajador conozca las razones que produjeron el despido y defenderse contra las mismas.** Por otra parte, también se exige que figure la **fecha a partir de la que el despido tendrá efectos,** como requisito para determinar cuándo se inicia el cómputo del plazo para que el trabajador pueda presentar demanda contra acto de despido (art. 59.3 del ET).

El empresario no podrá alegar, de tramitarse demanda por despido, otros motivos que los contenidos en la comunicación escrita para notificar el mismo (art. 105.2 del LRJS).

La comunicación de la carta de despido debe realizarla el empresario, o la persona habilitada por el mismo al efecto, y debe ser, obligatoriamente entregada a la persona trabajadora o quien actúe como mandatario de este. Igualmente, la citada comunicación ha de ser fehaciente, es decir, el empresario ha de demostrar que el trabajador despedido la ha recibido, **pudiéndose valerse** para ello de:

– Firma de acuse de recibo.

– Firma de testigos.

– Carta fechada y sellada por el funcionario de correos (para la certificación del contenido de la misma).

– Telegrama.

– Burofax.

– Conducto notarial.

El **incumplimiento por el empresario del requisito formal de comunicación escrita del despido,** sin apurar todas las garantías y formalidades para que su decisión llegue a conocimiento del despedido puede originar la consideración de despido improcedente. (STSJ de Castilla y León n.º 32/2000, de 25 de enero de 2000, ECLI:ES:TSJCL:2000:341).

Sobre el **lugar en el que ha de notificarse el despido** no se exige ninguna regla expresa, debiendo tratarse de un lugar adecuado, de forma que el centro de trabajo o el domicilio del trabajador parecen los más idóneos.

A la hora de confeccionar la carta de despido debemos tener en cuenta los extremos desarrollados:

– Constancia de los hechos que motivan el despido en la carta de despido.

– Exigencias formales establecidas por convenio colectivo, expediente contradictorio, o, audiencia previa de los delegados/as en caso de despido

– Negativa a la recepción de la carta de despido.

– Subsanación de los requisitos formales omitidos en el despido.

– Derecho a la protección de datos en el momento de extinción de la relación laboral: la Guía «La protección de datos en las relaciones laborales» de la AEPD (mayo 2021), fija una serie de orientaciones de obligado conocimiento:

- **Datos que no han de reflejarse en la carta de despido**: la carta de despido no podrá reflejar datos personales que el empleador no está legitimado para conocer, máxime cuando se trate de categorías especiales de datos personales, como el diagnóstico médico concreto que motiva un despido por causas objetivas ante ineptitud sobrevenida del trabajador (STS n.º 5138/2005, de 22 de julio de 2006, ECLI:ES:TSJCAT:2006:5956).

- **Bloqueo de los datos**: siguiendo el art. 32 LOPDGDD a la finalización de la relación laboral debe procederse al bloqueo de los datos. No obstante, sería posible conservar datos personales (sujetos al deber de solicitar consentimiento previo al trabajador) de existir una base jurídica sujeta a interés legítimo de la empresa para futuros llamamientos.

– El art. 105.2 de la LRJS impide que la empresa esgrima en su defensa causas distintas de las contenidas en la comunicación.

RESOLUCIONES RELEVANTES

STSJ de Madrid n.º 698/2011, de 31 de octubre de 2011, ECLI:ES:TSJM:2011:12629

«El requisito formal ha de entenderse cumplido si el empresario utiliza las fórmulas que puedan considerarse inequívocamente idóneas para que la decisión llegue a conocimiento del trabajador».

STSJ de Asturias, rec. 487/2023, de 9 de mayo del 2023, ECLI:ES:TSJAS:2023:1106

«El artículo 55.1 del Estatuto de los trabajadores exige que el despido sea notificado por escrito al trabajador haciendo figurar los hechos que lo motivan y la fecha de efectos. En cuanto al contenido de la carta de despido, la jurisprudencia señala que la obligación que recae en la empresa de expresar la causa de su decisión tiene como fin el proporcionar información al trabajador de los hechos que integran la correspondiente causa legitimadora del despido de modo suficiente para que el trabajador pueda articular su defensa con un adecuado conocimiento de las circunstancias en las que se funda la decisión extintiva del contrato de trabajo adoptada por la empresa, para así poder aportar en juicio la prueba necesaria en defensa de sus intereses, e incluso, realizar una valoración previa de la utilidad de iniciar el proceso judicial, y aunque no se impone una pormenorizada descripción de aquéllos, sí es exigible que la comunicación escrita proporcione al trabajador un conocimiento claro, suficiente e inequívoco de los hechos en que el despido se funda para que, comprendiendo sin dudas racionales el alcance de aquéllos, pueda impugnar la decisión empresarial y preparar los medios de prueba que juzgue convenientes para su defensa; no cumpliéndose esta finalidad cuando la aludida comunicación sólo contiene imputaciones o afirmaciones genéricas e indeterminadas que perturban gravemente aquella defensa y atentan al principio de igualdad de partes al constituir, en definitiva, esa ambigüedad una posición de ventaja de la que puede prevalerse la empresa en su oposición a la demanda del trabajador». (Citando SSTS de 9 de diciembre de 1998 y 21 de mayo de 2008).

Constancia de los hechos imputados a la persona trabajadora en la carta de despido

En la carta de despido han de figurar los hechos que lo motivan y la fecha de efectos de los mismos. (STS, rec. 121/2012, de 27 de marzo de 2013, ECLI:ES:TS:2013:1808).

Como viene señalando la jurisprudencia, la exigencia de hacer constar los hechos que motivan el despido no obliga a la empresa a una descripción exhaustiva de la conducta seguida por el trabajador, pues la carta de despido ni tiene formalidades sacramentales, ni tiene más finalidad que la de ofrecer al trabajador la posibilidad de defensa, para lo que basta que se den las referencias suficientes para identificar la conducta reprochada. No obstante, cuando la aludida comunicación solo contiene imputaciones genéricas e indeterminadas que perturban gravemente aquella defensa se entiende que atenta contra el principio de igualdad de partes al constituir una posición de ventaja de la que puede prevalerse la empresa en su oposición a la demanda del trabajador. (STSJ de Aragón n.º 371/2010, de 24 de mayo de 2010, ECLI:ES:TSJAR:2010:519).

La valoración de si la carta de despido cumple el requisito de consignación de manera suficiente ha de realizarla un juez de lo social, siguiendo el criterio de marcado por la doctrina jurisprudencial, teniendo en cuenta circunstancias como:

– Tipo de imputación.

– Posición del trabajador despedido en la organización de trabajo.

– Concreción de aspectos de la conducta sancionada con el despido.

– Otras circunstancias.

La doctrina exige solo una indicación clara y concreta de las conductas imputadas, para que el trabajador pueda identificarlas en la articulación de su defensa jurisdiccional. También se ha dicho que la comunicación de despido ha de contener los datos precisos para que el trabajador pueda formular la oposición a los cargos que en la misma se le atribuyen, siendo suficiente un relato conciso que comprenda los hechos y la fecha.

JURISPRUDENCIA

STS, rec. 58/2012, de 12 de marzo de 2013, ECLI:ES:TS:2013:1679

«(...) la exigencia del art. 55 del Estatuto de los Trabajadores ha sido reiteradamente interpretada por la Sala en el sentido que sintetiza la sentencia de 3 octubre 1988, a tenor de la cual aunque no se impone una pormenorizada descripción de aquéllos —los incumplimientos que motivan el despido—, sí exige que la comunicación escrita proporcione al trabajador un conocimiento claro, suficiente e inequívoco de los hechos que se le imputan para que, comprendiendo sin dudas racionales el alcance de aquéllos, pueda impugnar la decisión empresarial y preparar los medios de prueba que juzgue convenientes para su defensa».

STS, rec. 1274/2011, de 20 de abril de 2012, ECLI:ES:TS:2012:3792

«La suficiencia de la carta de despido tiene la finalidad de garantizar las posibilidades de defensa del trabajador y, por tanto, dependerá de una gran variedad

de circunstancias concretas (como el tipo de imputación que se hace al trabajador despedido) la posición de éste en la organización del trabajo y la posibilidad de poderle reprochar determinados aspectos de su conducta, así como el grado de conocimiento que el actor pueda alcanzar acerca de la conducta que se le reprocha, con independencia de una mayor o menor concreción de la carta de despido —lo que, normalmente, nos remitirá a problemas procesales de proposición y práctica de pruebas— etc.). Todo ello determina que la doctrina de esta Sala sea muy mayoritaria en el sentido de inclinarse por el criterio de la suficiencia informativa referida al caso concreto, y no por el criterio de la exhaustividad informativa».

RESOLUCIONES RELEVANTES

STSJ de Andalucía n.º 2086/2001, de 14 de diciembre de 2001, ECLI:ES:TSJAND:2001:17825

El despido deberá ser notificado por escrito al trabajador, haciendo figurar los hechos que lo motivan y la fecha en que tendrá efectos, evitando con ello la situación de indefensión del trabajador, de manera que este sepa cuales son exactamente las imputaciones de las que debe defenderse, bastando con que la exposición sea suficiente para evitar la indefensión del trabajador, permitiendo ante los tribunales una correcta defensa de las imputaciones efectuadas.

STS n.º 82/2020, de 29 de enero de 2020, ECLI:ES:TS:2020:418

La Sala IV concluye que el dies a quo para el plazo de caducidad de la acción de despido se fija en la fecha en la que el trabajador recoger el burofax en la **oficina postal** —fecha en la que tiene conocimiento de la carta de despido— no la fecha en la que correos deja el aviso para la retirada de la notificación.

Exigencias formales establecidas por convenio colectivo, expediente contradictorio, o, audiencia previa de los delegados/as en caso de despido

El art. 55.1 del ET prescribe que «el despido deberá ser notificado por escrito al trabajador, haciendo figurar los hechos que lo motivan y la fecha en que tendrá efectos». A continuación, establece la posibilidad de que por convenio colectivo haya otras exigencias formales, la obligatoriedad de expediente contradictorio cuando el trabajador fuera representante de los trabajadores o delegado sindical, y asimismo la necesidad de audiencia previa de los delegados de la correspondiente sección sindical si el trabajador estuviera afiliado a un sindicato y el empresario lo supiera.

De esta forma, cuando el despedido sea un afiliado a algún sindicato, el empresario debe oír a los delegados sindicales con carácter previo al despido (apdo. 3. 3.º del art. 10 de la LOLS). En caso de despido de representante de los trabajadores, ha de instruirse expediente contradictorio, con audiencia del interesado y los demás miembros de la representación (art. 55.2 del ET). La inobservancia de las formalidades citadas a este respecto provocará la calificación del despido como improcedente. Debiendo, el empresario, realizar un nuevo despido en el que se cumplan los requisitos omitidos en el precedente, en el plazo de veinte días a contar desde el siguiente al del primer despido, que solo surtirá efectos desde su fecha.

JURISPRUDENCIA

STS n.º 355/2018, de 3 de abril de 2018, ECLI:ES:TS:2018:1355

Despido declarado improcedente por incumplimiento de los requisitos formales convencionalmente establecidos. Reiterando doctrina, entre otras de la STS, rec. 2329/2011, de 15 de mayo de 2012, ECLI:ES:TS:2012:4165, el TS analiza el art. 55 del ET y art. 61 del Convenio colectivo marco estatal de servicios de atención a las personas dependientes y desarrollo de la promoción de la autonomía personal, fijando el necesario cumplimiento de los requisitos adicionales establecidos por convenio —no contemplados en el Estatuto de los Trabajadores— en relación al cumplimiento de las obligaciones formales del despido.

Dado que la empresa, antes de la imposición de la sanción, no dio audiencia por cinco días a los trabajadores que iban a ser sancionados, como establece el convenio, el incumplimiento del mandato del convenio supone idénticas consecuencias al incumplimiento del art. 55.1 del ET, considerándose el despido improcedente.

Negativa a la recepción por parte del trabajador de la carta de despido

Cuando el trabajador impide con su conducta la recepción de la carta de despido, no cabe imputar a la empresa un incumplimiento del requisito de notificación.

En el supuesto de que la persona trabajadora haya **rehusado recibir la carta de despido**, se entenderá notificada siempre que existan hechos suficientemente concluyentes a partir de los cuales pueda establecerse la voluntad de extinguir la relación laboral por parte del empresario, o si, a pesar de no haber recibido la notificación preceptiva, al trabajador le conste, inequívocamente, la realización del mencionado despido. (STSJ de Murcia n.º 1184/1999, de 8 de noviembre de 1999, ECLI:ES:TSJMU:1999:2260).

La notificación efectuada por correo certificado con acuse de recibo o por burofax dirigido al domicilio del trabajador despedido con acuse de recibo, cumplen con la finalidad de que la carta llegue a su conocimiento. (STSJ de Galicia n.º 3899/2015, de 30 de junio de 2015, ECLI:ES:TSJGAL:2015:5559).

A TENER EN CUENTA. Los arts. 55.1 y 53.1 a) del ET no reconocen la firma de testigos como proceso válido para la comunicación del despido a la persona trabajadora, lo que implica que este supuesto tenga que ser acompañado de otro (como pudiera ser el envío de la notificación por burofax) para su correcta finalidad.

Subsanación de los requisitos formales del despido

Como regla general el art. 55.2 del Estatuto de los Trabajadores establece la posibilidad empresarial de realizar un nuevo despido en el que se cumpliesen los requisitos formales omitidos en el despido inicial manteniendo las mismas causas (STS, rec. 1928/2011, de 8 de julio de 2013, ECLI:ES:TS:2013:4474, y STS, rec. 2116/2013, de 20 de noviembre de 2014, ECLI:ES:TS:2014:5420).

Es decir, cuando la empresa no haya cumplido, de forma estricta, las formalidades exigidas por el art. 53 del Estatuto de los Trabajadores, está facultada a subsanar esta situación en el plazo de 20 días (art. 55.2 del ET):

> «Si el despido se realizara inobservando lo establecido en el apartado anterior, el empresario podrá realizar un nuevo despido en el que cumpla los requisitos omitidos en el precedente. Dicho nuevo despido, que solo surtirá efectos desde su fecha, solo cabrá efectuarlo en el plazo de veinte días, a contar desde el siguiente al del primer despido. Al realizarlo, el empresario pondrá a disposición del trabajador los salarios devengados en los días intermedios, manteniéndole durante los mismos en alta en la Seguridad Social».

Este nuevo despido debe realizarse en el **plazo de veinte días,** a contar desde el siguiente al del primer despido, computando los días naturales y no los hábiles. Para que el nuevo despido fuese válido el empresario ha de (art. 55.2 del ET):

1. Poner a disposición del trabajador los salarios devengados en los días intermedios.

2. Mantener al trabajador de alta en la Seguridad Social durante los días citados.

CUESTIÓN

¿Es posible realizar una subsanación de los requisitos formales del despido tras sentencia que declare el despido improcedente por inobservancia de forma?

Cuando el despido fuese declarado improcedente por incumplimiento de los requisitos de forma establecidos el empresario podrá efectuar un nuevo despido dentro del plazo de siete días desde la notificación de la sentencia, manteniendo la misma causa del despido precedente, siempre y cuando se haya optado por la readmisión. Este nuevo despido surtirá efectos desde su fecha (art. 110.4 de la LJS).

En el supuesto de omisión de la correspondiente tramitación de expediente o de la audiencia al delegado sindical, bastará con que el trámite formal correspondiente se inicie dentro de los siete días y tenga una duración razonable (quedando estos días excluidos del cómputo).

3.1.3. Inexistencia de convenio colectivo ante un despido disciplinario

La existencia de un incumplimiento grave y culpable del trabajador no implica la extinción del contrato de forma automática, tan solo habilita al empresario para la extinción unilateral de la relación laboral mediante un despido disciplinario. La parte empresarial, si la conducta se demuestra probada y aparece reflejada en el convenio colectivo de aplicación, tiene la potestad de imponer la sanción que considere apropiada, dentro del régimen de faltas y sanciones instaurado colectivamente. De no existir convenio colectivo aplicable a la relación laboral que se pretende extinguir, la única sanción que puede imponerse (de existir causa probada para ello) es la de despido tipificada en el art. 54 del Estatuto de los Trabajadores. Lo mismo sucede en relación con la potestad sancionadora, de no existir convenio regulando las faltas y sanciones, se puede ejercer de acuerdo con el Estatuto de los Trabajadores.

En consonancia con esto, la STS, rec. 3805/1992, de 11 de octubre de 1993, ECLI:ES:TS:1993:6754, estudia las facultades del juez en el juicio de despido respecto de la revisión de la decisión extintiva basada en los incumplimientos alegados en el escrito del empresario:

> «(...) es de ver que los artículos 55.3 del Estatuto de los Trabajadores y 108.1 de la Ley de Procedimiento Laboral [vigente art. 108.1 de la LJS] establecen que el despido será procedente si se acreditan tales incumplimientos y en caso contrario será improcedente. Para esta declaración, el Juez ha de realizar un juicio de valor sobre la gravedad y culpabilidad de las faltas alegadas (art. 54 E.T.) y, para ello tiene que examinar la adecuación de las conductas imputadas a la descripción de faltas que se recogen en el cuadro sancionador correspondiente de la norma reglamentaria o convencional aplicable al caso y, si los incumplimientos no encajan en los supuestos tipificados como falta muy grave sancionable hasta con el despido, debe declarar la improcedencia del mismo por haber sido calificada la falta inadecuadamente por el empresario. Pero si esta coincide con la descripción de las muy graves habrá de declarar que la calificación empresarial es adecuada y no debe rectificar la sanción impuesta pues, de acuerdo con lo dispuesto en el artículo 58 E.T., corresponde al empresario la facultad de imponer la sanción que estime apropiada, dentro del margen que establezca la norma reguladora del régimen de faltas y sanciones».

Por el contrario, cuando el convenio colectivo no confiere al empresario la potestad de elección, sino que establece grados dentro de cada tipo de faltas, de forma que, como habitualmente se ve en los textos colectivos, dentro de las faltas con consideración de «muy graves» solamente se permite al empresario imponer la sanción de despido, cuando, en virtud de las circunstancias concurrentes, se entienda la falta cometida en su grado máximo, el órgano judicial sí podrá revisar ese grado con arreglo al texto del convenio colectivo de aplicación, declarando el despido procedente o improcedente, según las circunstancias y regulación convencional. (STS, rec. 417/2007, de 14 de mayo de 2008, ECLI:ES:TS:2008:2534).

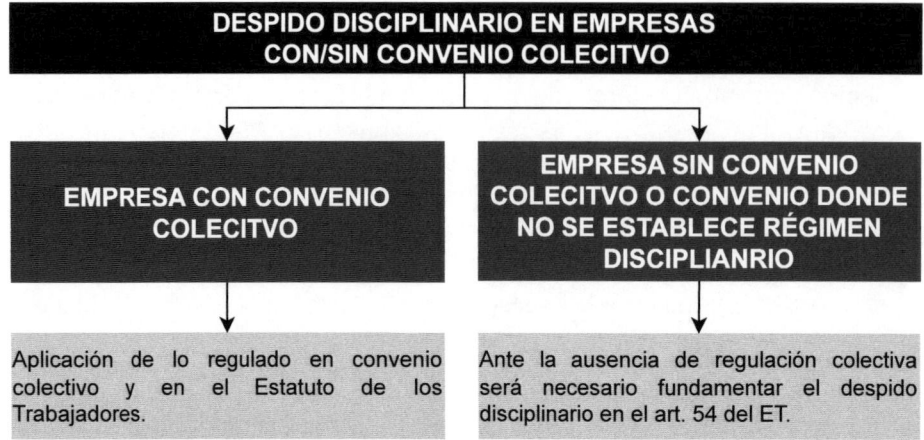

3.2. Incumplimiento grave y culpable

Para que un despido disciplinario pueda ser declarado judicialmente como procedente se exige estatutariamente que la falta imputada y acreditada consista en «un incumplimiento grave y culpable del trabajador» (art. 54.1 ET), considerándose como tales los establecidos en el art. 54.2 del ET.

Para la procedencia del despido disciplinario no solo es necesario que los hechos sean graves, han de responder a una voluntad rebelde del cumplimiento de las obligaciones y deberes laborales por parte de la persona trabajadora, teniendo en cuenta las circunstancias concurrentes. Culpabilidad que ha de quedar perfectamente delimitada en los hechos imputados.

Como desarrollamos a lo largo de la obra, el Estatuto de los Trabajadores regula las facultades o potestades empresariales sancionadoras por incumplimientos laborales, ateniéndose a la tipificación y graduación legal o convencional de las correspondientes faltas y sanciones («Los trabajadores podrán ser sancionados por la dirección de las empresas en virtud de incumplimientos laborales, de acuerdo con la graduación de faltas y sanciones que se establezcan en las disposiciones legales o en el convenio colectivo que sea aplicable» —art. 58.1 del ET—), la que podrá ejercitarse exclusivamente dentro de los plazos de prescripción legalmente establecidos («(...) las faltas leves prescribirán a los diez días; las graves, a los veinte días, y las muy graves, a los sesenta días a partir de la fecha en que la empresa tuvo conocimiento de su comisión y, en todo caso, a los seis meses de haberse cometido» —art. 60.2 del ET—), ajustándose a los procedimientos legal o convencionalmente previstos (arts. 55.1 del ET y 108.1 y 114.2 de la LJS) y sin poderse imponer sanciones configuradas como ilegales («reducción de la duración de las vacaciones u otra minoración de los derechos al descanso del trabajador o multa de haber» —art. 58.3 del ET—), pero **pudiendo imponerse un despido disciplinario siempre que se base «en un incumplimiento grave y culpable del trabajador»** (art. 54.1 del ET). Es decir, para que un despido disciplinario pueda ser declarado judicialmente como procedente se exige estatutariamente que la falta imputada y acreditada consista en «un incumplimiento grave y culpable del trabajador» (art. 54.1 del ET), considerándose como tales los establecidos en el art. 54.2 del ET.

Para definir los supuestos de «incumplimiento grave y culpable del trabajador», la mayor parte de los fundamentos de derecho en sentencias sobre el tema analizado recurren a la doctrina jurisprudencialmente unificada existente en la STS, rec. 2643/2009, de 19 de julio de 2010, ECLI:ES:TS:2010:4591, que podemos resumir de la siguiente forma:

- El principio general de la buena fe constituye un principio que condiciona y limita el ejercicio de los derechos de manera ilícita o abusiva sobre los intereses de la otra parte.

- La transgresión de la buena fe contractual admite distintas graduaciones. Para que resulte grave y culpable, y justifique el despido disciplinario, debe quebrar la fidelidad y lealtad de forma que la empresa no pueda seguir confiando en el trabajador por realizar una conducta abusiva o contraria a la buena fe.

- La inexistencia de perjuicios para la empresa no tiene trascendencia para justificar por sí solos —o aisladamente— la actuación no ética de quien comete la infracción, «pues basta para tal calificación el quebrantamiento de los deberes de buena fe, fidelidad y lealtad implícitos en toda relación laboral, aunque, junto con el resto de las circunstancias concurrentes, pueda tenerse en cuenta como uno de los factores a considerar en la ponderación de la gravedad de la falta, con mayor o menor trascendencia valorativa dependiendo de la gravedad objetiva de los hechos acreditados».

- Carece de trascendencia la inexistencia de una voluntad específica del trabajador de comportarse deslealmente, no exigiéndose que este haya querido o no, consciente y voluntariamente, conculcar los deberes de lealtad.

- La valoración de los deberes de buena fe, fidelidad y lealtad han de ser rigurosamente observados por quienes desempeñan puestos de confianza y jefatura en la empresa, basados en la mayor confianza y responsabilidad en el desempeño de las facultades conferidas.

CUESTIONES

1. Todo incumplimiento por parte de las personas trabajadoras, ¿es causa de despido?

No todo incumplimiento del contrato por parte del trabajador es causa de despido, sino que la resolución unilateral del contrato solo puede operar como reacción a un incumplimiento contractual grave y culpable. Con carácter general, las salas de lo social tienden a efectuar una interpretación restrictiva, pudiendo acordarse judicialmente que el empresario resulte facultado para imponer otras sanciones distintas de la de despido. (STSJ de Andalucía n.º 1689/2012, de 24 de mayo de 2012, ECLI:ES:TSJAND:2012:3629).

2. ¿Cuál es la diferencia entre despido disciplinario y objetivo?

Junto a la analizada necesidad de una conducta por parte de la persona trabajadora grave y culpable y ausencia de indemnización en el despido disciplinario; para que medie despido objetivo, han de darse una serie de circunstancias tasadas por la ley, como: ineptitud del trabajador, causas económicas, técnicas, productivas, etc., facultándose a la empresa a indemnizar al trabajador con 20 días de salario por año trabajado.

3. Una negligencia del trabajador o errores cometidos por el mismo en el desarrollo de su trabajo, ¿pueden ser causa de despido?

Una negligencia continuada en el desempeño del trabajo puede constituir una falta muy grave tipificada con despido. No obstante, no se puede dar una respuesta cerrada a esta cuestión. Deben analizarse las consecuencias de la negligencia o los errores cometidos por la persona trabajadora. A modo de ej.: STSJ de Madrid, rec. 4627/2011, de 30 de noviembre de 2011, ECLI:ES:TSJM:2011:13055.

JURISPRUDENCIA

STS, rec. 1090/2019, de 21 de diciembre de 2021, ECLI:ES:TS:2021:4922

Recuerda que la citada STS, rec. 2643/2009, de 19 de julio de 2010, ECLI:ES:TS:2010:459, «(...) enjuició un recurso de casación unificadora relativo a la calificación de un despido disciplinario. Esta sala argumentó que concurría falta de contradicción y de interés casacional porque "cuando se trata de supuestos de 'La transgresión de la buena fe contractual, así como el abuso de confianza en el desempeño del trabajo' articulados como motivo de despido disciplinario no basta con la mera existencia de la transgresión o del abuso para declarar la procedencia del despido, sino que, como en los demás supuestos de incumplimientos contractuales, es igualmente necesario que pueda calificarse como un 'incumplimiento grave y culpable del trabajador', por lo que, como regla, pueden ponderarse las circunstancias concurrentes para agravar o para atenuar la conducta del trabajador, las que tendrán mayor o menor incidencia en la referida calificación atendida la gravedad objetiva de la conducta constitutiva del incumplimiento. Por consiguiente, como destaca, entre otras muchas, la STS/IV 27-enero-2004 (rcud 2233/2003), es doctrina de esta Sala la de que 'el enjuiciamiento del despido debe abordarse de forma gradualista buscando la necesaria proporción ante la infracción y la sanción y aplicando un criterio individualizador que valore las peculiaridades de cada caso concreto'"».

RESOLUCIONES RELEVANTES

STSJ de Asturias, n.º 781/2019, de 16 de abril de 2019, ECLI:ES:TSJAS:2019:1280

Se expone que, conforme una añeja doctrina de la Sala IV, (SSTS de 28 de febrero y 6 de abril de 1990, 16 de mayo de 1991 y 2 de abril de 1992) «(...) Las infracciones que tipifica el art. 54.2 del Estatuto de los Trabajadores, para erigirse en causa que justifiquen sanción de despido, han de alcanzar cotas de culpabilidad y gravedad suficiente, lo que excluye su aplicación bajo meros criterios objetivos, exigiéndose, por el contrario, un análisis individualizado de cada conducta, tomando en consideración las circunstancias que configuran el hecho, así como las de su autor, pues sólo desde tal perspectiva cabe apreciar la proporcionalidad de la sanción, ya que tales infracciones, las que tipifica el mencionado art. 54.2, si bien manifiestan incumplimiento contractual, no denotan, abstractamente consideradas, la conjunta concurrencia de culpabilidad y gravedad suficiente».

STSJ de Galicia n.º 1773/2017, de 31 de marzo de 2017, ECLI:ES:TSJGAL:2017:2148

«(...) no todo incumplimiento del contrato por parte del trabajador es causa de despido, sino que la resolución unilateral del contrato sólo puede operar como reacción a un incumplimiento cualificado, o, como se deduce del artículo 54 del Estatuto de los

Trabajadores, de incumplimiento contractual grave y culpable. Además, debe ser un acto u omisión culpable, incluso "malicioso", como dijo el Tribunal Supremo en sentencias de 4 de junio de 1969 y 23 de septiembre de 1973, o, en expresión utilizada en su sentencia de 5 de mayo de 1980, "actos voluntarios por malicia o negligencia... por intencionalidad u omisión culpable... (imputable) a una torcida voluntad u omisión culposa". Requisitos de gravedad y culpabilidad para cuya apreciación han de ponderarse todos los aspectos, objetivos y subjetivos, concurrentes en la conducta, teniendo presentes los antecedentes, de haberlos, y las circunstancias coetáneas, para precisar si en la atribuida al trabajador se dan o no esa gravedad y culpabilidad, que, como requisitos de imprescindible concurrencia exige el artículo 54 en su núm. 1 del Estatuto de los Trabajadores, según constante doctrina del Tribunal Supremo, entre otras, mantenida en sentencias de 26 de enero y 27 de febrero de 1987 y 22 de febrero y 31 de octubre de 1988».

3.3. Incumplimientos contractuales que pueden originar un despido disciplinarios

3.3.1. Mala conducta hacia compañeros o superiores

Los apdos. 1 y 2 del art. 54 del Estatuto de los Trabajadores señalan que «El contrato de trabajo podrá extinguirse por decisión del empresario, mediante despido basado en un incumplimiento grave y culpable del trabajador», considerándose como tal «Las ofensas verbales o físicas al empresario o a las personas que trabajan en la empresa o a los familiares que convivan con ellos».

Concepto de ofensas verbales o físicas al empresario, a las personas que trabajan en la empresa o a los familiares que convivan con ellos

Normalmente existe la tendencia a asociar la violencia con la agresión física. Sin embargo, y a pesar de no existir una definición única de violencia en el lugar de trabajo, sí existe un elemento común a la hora de enfocar y plantear la cuestión, el concepto de violencia debe ser más amplio que el de la mera agresión física (pegar, golpear, empujar, etc.) y debe incluir y comprender otras conductas susceptibles de violentar e intimidar al que las sufre. Así, la violencia en el trabajo incluiría, además de las agresiones físicas, las conductas verbales o físicas amenazantes, intimidatorias, abusivas y susceptibles de acoso. (NTP 489: violencia en el lugar de trabajo. Año 1998. INSST).

Dentro de las distintas causas que el art. 54.2 del ET considera incumplimientos graves por parte del trabajador justificantes de la decisión de despido, se cita en la letra c) «las ofensas verbales o físicas al empresario o a las personas que trabajan en la empresa o a los familiares que convivan con ellos». Supuesto que suele encontrarse contemplado en los convenios colectivos.

Siguiendo los principios de legalidad y tipicidad, solo se puede sancionar por la comisión de determinadas conductas que, previamente, se encuentren tipificadas como sancionables, de forma que, la jurisprudencia —junto con los convenios colectivos— son el único cauce para concretar, de forma más o menos específica, qué ofensas —verbales o físicas— serían merecedoras de despido. (STSJ de Extremadura n.º 579/2011, de 21 de diciembre, ECLI:ES:TSJEXT:2011:1972).

Respecto a las agresiones verbales o físicas como causa de despido disciplinario, podemos estandarizar los siguientes criterios:

a) En observancia del principio de buena fe contractual, el trabajador, además del trato correcto y diligente con el empresario, debe actuar en su vida laboral respetando la dignidad e integridad de los demás compañeros respetando las normas elementales de convivencia pacífica. (STS de Cantabria n.º 713/2007, de 26 de julio de 2007, ECLI:ES:TSJCANT:2007:1196).

b) Las agresiones físicas al empresario o a compañeros de trabajo objetivamente y como regla general, se configuran como un incumplimiento laboral grave y culpable determinante de la sanción de despido, pues tales conductas rompen la disciplina laboral y atentan contra las exigencias de la buena fe y mutuo respeto inherentes a la relación de trabajo alterando y perturbando la normal convivencia en el seno de la empresa. (STSJ de Andalucía n.º 1310/2020, de 28 de mayo, ECLI:ES:TSJAND:2020:6263).

c) El enjuiciamiento y la calificación de las infracciones laborales de este tipo ha de ser valorando en función de las circunstancias personales y subjetivas que concurran en su comisión, realizando una cuidada individualización de cada uno de los casos, de acuerdo con la teoría gradualista e individualizadora.

d) Han de considerarse «circunstancias que pueden atenuar la gravedad de la infracción cometida o la culpabilidad de su autor la previa provocación por parte del agredido (sentencia de 5 de octubre de 1983), el arrebato u obcecación que perturbase las facultades intelectivas o volitivas del trabajador (sentencia de 23 de septiembre de 1982), los episodios de agresividad violenta fruto de una patología psíquica (STS 10-12-1991), la constatación de situaciones de tensión límite entre agresor y agredido, que permita explicar la reacción ofensiva dirigida a provocar lesiones graves a un compañero de trabajo (STS 11-04-1990)». (STSJ de Andalucía n.º 1168/2020, de 1 de junio, ECLI:ES:TSJAND:2020:5598).

A TENER EN CUENTA. En aplicación del art. 105.1 de la LRJS, corresponderá al demandado la carga probatoria de las ofensas verbales o físicas.

‖ Concepto de ofensas verbales

Según el diccionario de la RAE ofensa es la acción y efecto de «humillar o herir el amor propio o la dignidad de alguien, o ponerlo en evidencia con palabras o con hechos».

Por ofensas verbales se entiende las expresiones, orales o escritas, que constituyen una ofensa moral para la persona que la sufre o recibe, considerándose también ofensivo el ataque injusto a una persona para perjudicarla en su honor o vejarla en su dignidad humana, realizando acciones dirigidas a la deshonra, el descrédito o el menosprecio de la persona ofendida. (STSJ de Andalucía n.º 1392/2022, de 19 de mayo de 2022, ECLI:ES:TSJAND:2022:3244).

Además, para que la conducta sea sancionable **no es necesario que sea reiterada,** sino basta con una ofensa aislada, debiendo valorarse en sí misma y en conjunción con todas las demás circunstancias que la precedieron o fueron coetáneas para determinar si es un incumplimiento grave y culpable justificativo del despido. Calificación que, en caso de reclamación judicial por parte de la persona trabajadora, será valorada examinando las circunstancias que concurran en el caso concreto, el comportamiento de los intervinientes, las expresiones utilizadas, la finalidad perseguida, buscando la proporcionalidad entre conducta y sanción. (STSJ de Andalucía n.º 1132/2020, de 1 de julio, ECLI:ES:TSJAND:2020:9067)

> **RESOLUCIÓN RELEVANTE**
>
> **STSJ de Extremadura n.º 290/2012, de 4 de junio, ECLI:ES:TSJEXT:2012:912**
>
> Las ofensas verbales justificadoras de la sanción de despido han de comportar un ataque frontal al honor del ofendido, de entidad suficiente para entender razonablemente que afectará a la convivencia de ambas partes, de manera que, si bien pueden considerarse como ofensas verbales las expresiones que envuelven una ofensa moral para la persona que las sufre, es indispensable que la actitud ofensiva del trabajador sea grave y culpable.

|| Concepto de agresiones físicas

En el ámbito laboral, por ofensas físicas hemos de entender agresiones materiales de una persona a otra que lesionan o hieren su integridad física —siendo los sujetos pasivos las personas mencionadas en el art. 54.2. c) del ET—.

Múltiples pronunciamientos judiciales vienen afirmado que las agresiones físicas en el ámbito laboral son siempre infracciones graves, como también lo son en la común convivencia social, por lo que constituyen justa causa de despido salvo que hubiera existido provocación suficiente por parte del ofendido, habiéndose declarado la procedencia del despido por tal causa aunque las lesiones producidas hubieran sido leves o, como es habitual, hubiera existido una previa discusión, sin que sea necesario precisar cuál de los dos trabajadores inició la discusión o la agresión. (STSJ de Cataluña n.º 9238/2008, de 11 de diciembre, ECLI:ES:TSJCAT:2008:12907).

> **CUESTIÓN**
>
> **¿Podría despedirse disciplinariamente bajo el art. 54.2.c) del ET cuando las ofensas a compañeros o empresario se realicen mediante WhatsApp?**
>
> La STSJ de Madrid n.º 382/2022, de 20 de abril de 2022, ECLI:ES:TSJM:2022:5260, ha considerado procedente el despido disciplinario bajo esta modalidad:
>
> *«(...) acreditado que el demandante ha hecho uso del estado de WhatsApp, insertando en el mismo frases que contienen mensajes dirigidos a dos superiores je-*

rárquicos (la directora de recursos humanos y ex mujer del dueño y un directivo de la empresa hijo de ambos) y los videos, memes, publicaciones y fotogramas son claramente ofensivos, habiendo hecho uso de su imagen para editar videos y memes de contenido degradante para los mismos que implican un claro desprestigio tanto personal como profesional.

Habiendo puesto de relieve la propia sentencia que las testificales han revelado que era un tema constante de conversación en las distintas peluquerías y han sido visualizados por diversos trabajadores hasta llegar a los destinatarios afectados, así como que se trata de mensajes con alusiones a la indigencia, el alcoholismo o la toxicomanía, en que se tacha de mentirosos a los destinatarios en claro escarnio a los mismos, y por sí solos revisten suficiente gravedad como para justificar el despido, encajando en el tipo contemplado en el art, 36.5 del Convenio y en el art. 54.2 c) del Estatuto de los Trabajadores».

Protocolos de actuación en casos de violencia en el lugar de trabajo

Mediante un protocolo, empresa y representación de las personas trabajadoras fijan un método de actuación con la finalidad de aumentar el conocimiento y la comprensión de la totalidad del personal de situaciones de acoso y violencia en el puesto de trabajo, y proporcionar un marco de actuación, con procedimientos específicos, para identificar, prevenir y tratar los problemas originados por dichas situaciones.

Para la articulación de este tipo de protocolos no solo se adoptará un procedimiento de vigilancia y sancionador sino también compromisos para promover un cambio cultural hacia un modelo que repudie cualquier forma de acoso o violencia.

Actualmente, son pocos los convenios en los que se acuerda un protocolo de actuación en caso de violencia en el lugar de trabajo. A modo de ej.:

III Convenio colectivo de la Sociedad Estatal Correos y Telégrafos, SA (código núm. 90014342012003)

«Artículo 28. Medidas sobre acoso y violencia en el lugar de trabajo.

El respeto mutuo por la dignidad de los demás, a todos los niveles dentro del lugar de trabajo, es una de las características que deben potenciarse para el buen funcionamiento de cualquier organización o empresa, por lo que las normas internacionales, comunitarias e internas definen el deber de los empleadores de proteger a los trabajadores y trabajadoras contra el acoso y la violencia en el lugar de trabajo, lo que constituye un objetivo prioritario para la empresa.

Estas acciones, intolerables para la compañía, pueden adoptar diferentes formas, tales como violencia física, psíquica y/o sexual en patrones sistemáticos de comportamiento, tanto por parte de compañeros y compañeras, como por superiores o incluso personas externas.

Las partes firmantes del presente convenio colectivo advierten que el acoso y la violencia pueden potencialmente afectar a cualquier puesto de trabajo y a cualquier persona, si bien ciertos grupos y sectores pueden tener más riesgo.

A partir de este convencimiento ambas partes acuerdan un protocolo de actuación, anexo al presente convenio, que tiene por objetivo aumentar el conocimiento y la comprensión de la totalidad del personal de correos y de sus representantes, de las situaciones de acoso y violencia en el puesto de trabajo, y proporcionar un marco de actuación, con procedimientos específicos, para identificar, prevenir y tratar los problemas originados por dichas situaciones.

El mencionado protocolo contempla los siguientes aspectos.

1. Principios.- Ser tratado con dignidad es un derecho de toda persona. La empresa y todo su personal se comprometen a crear, mantener y proteger un entorno laboral respetuoso con la dignidad y con la libertad personal, al tiempo que reconocen la necesidad de prevenir conductas de acoso en el trabajo, imposibilitando su aparición y erradicando todo comportamiento de esta naturaleza.

2. Clases de acoso.- En el ámbito de la empresa cualquier forma de acoso queda inscrita en alguna de las siguientes categorías:

    a) Acoso sexual.
    b) Acoso por razón de sexo.
    c) Acoso moral o laboral.

3. Contenido:

    a) Ámbito funcional y temporal.
    b) Objeto.
    c) Clases y definiciones de acoso.
    d) Procedimientos.
    e) Supuestos especiales.
    f) Denuncias falsas.
    g) Asistencia médica.
    h) Observatorio antiacoso.

4. En todos los asuntos de acoso se garantizará la confidencialidad y protección individual de la persona».

Posible responsabilidad civil subsidiaria de la empresa ante una agresión en tiempo y lugar de trabajo de un compañero a otro

La STS n.º 477/2019, de 14 de octubre, ECLI:ES:TS:2019:3217, analiza la diferenciación entre dolo eventual y culpa consciente y una posible responsabilidad subsidiaria de la empresa ante una agresión en tiempo y lugar de trabajo de un compañero a otro que terminó por suponer la pérdida de visión en un ojo al agredido.

El art. 120 del Código Penal considera responsables civilmente, en defecto de los que lo sean criminalmente, a «las personas naturales o jurídicas, en los casos de delitos cometidos en los establecimientos de los que sean titulares, cuando por parte de los que los dirijan o administren, o de sus dependientes o empleados, se hayan infringido los reglamentos de policía o las disposiciones de la autoridad que estén relacionados con el hecho punible cometido, de modo que éste no se hubiera producido sin dicha infracción».

Partiendo de la STS n.º 239/2010, de 24 de marzo, ECLI:ES:TS:2010:1738, la Sala de lo Penal repasa el principio *cuius commoda, eius est incommoda* (principio de derecho según el cual quien obtiene beneficios de un servicio que se le presta por otro debe soportar también los daños ocasionados por el mismo), subrayando la evolución de dicho fundamento desde la culpa *in vigilando* o *in eligendo* hasta una suerte de responsabilidad objetiva, siempre que concurran los siguientes elementos:

a) Existencia de una relación de dependencia entre el autor del ilícito penal y el principal, ya sea persona jurídica o física, bajo cuya dependencia se encuentre, sin que sea preciso que la misma tenga carácter jurídico, sea retribuida o permanente, bastando que la actividad así desarrollada cuente con la anuencia o conformidad del principal, sin que por tanto la dependencia se identifique con la jerárquica u orgánica siendo suficiente la meramente funcional.

b) Que el delito que genera la responsabilidad se haya inscrito dentro del ejercicio, normal o anormal, de las funciones así desarrolladas por el infractor, perteneciendo a su ámbito de actuación.

En consecuencia, deben fijarse los siguientes criterios en la aplicación, o no, del art. 120.4 del CP en los casos de delitos cometidos en el seno de un establecimiento:

– No es suficiente con que el delito o la falta se haya producido en meras circunstancias de tiempo o espacio coincidentes con los propios de la actividad laboral, sino que, además, se requiere que la conducta objeto de sanción guarde alguna relación con el cometido concreto de la actividad laboral.

– Existencia de la necesidad de alguna vinculación entre la actividad del trabajador, en cuanto que esta reporta un beneficio para su principal *(commodum)*, con el delito cometido y la responsabilidad de él derivada *(incommodum)*.

– Debe descartarse una interpretación estricta del precepto, de tal manera que cualquier extralimitación o desobediencia del empleado pueda considerarse que rompe la conexión con el empresario.

– Debe excluirse cuando el empresario responda de todos los actos del empleado, sin atender a que los mismos tengan alguna relación con su trabajo.

– Que el delito que genera la responsabilidad se halle inscrito dentro del ejercicio normal o anormal de las funciones desarrolladas en el seno de la actividad o cometido confiados al infractor, perteneciendo a su esfera o ámbito de aplicación.

En este caso, hay una **absoluta desconexión en la agresión de un empleado a otro y la existencia de un resultado dañoso, por cuanto en la redacción del hecho probado no existe un vínculo entre empresa y empleados por el hecho de que uno agreda a otro en el mismo centro empresarial,** y aunque lo haga en horario comercial, por cuanto no puede llevar a maximizarse la responsabilidad objetiva o por riesgo, llevando a la empresa a responder por «todo lo que ocurra en su seno» civilmente, por cuanto este hecho de agresión queda desconectado de las funciones encargadas al agresor y en nada se vincula algún tipo de beneficio por esa conducta, o relacionado con el ilícito penal. Los presupuestos antes citados en relación a la aplicación del art. 120.4 del CP por delitos cometidos en el seno de una persona jurídica no pueden darse en un caso como el que consta en los hechos probados en los que de forma inopinada un trabajador agrede a otro en el centro de trabajo y le causa lesiones graves.

CUESTIONES

1. ¿Las ofensas verbales en contra de la empresa y compañeros son siempre causa de despido disciplinario?

Más allá de la reiterada dificultad de unificar criterios en relación con la valoración de este tipo conductas afirmada por el propio TS (ATS, rec. 3044/2011, de 31 de enero de 2012, ECLI:ES:TS:2012:1410A), la imputación de cualquier incumplimiento relacionada con las ofensas necesita una correcta aplicación de los principios de proporcionalidad, gradualidad e individualización a la vista de las circunstancias concurrentes en el caso. Es decir, siguiendo la teoría gradualista, han de examinarse circunstancias concretas como antigüedad del trabajador en la empresa, escaso perjuicio económico sufrido por la misma, inexistencia de otras sanciones anteriores por el mismo hecho, etc. Teoría que encuentra amparo legal en el artículo 58.1 del Estatuto de los Trabajadores, que exige la presencia de incumplimientos graves para producir el despido disciplinario, de acuerdo con el art. 54.1. de la misma Ley, con un razonable criterio de proporcionalidad.

En base a lo anterior merece la pena el análisis de la STSJ de Extremadura n.º 187/2017, de 23 de marzo de 2017, ECLI:ES:TSJEXT:2017:325, donde se enjuicia la repercusión de un texto ofensivo alusivo a la empresa y sus compañeros en la red social Facebook por parte de una persona trabajadora. En este caso, la Sala de lo Social, declara que **las ofensas verbales en contra de la empresa y compañeros no son causa de despido disciplinario salvo que revistan la gravedad y culpabilidad suficiente**. Según el TSJ «(...) para analizar la conducta imputada, hemos de partir del factor humano, de la intención del trabajador, la finalidad que persigue, y de las circunstancias concurrentes, lo que implica una valoración subjetiva, que se traspone, una vez constatada la realidad objetiva, que en este supuesto, en efecto, contiene una calificación ofensiva y desafortunada, aún genérica, pues el texto insertado en facebook no identifica a quién va dirigida la frase "Esta vida se vive sólo una vez y hay que ser humildes y no ser un HIJO DE PUTAAA", única que en principio pudiera considerarse insultante y ofensiva, tal y como mantiene el recurrido, pues el resto no pasa de los límites constitucionales del ejercicio del derecho a la libertad de expresión, ex artículo 20.1.a) de la Constitución Española».

2. Si la agresión u ofensa se produce fuera del centro y tiempo de trabajo, ¿justifica el despido?

Tal y como lo plantea la norma, las ofensas verbales o físicas al empresario o a las personas que trabajan en la empresa, parten del propio ámbito laboral como causa y lugar de realización de las conductas. De esta forma, deben producirse en el contexto de la relación laboral, puesto que, si se producen fuera del lugar de trabajo y sin relación con el mismo, el empresario carece de legitimación para utilizar su poder disciplinario, que únicamente deriva del contrato de trabajo y tiene por objeto proteger sus específicos intereses como empleador. No obstante, existen resoluciones judiciales validando la facultad empresarial de sancionar la conducta realizada fuera de su horario y lugar de trabajo: STS n.º 699/2017, de 21 de septiembre de 2017, ECLI:ES:TS:2017:3592, (hurto de determinados productos en otro supermercado de la empresa que no es el mismo centro de trabajo en el que presta servicios), STS n.º 494/2022 de 31 de mayo de 2022, ECLI:ES:TS:2022:2240, (declara procedente el despido de un trabajador que en una comida de navidad, sin mediar provocación alguna ni discusión previa, emite a un compañero insultos discriminatorios e intenta agredirlo físicamente), entre otras.

3. Si la agresión u ofensa se produce dentro del centro y tiempo de trabajo, pero a personas ajenas a la empresa, ¿justifica el despido?

Dos pronunciamientos pueden dar respuesta a esta cuestión:

-   STSJ de Madrid n.º 827/2009, de 13 de noviembre, ECLI:ES:TSJM:2009:13750: analizando el comportamiento de un trabajador que resultó expulsado de un curso de formación organizado por la empresa, pero fuera de sus instalaciones, el TSJ mantiene que también las agresiones verbales a otras personas que mantengan una relación con la empresa en la que presta servicios el trabajador puede justificar una sanción disciplinaria en el marco de la transgresión de la buena fe contractual o la indisciplina en el trabajo.

-   STSJ de Galicia n.º 1108/2017, de 21 de febrero, ECLI:ES:TSJGAL:2017:1249: en base a la imputación contenida en la carta de despido el magistrado de instancia considera probadas las acusaciones de timo realizada por la trabajadora a los clientes que acuden los miércoles por la mañana, así, el juez de instancia dice que el hecho de atribuir a la empleadora que hay timado a la trabajadora, no puede ser sino considerado como grave y culpable, atendidas al significado de las palabras empleadas, claramente ofensivas al atribuir una conducta grave que afecta a la dignidad de la empresaria, y pronunciando tales expresiones delante de clientes, con lo que se produce un daño a la reputación y buen nombre de la empresa.

4. ¿Y si el trabajador no realiza directamente la ofensa o agresión?

El «principio de la corresponsabilidad del trabajador en las acciones cometidas por sus acompañantes no es nuevo, sino que fue ya recogido por el Tribunal Central de Trabajo (sentencias de 29 de octubre de 1.973, 20 de enero y 9 de diciembre de 1.977, 23 de junio de 1.982, 4 de febrero y 24 de octubre de 1.984, 15 de enero y 23 de septiembre de 1.986, entre otras), doctrina también seguida por las Salas de lo Social (de Madrid, de 21 de diciembre de 1.988, de Andalucía, con sede en Sevilla, de 28 de noviembre de 1.990, de Galicia de 18 de marzo de 1.994, de Asturias de 9 de julio de 1.995; de la Comunidad Valenciana de 1 de julio de 1.999, entre otras). En dicha doctrina se viene afirmando que el sujeto activo de dicha causa de despido no es solo el trabajador, sino también sus familiares o acompañantes, pues, en otro caso, se podría cometer la falta con total impunidad, haciendo actuar a una tercera persona no vinculada a la empresa para que obre en nombre del trabajador; esta corresponsabilidad del trabajador respecto a los actos de tercero se viene afirmando en aquellos casos en los que aquél mantiene una postura totalmente pasiva, o cuando su participación consiste en la inducción en la ejecución directa, o, por último, cuando no se evita el comportamiento del tercero, sino que se alienta o se colabora». (STSJ de Galicia n.º 3529/2012, de 18 de junio de 2012, ECLI:ES:TSJGAL:2012:5454).

En suma, como bien matiza la STSJ de Cataluña n.º 2263/2003, de 8 de abril de 2003, ECLI:ES:TSJCAT:2003:4479, se considera que el incumplimiento es atribuible al trabajador en aquellos casos en los que este participa en la conducta transgresora, concibiéndola, impulsándola, consintiéndola o alentando al autor material para que la ejecute.

5. El ET se refiere a «ofensas verbales o físicas» (en plural), ¿sería suficiente una única acción de este tipo para justificar el despido o sería necesario un conjunto de acciones por parte del trabajador?

Bien es cierto que el texto estatutario hace referencia a «ofensas verbales o físicas» en plural, no obstante, una sola ofensa física o verbal podría llevar a justificar la procedencia del despido, siempre sujeta —vuelvo a recalcar— al principio de proporcionalidad, gravedad y culpabilidad exigibles. (STSJ de Andalucía n.º 1056/2001, de 8 de junio, ECLI:ES:TSJAND:2001:8306: «basta con una ofensa siquiera aislada, que, eso sí, debe valorarse en sí misma y en conjunción con todas las circunstancias que la precedieron o fueron coetáneas»).

6. Los insultos y amenazas en situaciones de huelga, ¿pueden ser merecedores de despido?

La «existencia de una huelga no le exime de responsabilidad sobre los posibles insultos o amenazas realizadas por los piquetes informativos. En este sentido, es reiterada la doctrina judicial que afirma que las situaciones de conflictividad laboral no justifican la actitud de piquetes que insultan o amenazan a sus compañeros, como es el caso planteado en la instancia (SSTSJ País Vasco de 21 de mayo de 2002, Cataluña de 12 de mayo de 2003, País Vasco de 23 de diciembre de 2004 y Comunidad Valenciana de 4 de mayo de 2005). Por tanto, cabe apreciar que en la conducta del D. Pascual concurre, además de la nota de gravedad, la de culpabilidad». (STSJ de Islas Baleares n.º 19/2010, de 25 de enero, ECLI:ES:TSJBAL:2010:84).

En concreto, la STSJ de las I. Baleares n.º 19/2010, de 25 de enero, ECLI:ES:TSJBAL:2010:84, matiza: «las ofensas verbales han traer causa de la relación laboral, como consta probado en el caso planteado, pues en el origen del incidente late un conflicto colectivo. Además, pueden manifestarse de forma muy variada, entre ellas, expresiones malsonantes e insultos. Con todo, para que pueda apreciarse un incumplimiento contractual por ofensas del trabajador es preciso la concurrencia de animus injuriandi, es decir, que las palabras o acciones se produzcan con el ánimo o intención de ofender (STS 28-2-1990). En el caso planteado queda acreditado que el trabajador profiere una serie de injurias al Sr. Jose Enrique, tales como sudaca de mierda, maricón y cabrón, que menoscaban su reputación y su propia autoestima, al tiempo que lo amenazaba con una barra de hierro de un metro de largo. Dicha conducta debe calificarse de grave. En efecto, los insultos son de carácter discriminatorio y xenófobo [SSTJS Comunidad Valenciana de 3 de mayo de 2006 y Castilla y León de 6 de junio de 2005]. Por su parte, cabe destacar que la actitud amenazante que adopta el Sr. Pascual frente a su compañero está más próxima a una agresión física que a una ofensa verbal por cuanto la empuñadura de un arma —en este caso una barra de hierro de considerable tamaño— supone un atentado a la integridad física de este último [STSJ Comunidad Valenciana de 11 de febrero de 2004]».

RESOLUCIÓN RELEVANTE

ATS, rec. 3871/2010, de 15 de marzo de 2012, ECLI:ES:TS:2012:3781A

«La sentencia alegada de contraste es la de esta Sala de 16 de mayo de 1991 (R. 878/1990), que desestima el recurso de infracción de ley interpuesto por la empresa y confirma la improcedencia del despido del actor acordado por ofensas verbales dirigidas a su inmediato superior. En concreto, este último le había preguntado al trabajador si durante los días de parada de planta se habían hecho relevos, a lo que aquél respondió que "yo no tengo porqué contestar a eso", "pregunte Ud. a los guardas". Cuando los dos salieron del despacho y el encargado le dijo al actor que le visaría el vale de desplazamiento en otra ocasión, este le dijo "tonto que es Ud. tonto", "Ud. no vale para trabajar". A juicio de la sentencia, la conducta descrita no es merecedora

> *del despido teniendo en cuenta las demás circunstancias y que las expresiones proferidas estaban relacionadas con el trabajo y carecieron de publicidad.*
>
> *(...) la calificación de conductas a los efectos de su inclusión en el art. 54 del ET no es materia propia de la unificación de doctrina ante la dificultad de que se produzcan situaciones sustancialmente iguales, ya que en los casos de calificación de los despidos como procedentes o improcedentes la decisión judicial se funda en una valoración individualizada de circunstancias variables, que normalmente no permite la generalización de las decisiones fuera de su ámbito específico (En consonancia con SSTS de 15 y 29 de enero de 1997, R. 952/1996 y 3461/1995, 6 de julio de 2004, R. 5346/2003, 24 de mayo de 2005, R. 1728/2004, 8 de junio de 2006, R. 5165/2004 y 18 de diciembre de 2007, R. 4301/2006)».*

Formalidades previas

Teniendo siempre presente las formalidades establecidas en el art. 55. 1 del ET —donde se regula la forma del despido disciplinario (notificación por escrito al trabajador haciendo figurar los hechos que lo motivan; fijar la fecha en que tendrá efectos; etc.)—, existe necesidad de cumplir determinados «trámites previos» de carácter formal, en atención a la «calidad» de la persona imputada. Así:

- Tramitar **expediente contradictorio** en caso de ser representante unitario [art. 68 a) del ET] o delegado sindical (art. 10.3 de la LOLS), lo que se extiende a los delegados de prevención por el art. 37 de LPRL, y a los miembros de la comisión negociadora y del comité de empresa europeo, conforme a la Ley 10/1997, de 24 de abril, sobre derechos de información y consulta de los trabajadores en las empresas y grupos de empresas de dimensión comunitaria.

- Cumplimiento del trámite de **«audiencia» del delegado sindical**, cuando sea despedido un trabajador afiliado a un sindicato y tenga conocimiento de ello el empresario (art. 10.3 de la LOLS).

- Cualquier otro **trámite formal que venga pactado en convenio colectivo** o cualquier otra disposición suplementaria más garantista.

Gravedad de las ofensas

Para determinar la gravedad de las expresiones utilizadas debe atenderse a los factores subjetivos que intervienen en el hecho, la intención del trabajador, que exige un claro ánimo de injuriar, el momento y circunstancias en que se llevan a cabo, pues unas mismas palabras, actos o gestos, puede revestir una mayor gravedad en un determinado contexto y carecer absolutamente de dicha entidad en otro. Tratándose de la imputación de ofensas verbales ha de atenderse para determinar su alcance disciplinario a las expresiones utilizadas, la ocasión en que estas se vierten, su proyección dentro del ámbito laboral y las circunstancias concurrentes en las personas implicadas.

La jurisprudencia del Alto Tribunal ha venido a destacar la aplicación de los criterios de individualización y de proporcionalidad a la hora de calificar un despido, precisando que es imprescindible valorar las especiales circunstancias que concurren en cada supuesto, llevando a cabo una indispensable tarea individualizadora del proceder del trabajador a fin de determinar, dentro del cuadro sancionatorio correspondiente, si en virtud de los datos objetivos y subjetivos concurrentes —conducta observada, antigüedad, puesto desempeñado, naturaleza de la infracción, etc.— y entre ellos el recíproco comportamiento de los intervinientes, procede o no acordar la sanción de despido.

> **RESOLUCIONES RELEVANTES**
>
> **STSJ de Castilla y León, rec. 1397/2023, 9 de octubre de 2023, ECLI:ES:TSJCL:2023:3748**
>
> Se ratifica la declaración de procedencia del despido disciplinario de un trabajador por sus amenazas y conductas agresivas (amenazas a sus compañeros de trabajo con expresiones como: «chivatos; sé donde vivís; voy a ir con un cuchillo y os voy a rajar»), acreditando la empresa una causa grave y suficiente para justificar el despido. El fallo resulta de interés ya que el TSJ rechaza la relación entre la reclamación salarial interpuesta por el trabajador y el despido, además de descartar cualquier tipo de vulneración a derechos fundamentales.
>
> **STSJ de Castilla León, rec. 1417/2021, de 23 de julio de 2021, ECLI:ES:TSJCL:2021:2395**
>
> Consta como probado que los hechos (insultos y agresión al empresario) se producen en el contexto de acabar de recibir la noticia del fallecimiento de un familiar y obcecado por dicha situación lo que incide de manera muy trascedente en la culpabilidad, por lo que se considera el despido como improcedente.
>
> **STSJ de Cataluña, rec. 3146/2013, de 16 de diciembre de 2013, ECLI:ES:TSJCAT:2013:13634**
>
> Sanción de suspensión de empleo y sueldo por falta muy grave de ofensas verbales a compañeros de trabajo, a los que se imputa falta de profesionalidad e ineptitud para el trabajo.

Como hemos indicado, la ausencia de interés casacional del poder sancionador impide realizar un listado de expresiones, insultos y agresiones merecedores de despido. Aplicando atenuantes como el «clima de tensión», o en referencia a insultos sin entidad suficiente para justificar el despido, comentamos algunos pronunciamientos judiciales:

- **STSJ de Canarias, rec. 884/2022, de 24 de marzo de 2023, ECLI:ES:TSJICAN:2023:878.** Se declara procedente el despido de un director de sucursal que vulnerando el secreto de una encuesta realizada por la empresa sobre los empleados, procedió a reunirse individualmente con varios de los que habían hecho comentarios negativos contra la forma en que el actor ejercitaba la dirección, dirigiéndoles expresiones que, en el concreto contexto (en el que el actor era quien decidía cómo asignar a cada trabajador el salario variable, sin sujetarse a criterios objetivos previamente establecidos), han de considerarse objetivamente intimidatorias para los trabajadores.

- **STSJ de Extremadura, rec. 283/2023, de 5 de septiembre de 2023, ECLI:ES:TSJEXT:2023:877.** Se valida el despido disciplinario de un trabajador al que se le imputan hechos que constituyen acoso sexual a una compañera de trabajo y a otra trabajadora que prestaba sus servicios para otra empresa en el mismo centro de trabajo consistentes en «(...) habituales, reiterados, y constantes actos (...) indeseados y ofensivos como abrazos inesperados, juntar su cuerpo con el de ella, roces en el pecho y las nalgas y besos en la boca».

- STSJ de Cataluña n.º 174/2010, de 15 de enero de 2010, ECLI:ES:TSJCAT:2010:1147, donde se entiende que el insulto a otro compañero de trabajo, llamándole «pelota», carece de entidad suficiente como para justificar el despido:

  «Así es lo cierto que en el supuesto enjuiciado y en el contexto de las circunstancias concurrentes resultantes del inmodificado relato histórico sucede que el insulto proferido por el actor fue el de "pelota", que no es más que la degeneración de pelotillero, con la que se designa a quien adula al jefe con ánimo de obtener un provecho o beneficio, y que, siendo reprochable por su intención hiriente o de insultar, carece de gravedad suficiente como para fundamentar nada menos que una sanción de despido como ha venido a reiterar la jurisprudencia del T.S. y esta Sala en sentencias como la de 13/5/09 por todas citada esta a contrario sensu por la gravedad de los insultos proferidos en aquel caso, o la muy reciente de 16/7/09, en la que no se consideró suficientemente grave, a efectos de despido, insultos como los de: tonto, burro, imbécil y otros similares, todos ellos peores en la afrenta personal al aquí enjuiciado».

- STSJ de Madrid n.º 1047/2011, de 7 de diciembre de 2011, ECLI:ES:TSJM:2011:13935, analizando un caso en el que se imputa una transgresión de la buena fe contractual por una trabajadora, al denunciar falsamente a la Guardia Civil que estaba siendo retenida por personal de la empleadora en los baños de la misma, y ofendido verbalmente a un compañero de trabajo, al que llamó «imbécil» y «payaso», con ánimo ofensivo, la sala declara que las descalificaciones citadas, en el contexto en que se desarrollaron los acontecimientos, y aun siendo inapropiadas y desafortunadas, no tienen la suficiente gravedad y el ánimo ofensivo del que parte la empresa, sino más bien, son manifestación del lenguaje habitual de la gente joven en el ámbito social y de las relaciones laborales, por lo que el despido disciplinario al que acudió la empresa, es desproporcionado, sin que por ello merezca ser declarado de procedente, imponiéndose la desestimación del recurso y la confirmación de la sentencia de instancia.

- STSJ de Asturias n.º 2033/2016, de 30 de septiembre de 2016, ECLI:ES:TSJAS:2016:2653, constatando la existencia de un concreto clima de tensión y enfrentamiento entre las partes y la existencia de una sintomatología ansiosa e ideación delirante, pérdida de control de impulsos y un diagnosticado de trastorno paranoide de la personalidad en el trabajador —siguiendo la teoría gradualista y el principio de proporcionalidad en la imposición de sanciones—, se declara la improcedencia del despido ante ofensas o insultos hacia superiores y compañeros.

Carga probatoria

Como hemos reiterado en múltiples ocasiones a lo largo de la obra, los criterios de individualización y de proporcionalidad a la hora de calificar un despido judicialmente se aplicarán siempre y, por consiguiente, el estado de ánimo emocional que influye en la capacidad reflexiva del autor de las ofensas verbales puede suponer que el despido resulte calificado como improcedente.

Aun cuando el despido disciplinario como sanción posee cierta relación con los principios inspiradores del derecho penal, hemos de considerar aplicable la doctrina jurisprudencial referida a las injurias, cuyo elemento subjetivo se ha venido denominando *animus injuriandi*, que como dolo específico de esta infracción penal comporta la intención de causar un daño a la dignidad, en este sentido el Tribunal Superior de Justicia de Navarra establece:

> «(...) implica la intención de causar un ataque a la dignidad ajena, es decir, el **propósito de ofender la dignidad personal**, de menoscabar la fama de la persona o atentar contra su propia estima; la determinación de si concurre o no en el sujeto esa intención o animus, no puede —generalmente— hacerse de modo directo, sino que, por afectar a la esfera íntima de la persona, habrá de inferirse indirectamente a partir de las manifestaciones externas de su conducta debidamente acreditadas, y por tanto atendiendo a la serie de hechos que integran el núcleo del tipo penal y sirven tanto para investigar el ánimo de injuriar, como la gravedad de la injuria. La jurisprudencia ha venido admitiendo la presunción iuris tantum del referido ánimo cuando las frases empleadas manifiestan objetivamente y revisten en sí mismas trascendencia difamatoria (SSTS 25 de septiembre de 1986 y 15 de julio de 1988, etc.); de manera que **ciertas expresiones y vocablos son de tal modo insultantes o difamantes que el ánimo de injuriar se encuentra en ellos**, y cuando son empleados corresponde a quien los utiliza contra alguien demostrar y acreditar que le movía otro ánimo distinto del de injuriar (SSTS 28 de febrero y 14 de abril de 1989); para ello puede probarse que el ánimo no fue ese, y puede diluirse o desplazarse por otro ánimo diferente que excluya el del injusto típico contrarrestando o anulado este último; y así, entre los animi impulsores del proceder del sujeto capaces de eliminar, neutralizar o desplazar el injuriandi figuran, entre los más caracterizados, el criticandi, narrandi, informandi, defendendi, retorquendi, como submodalidad de la legítima defensa, jocandi, etc.
>
> Pues bien, el llamado "animus retorquendi", aparece cuando la conducta contemplada es respuesta a otra inicial del sujeto pasivo, siendo valorada por la doctrina jurisprudencial, como una circunstancia que puede diluir ese ánimo de injuriar, cuando prevalezca o se superponga al antedicho "iniurandi" borrándolo, eclipsándolo o minimizándolo hasta límites de exigüidad inane (STS 23-5-1985)». **(STSJ de Navarra, rec. 158/2013, de 14 de junio de 2013, ECLI:ES:TSJNA:2013:176).**

RESOLUCIÓN RELEVANTE

STSJ de Andalucía, de 24 de octubre de 2007, ECLI:ES:TSJAND:2007:16558

«(...) por último se aduce que debe tenerse en consideración la teoría gradualista en orden a la imposición de la sanción de despido, y no as las alegaciones de la actora de que acudió al centro de Trabajo por haber sido llamada por el empresario, y que las expresiones proferidas, lo fueran en una legítima reacción, "ANIMUS RETORQUENDI", a las que se dice, pero no se prueba, que había proferido la compañera de trabajo, hay que llegar a la conclusión de que si tales expresiones fueron realizadas en el centro de Trabajo, que no olvidemos es un establecimiento abierto al público, con el siguiente perjuicio que ello comporta para el empresario en la relación con la clientela, al ser la sanción impuesta la procedente, según tanto el art. 54 del Estatuto, como el 84 y concordantes del Convenio, procede confirmar íntegramente la resolución impugnada».

3.3.2. Trasgresión de la buena fe y abuso de confianza como causa de despido disciplinario

Para que la trasgresión de la buena fe contractual, así como el abuso de confianza, puedan constituirse en causa que justifique el despido disciplinario, ha de alcanzar niveles de gravedad y culpabilidad suficientes; siendo necesario un análisis individual de cada conducta, para poder determinar la proporcionalidad entre la infracción y la sanción aplicable.

Trasgresión de la buena fe

Como hemos desarrollado, la **buena fe contractual** es un término —no definido específicamente— que se ha ido concretando sobre la jurisprudencia. El art. 5.a) del ET, establece que el trabajador tiene el deber de cumplir con las obligaciones concretas de su puesto de trabajo, de conformidad a las reglas de la buena fe y diligencia, configurándose como la conducta exigible al trabajador para cumplir con sus obligaciones contractuales.

En lo referente a la transgresión de la buena fe contractual, así como el abuso de confianza en el desempeño del trabajo, **sus límites a efectos disciplinarios han de ser estudiados de manera individual,** cabe destacar, entre otras, la histórica jurisprudencia interpretando el art. 54.2. d) del ET que se repite en multitud de fundamentos de derecho de las sentencias sobre la materia:

a) La **procedencia del despido,** confirmándose en un supuesto en el que el camarero no registra las consumiciones servidas y cobradas, con independencia de cuantía, afirmándose que «(...) de manera consciente y deliberada en lugar de ticar en la caja el valor de las consumiciones servidas, control de la empresa, no lo verificó, ni el importe de las bebidas lo ingresó en ella, con lo que de modo grave y culpable transgredió la buena fe contractual, esto es, la fidelidad y lealtad que todo empleado ha de tener para con la empresa que remunera su trabajo, sin que la cuantía de las consumiciones servidas, a tales fines, tenga repercusión para atenuar el sancionable proceder del actor, ya que esta Sala tiene declarado, sentencias de 29 de marzo de 1985 y 24 de junio último, entre otras muchas, que la inexistencia de perjuicios o la escasa importancia de estos derivados de la conducta del trabajador, enerve la conclusión expuesta, al no ser trascendente a los fines debatidos (...) que no se hayan causado perjuicios económicos a la empresa, al no ser requisito indispensable para apreciar la comisión de tal falta, que se configura por la carencia de valores éticos en quien comete tal infracción». Aunque contempla la posibilidad de que pudieran existir circunstancias con «repercusión para atenuar el sancionable proceder del actor», entiende que no son tales el que «no se hayan causado perjuicios económicos a la empresa». (STS, de 16 de octubre de 1986, ECLI:ES:TS:1986:5532).

b) En el supuesto de un cajero que no justifica las **faltas dinerarias detectadas por la empresa**, se confirma la procedencia del despido, argumentándose que «La doctrina reiterada por esta Sala, mediante muy numerosas sentencias, por ejemplo, las de 21 de enero, 22 de mayo de 1986 y las en ellas citadas, interpretando el art. 54.2 ET y los preceptos legales que le sirvieron de antecedente, ha precisado: (...) que es necesario quede evidenciado que se trata de un incumplimiento grave y culpable, pues el despido por ser la sanción más grave en el Derecho laboral, obliga a una interpretación restrictiva, pudiendo, pues, imponerse otras sanciones distintas de la de despido, si del examen de las circunstancias concurrentes resulta que los hechos imputados, si bien son merecedores de sanción, no lo son de la más grave, como es el despido; (...) respecto del apartado d) de su número 2, que tipifica como justa causa de despido la transgresión de la buena fe contractual, así como el abuso de confianza en el desempeño del trabajo, que la buena fe es consustancial al contrato de trabajo, en cuanto por su naturaleza sinalagmática genera derechos y deberes recíprocos; que el deber de mutua fidelidad entre empresario y trabajador es una exigencia de comportamiento ético jurídicamente protegido y exigible en el ámbito contractual; y que la deslealtad implica siempre una conducta totalmente contraria a la que habitualmente ha de observar el trabajador respecto de la empresa, como consecuencia del postulado de la fidelidad; en esta línea de análisis de las circunstancias concurrentes, la buena fe en su sentido objetivo constituye un modelo de tipicidad de conducta exigible, o mejor aún, un principio general de derecho que impone un comportamiento arreglado a valoraciones éticas, que condiciona y limita por ello el ejercicio de los derechos subjetivos, con lo que el principio se convierte en un criterio de valoración de conductas, al que ha de ajustarse el cumplimiento de las obligaciones, y que se traduce en directivas equivalentes a lealtad, honorabilidad, probidad y confianza; y es cierto también que en el Derecho Laboral hay mandatos legales que imponen un cumplimiento contractual de acuerdo con la buena fe [artículos 5-b) y 20-2 del Estatuto], que obliga, al decir de la sentencia de esta Sala de 18 de diciembre de 1984, que a su vez invoca una reiterada doctrina, «a empresarios y trabajadores en el sentido de un comportamiento mutuo ajustado a las exigencias de la buena fe, como afirma también la sentencia del Tribunal Constitucional de 15 de diciembre de 1983, que matiza el cumplimiento de las respectivas obligaciones y cuya vulneración convierte en ilícito o abusivo el ejercicio de los derechos», hasta el punto de que la transgresión de la buena fe contractual constituye un incumplimiento que, cuando sea grave y culpable, es causa que justifica el despido [artículo 54-2,d) del Estatuto]; que esta falta se entiende cometida aunque no se acredite la existencia de un lucro personal, ni haber causado daños a la empresa y con independencia de la mayor o menor cuantía de lo defraudado, pues basta para ello el quebrantamiento de los deberes de fidelidad y lealtad implícitos en toda relación laboral, deberes que han de ser más rigurosamente observados por quienes desempeñan puestos de confianza y jefatura en la empresa». (STS, 26 de enero de 1987, ECLI:ES:TS:1987:342).

Contempla esta sentencia la aplicabilidad de la tesis gradualista, «(...) es necesario quede evidenciado que se trata de un incumplimiento grave y culpable "(...) pudiendo, pues, imponerse otras sanciones distintas de la de despido, si del examen de las circunstancias concurrentes resulta que los hechos imputados, si bien son merecedores de sanción, no lo son de la más grave, como es el despido"), pero afirma que no tiene entidad para impedir la procedencia de la sanción de despido circunstancias como la falta de acreditación de "la existencia de un lucro personal, ni haber causado daños a la empresa y con independencia de la mayor o menor cuantía de lo defraudado"».

c) Se confirma, sin referencia a circunstancias que pudieran atenuar la conducta infractora, la procedencia del despido de un trabajador que se **apropió de materiales** de construcción, afirmándose que «la conducta del actor (...) consistente en haberse apropiado en diversas fechas de materiales de construcción propiedad del Ayuntamiento al que prestaba sus servicios, sin su autorización, constituye un grave incumplimiento contractual perfectamente subsumible en la transgresión de la buena fe contractual y abuso de confianza en el desempeño de su trabajo contemplada como justa causa de despido en el precepto invocado, infringiendo en consecuencia el principio de buena fe, rector de toda relación contractual y de modo especial de la laboral a tenor de lo establecido en art. 5 a) ET y art. 20.2 del mencionado texto legal». (STS, 19 de diciembre de 1990, ECLI:ES:TS:1990:17563).

d) En un supuesto de **uso incorrecto de horas representativas por prolongación de las realmente utilizadas,** se aplica la tesis gradualista y se entendió que los hechos no podían considerase como vulneradores de la buena fe contractual «no presenta una gravedad tan intensa ni reviste una importancia tan acusada como para poder ser tipificada como un supuesto de «transgresión de la buena fe contractual», ni de «abuso de confianza en el desempeño del trabajo», sin perjuicio de que «ante el incumplimiento contractual del actor, se autoriza a la empresa a que le imponga una sanción, distinta de la de despido, como autor de una falta grave contra la disciplina laboral», recordando, en este singular supuesto, que «(...) esta Sala, en su Sentencia de 2 de noviembre de 1989, ha manifestado que «la presunción de que las horas solicitadas para el ejercicio de las tareas representativas son empleadas correctamente, conduce a interpretar de modo restrictivo la facultad disciplinaria del empresario, que solo podrá alcanzar el despido en supuestos excepcionales en los que el empleo en propio provecho del crédito horario concedido por el art. 68.e) a los representantes de los trabajadores sea manifiesto y habitual, es decir una conducta sostenida que ponga en peligro el derecho legítimo de la empresa a que los representantes formen cuerpo coherente con los representados». (STS, 21 de enero de 1991, ECLI:ES:TS:1991:22).

e) En un supuesto de **irregularidades contables**, sin efectuar referencia a circunstancias que pudieran atenuar la conducta infractora, se confirma la procedencia del despido, definiéndose la buena fe contractual, señalando que «(...) configurada la buena fe contractual por la disposición personal en orden a la realización del contenido propio de las prestaciones voluntariamente asumidas, por la probidad en su ejecución y por la efectiva voluntad de correspondencia a la confianza ajena, no es dudoso que la actuación del demandante y recurrente constituye una grave quiebra de dicha buena fe al provocar en los órganos de gobierno y administración, con sede en Barcelona, un conocimiento «absolutamente falso» acerca de la situación financiera de la empresa, desentendiéndose así de los perjuicios que, con ello, podía irrogar a ésta». (STS, 31 de enero de 1991, ECLI:ES:TS:1991:530).

f) En otro supuesto de realización por un trabajador de la banca de **operaciones bancarias sin autorización**, se confirma la procedencia del despido, y hace especial referencia que tanto a la innecesaridad de existencia de concreto perjuicio como a la de una concreta voluntad de ser desleal «con independencia de que el actor haya querido o no, consciente y voluntariamente, conculcar los deberes de lealtad», y sin destacar la posible existencia de circunstancia alguna de atenuación de responsabilidad, destacando que «es suficiente para la estimación de la falla el incumplimiento grave y culpable, aunque sea por negligencia, de los referenciados deberes inherentes al cargo». Se razona que «(...) configurada la ordenada y regular relación contractual por la disposición personal de las partes en orden a la realización del contenido propio de las prestaciones voluntariamente asumidas, por la probidad en su ejecución y por la efectiva voluntad de correspondencia a la confianza ajena, no es dudoso que la actuación del demandante y recurrente constituye una grave quiebra de los principios sobre los que se asienta dicha relación, y especialmente de los que sirven de fundamento al ejercicio de un cargo de dirección basado en la confianza y responsabilidad, al rebasar (en forma tan notable como la antes expresada) las facultades que se le habían conferido, haciendo asumir a la entidad bancaria unos riesgos innecesarios, y desentendiéndose con ello, del perjuicio que con tal actitud podría irrogar a dicha empresa. Lo expuesto es de suyo suficiente para la estimación de la meritada falta, con independencia de que el actor haya querido o no, consciente y voluntariamente, conculcar los deberes de lealtad, pues es suficiente para la estimación de la falta el incumplimiento grave y culpable, aunque sea por negligencia, de los referenciados deberes inherentes al cargo (véanse sentencias de la Sala de 7 de julio y 25 de septiembre de 1986), y con independencia igualmente de que el perjuicio económico haya llegado o no a producirse efectivamente —sentencias de la Sala de 29 de marzo de 1985, 9 de diciembre de 1986 y 19 de enero de 1987—». (STS, de 4 de febrero de 1991, ECLI:ES:TS:1991:16468).

g) Se desestima el recurso de un **conductor de autobús**, sin hacer referencia posibles circunstancias de atenuación de la responsabilidad o a su posible aplicabilidad, que «apoderándose del importe de un *ticket* que le abonó el pasajero del autobús, que conducía, al que le cobró el viaje pero no le entregó el billete», efectuando una definición de la lealtad y del abuso de confianza, destacando que «(...) si la lealtad supone la sujeción en el obrar a las normas de la buena fe, a los principios de fidelidad en el cumplimiento de las obligaciones y el respeto a las reglas que impone la caballerosidad y el honor que debe presidir toda relación de convivencia, y si el abuso de confianza no es otra cosa que el mal uso por el sujeto de las facultades que se le confiaron sin sujeción a los intereses de quien en él confió o con desprecio de los daños que al mismo le puedan sobrevenir», concluye que la conducta enjuiciada «(...) entraña vulneración y quiebra de la ineludible confianza necesaria en un colectivo laboral, transgrediendo el principio de la buena fe informante de la relación jurídica de aquel orden». (STS, 18 de enero de 1987, ECLI:ES:TS:1987:3431).

h) Se desestima el recurso de casación interpuesto por el empleado de una entidad bancaria cuyo despido había sido declarado procedente, con fundamento fáctico en que «(...) el actor en 41 ocasiones, a lo largo de ocho meses, efectuó ingresos en la cuenta corriente de un cliente de la demandada de cuantía considerable, y en que tales operaciones, para las que no estaba autorizado y que no se pusieron en conocimiento de la demandada, únicamente fueron posibles en atención a su condición de empleado de cuentas corrientes», abordándose la problemática del contenido y alcance de la causa de despido regulada en el art. 54.2 ET, estableciéndose que: a) la transgresión de la buena fe contractual «constituye una actuación contraria a los especiales deberes de conducta que deben presidir la ejecución de la prestación de trabajo y la relación entre las partes»; b) el abuso de confianza «como modalidad cualificada de la primera, consiste en un mal uso o un uso desviado por parte del trabajador de las facultades que se le confiaron con lesión o riesgo para los intereses de la empresa (Sentencia de 18 de mayo de 1987)»; y c) en cuanto a la cuestionada exigibilidad de daño o perjuicio patrimonial para la empresa, se razona que «(...) como señala la sentencia de 30 de octubre de 1989, el daño o perjuicio patrimonial causado a la empresa es uno de los factores a considerar en la ponderación de la gravedad de la transgresión de la buena fe contractual pero no es el único elemento a tener en cuenta para establecer el alcance disciplinario del incumplimiento del trabajador, pues pueden jugar otros criterios, como la situación objetiva de riesgo creada, la concurrencia de abuso de confianza en el desempeño del trabajo o el efecto pernicioso para la organización productiva». En esta sentencia se deja el camino abierto para ponderar múltiples circunstancias en orden a determinar la gravedad de la transgresión de la buena fe contractual. (STS, de 26 de febrero de 1991, ECLI:ES:TS:1991:1103).

i) Admite la declaración de procedencia del despido de un trabajador, aunque la **conducta afecta directamente a una tercera empresa**, que fue sorprendido en el centro de trabajo y en los locales destinados al desempeño de su actividad por otra empresa, en horario de trabajo, «con un cofre en el que se guardaba la recaudación abierto, estando en posesión de un llavero, dos de cuyas llaves, servían para abrir dos de los tres cofres, en donde se guardaba la recaudación», argumentando, destacando que la conducta acreditada comporta el que la empleadora «mal puede seguir confiando en su asalariado infiel», que «Dicha conducta entraña una transgresión (...) de la buena fe contractual y el abuso de confianza en el desempeño del trabajo con incumplimiento contractual grave y culpable del trabajador que justifican el despido decretado, al implicar la misma un serio quebrantamiento del principio de la buena fe que informa las relaciones jurídicas, vulnerando además el deber de probidad que impone el servicio para no defraudar la confianza en el trabajador depositada, con repercusión en el buen orden laboral y en el de los intereses del Empresario, sin que, como la Sala declaró en S. 29 de marzo de 1984, sea exigible para calificar y sancionar tales transgresiones, que éstas tengan por directa y exclusiva destinataria a la Empresa misma, ya que como es patente, a ésta no puede dejar de afectar y trascender las desfavorables consecuencias materiales de aquella conducta con terceros, pues la misma va en desprestigio y hasta en responsabilidad jurídica, según los casos, de la Empresa, que mal puede seguir confiando en su asalariado infiel, de suerte que la deslealtad de este último con aquéllos lo es también para su principal». (STS, de 13 de marzo de 1991, ECLI:ES:TS:1991:16601).

j) Igualmente, tras rechazar la excepción de **prescripción de las faltas**, declara la procedencia del despido del trabajador de una entidad de crédito que se aprovechó de la autorización en blanco de un cliente, apropiándose de una determinada cantidad de dinero, y que anuló un ingreso del mismo cliente, sin referencia a circunstancias que pudieran atenuar la conducta infractora. Se razona que «(...) el actor ocultó las operaciones fraudulentas que efectuó en relación con un cliente de tal forma que la entidad demandada no tuvo conocimiento de los hechos hasta que recibió denuncia de la persona interesada y entonces procedió al despido del actor (...) y tratándose de un incumplimiento grave y culpable merecedor del despido, según el artículo 54.2.d) del Estatuto de los Trabajadores, se debe «(...) estimar el recurso de casación para la unificación de doctrina formulado por la entidad de crédito». (STS, rec. 2276/1991, de 3 de noviembre de 1993, ECLI:ES:TS:1993:7352).

CUESTIÓN

¿Qué incumplimientos no tienen la suficiente entidad y gravedad para constituir un despido disciplinario?

Los tribunales inciden en la necesidad de evidenciar rotundamente la imputación de desobediencia y quebrantamiento de la lealtad y diligencia exigibles y de la confianza depositada en la persona del trabajador por la empresa para realizar un despido por transgresión de la buena fe contractual.

De no resultar clara la desobediencia imputada o el quebrantamiento de la lealtad y diligencia exigibles y de la confianza depositada en la persona del trabajador por la empresa, la conducta del trabajador no será merecedora de sanción grave de despido. (STSJ de Cataluña n.º 431/2003, de 22 de enero de 2003, ECLI:ES:TSJCAT:2003:793).

RESOLUCIONES RELEVANTES

STSJ de La Rioja n.º 11/2000, de 11 de enero de 2000, ECLI:ES:TSJLR:2000:11

Analizando la apropiación indebida. «(...) Resultó acreditada la conducta imputada al actor en la carta de despido, consistente en que en varias ocasiones se había llevado material de la empresa sin contar con el permiso de los directivos. Y tal conducta no puede por menos que considerarse incardinada, como acertadamente lo resolvió la Magistrada "a quo", en "la transgresión de la buena fe contractual, así como el abuso de confianza en el desempeño del trabajo" que el apartado 2, d) del artículo 54 del Estatuto de los Trabajadores tipifica como incumplimiento contractual, justificativo del despido disciplinario conforme a lo previsto en el apartado 1 del mismo artículo, preceptos expresamente aplicados en la sentencia recurrida, sin que la parte recurrente denuncie su infracción».

STSJ de Madrid, rec. 4827/1999, de 14 de diciembre 1999, ECLI:ES:TSJM:1999:14685

Uso indebido de la tarjeta «Solred» de la empresa para el consumo particular del carburante y realización de llamadas telefónicas particulares. Se desestima el recurso y se declara el despido improcedente.

STSJ de La Rioja n.º 26/2000, de 1 de febrero de 2000, ECLI:ES:TSJLR:2000:76

Se declara el despido como procedente. La persona trabajadora efectuó más de cien llamadas de carácter particular utilizando el teléfono de la empresa, se ausentaba frecuentemente de la tienda, en ocasiones no trataba a los clientes con la debida consideración, etc.

STSJ de Cataluña n.º 630/2000, de 24 de enero de 2000, ECLI:ES:TSJCAT:2000:837

En el caso de cobro indebido de cantidades, de la testifical y documental ha de demostrarse, por ejemplo, que el trabajador registró unas cantidades inferiores a las abonadas por los clientes.

«(...) No constando en los autos ningún hecho del que se desprenda que la trabajadora haya incurrido en un incumplimiento grave y culpable de sus obligaciones contractuales por transgresión de la buena fe contractual o por abuso de confianza en el desempeño del trabajo, fue correcta la calificación del despido como improcedente, razones todas que conducen a la desestimación del recurso y a la plena confirmación de la Sentencia recurrida».

STSJ de Comunidad Valenciana n.º 1544/2000, de 29 de marzo de 2000, ECLI:ES:TSJCV:2000:2647

Despido por trabajar durante la situación de incapacidad temporal en otra empresa.

«Los anteriores comportamientos, por su entidad y duración, no pueden ser calificados como actividades propias de una terapia para combatir la patología causante o subsiguiente de la baja y demuestran una buena salud incompatible con la situación de incapacidad, que conlleva una actitud de transgresión de la buena fe contractual, no sólo respecto de su empresario sino también respecto de la seguridad social, por el fraude que la percepción del subsidio y la utilización de los servicios sanitarios conlleva. Si el trabajador está impedido para consumar la prestación laboral a la que contractualmente viene obligado tiene vedado asimismo cualquier otro tipo de quehacer, sea en interés propio o ajeno, y ello aunque se preste en negocios familiares, máxime cuando su "forzada inactividad" lo es compensada económicamente por la empresa y por la Seguridad Social, a las que perjudica. Y ello por no hablar de la realización de actividades contraindicadas no sólo para su curación (que por lo que hacía cabe entender que lo estaba) sino para evitar recaídas o en todo caso la prolongación de la inicial crisis. Todo lo cual nos lleva a la desestimación del recurso y a la confirmación de la sentencia "a quo"».

STSJ de Navarra n.º 94/2005, de 31 de marzo de 2005, ECLI:ES:TSJNA:2005:418

Competencia desleal del trabajador para con su empresario. Un ejemplo sería la competencia directa, para de esta forma beneficiarse de los conocimientos técnicos, profesionales y de la clientela adquirida en una empresa.

«En el caso de autos concurren todos y cada uno de estos condicionantes en la conducta del trabajador despedido, que ha puesto en marcha un negocio dedicado a la misma actividad de la empresa para la que trabajaba, en la misma población y conjuntamente con otro trabajador de la empresa demandada, para de esta forma beneficiarse de los conocimientos técnicos, profesionales y del mercado local adquirido en la empleadora, con la pretensión de aprovechar su misma clientela hasta apropiarse de la mayor parte posible de su actividad; contando además con la agravante de que se hace en sociedad con otro de los trabajadores de la empresa demandada».

STSJ de Cataluña n.º 4804/2001, de 1 de junio de 2001, ECLI:ES:TSJCAT:2001:6717

«(...) Es requisito básico que ha de concurrir para configurar la deslealtad, que el trabajador cometa el acto con plena conciencia de que su conducta afecta al elemento espiritual del contrato, consistiendo dicha deslealtad en la eliminación voluntaria de los valores éticos que deben inspirar al trabajador en el cumplimiento de los deberes básicos que el nexo laboral impone».

STSJ de las Islas Baleares n.º 128/2002, de 9 de mayo de 2002, ECLI:ES:TSJBAL:2002:573

La transgresión de la buena fe contractual también ha sido considerada por los tribunales ante maniobras irregulares realizadas con miras de despojar a los administradores de la sociedad de su condición de tales y de hacerse con el control de la empresa, incidiendo por ello de modo directo en la relación laboral y justificando que esta se resuelva por causa de grave y culpable transgresión del deber contractual de buena de fe, de acuerdo con el art. 54.2 d) del ET.

STSJ Cataluña n.º 269/2000, de 13 de enero de 2000, ECLI:ES:TSJCAT:2000:33

Despido producido como consecuencia de la detención del trabajador. La detención de un trabajador y posterior puesta a disposición judicial no implica vulneración de los deberes básicos, cuando los hechos se desarrollan en un ámbito ajeno a la relación laboral, y, por lo tanto, no procede el despido disciplinario por este motivo.

STSJ Castilla y León n.º 74/2000, de 14 de febrero de 2000, ECLI:ES:TSJCL:2000:640

No existirá transgresión de la buena fe contractual cuando la actitud del trabajador haya sido provocada por la empresa mediante una práctica de control. Es necesario que exista una conducta dolosa o culposa.

El abuso de confianza

El abuso de confianza en el desempeño del trabajo se asocia a la transgresión de la buena fe contractual en el art. 54.2.d) del ET. Ambos conceptos, de género común, hacen referencia al deber del trabajador de guardar fidelidad a la empresa a que pertenece y no quebrantar la confianza depositada por el empresario en el trabajador, y se caracterizan por los siguientes aspectos:

a) Es necesario que exista una relación laboral.

b) Han de violarse los deberes de fidelidad que el trabajador ha de observar con respecto a su empleador.

c) La persona trabajadora debe actuar con conciencia de que su voluntad vulnera su deber de fidelidad.

Esta es la norma general, pero sin olvidar que por otra parte, el abuso de confianza (al igual que la transgresión de la buena fe) es una falta que se entiende cometida aunque no se acredite la existencia de un lucro personal, ni haber causado daños a la empresa, y con independencia de la mayor o menor cuantía de lo defraudado, pues basta para ello el quebrantamiento de los deberes de fidelidad y lealtad añadido a un incumplimiento grave y culpable de las obligaciones que tipifica el art. 54.2 del Estatuto de los Trabajadores, lo cual puede **advenir no solamente por conductas intencionales o dolosas, sino por falta de diligencia en el cumplimiento de las obligaciones en el cargo.**

A efectos prácticos, **algunos ejemplos relacionados con el abuso de confianza:**

- **STSJ de Extremadura n.º 174/2011, de 15 de abril de 2011, ECLI:ES:TSJEXT:2011:591.** Las irregularidades detectadas constituyen extralimitación de sus funciones, abuso de confianza y lucro indirecto, y por ello son calificadas como de transgresión de la buena fe contractual constitutiva de despido procedente.

- **STSJ de Castilla La Mancha n.º 103/2019, de 24 de enero de 2019, ECLI:ES:TSJCLM:2019:414.** «Conforme a la jurisprudencia a que venimos aludiendo, la ocultación se debe considerar existente en los casos en que el empleado infractor desempeña un cargo que le obligue "a la vigilancia y denuncia de la falta cometida, pues en este supuesto, al estar de modo continuado gozando de una confianza especial de la empresa, que sirve para la ocultación de la propia falta, es una falta continua de lealtad que impide mientras perdura que se inicie el cómputo de la prescripción"».

- STSJ de Galicia n.° 1947/2017, de 31 de marzo de 2017, ECLI:ES:TSJGAL:2017:2376. Tratando un mal uso, apropiación, hurto o robo de bienes propiedad de la empresa: «(...) la causa que fundamenta el despido es la contenida en el apartado c) del art 43.3 del convenio colectivo aplicable que contempla como falta muy grave sancionable con el despido, el fraude, deslealtad o abuso de confianza en las gestiones encomendadas o la apropiación, hurto o robo de bienes propiedad de la empresa .... Deslealtad que entiende constitutiva de transgresión de la buena fe contractual que contempla el art 54.2.d) del ET como causa de despido y que según ha desarrollado reiterada jurisprudencia en relación a esta causa de despido la deslealtad existe aunque no se acredite el lucro personal; y entiende que el error del juzgador es evidente ya que basa su fundamentación para estimar la demanda de la actora en que no se probó que se apropiara de dinero de la caja registradora; y según la jurisprudencia citada no se precisa de la acreditación de la apropiación del dinero por parte de la trabajadora para que el despido sea calificado como procedente, dado que la empresa acreditó que los hechos imputados a la trabajadora ocasionaron una pérdida total de la confianza en la misma».

- STS n.° 723/2016, de 13 de septiembre de 2016, ECLI:ES:TS:2016:4198; STS n.° 62/2018, de 25 de enero de 2018, ECLI:ES:TS:2018:481, y STSJ de Andalucía n.° 3016/2018, de 25 de octubre de 2018, ECLI:ES:TSJAND:2018:11757. El uso de ordenador u otros medios de la empresa para fines particulares.

- STSJ de Murcia n.° 337/2014, de 28 de abril de 2014, ECLI:ES:TSJMU:2014:96. «Motivo que no puede ser estimado ya que la apropiación durante varios y reiterados días del medicamento analgilasa vendiéndolo y no ingresando su importe en caja, está claro que es una clara trasgresión de la buena fe contractual del art. 54 ET que justifica sobradamente la sanción de despido, por abuso asimismo de confianza y deslealtad al empresario sin que sea preciso la existencia de un daño para declarar la procedencia del despido de autos».

3.3.3. Disminución en el rendimiento laboral

El contrato de trabajo podrá extinguirse por despido disciplinario basado en una disminución continuada y voluntaria en el rendimiento de trabajo normal o pactado al amparo del art. 54.e) del ET.

Para que opere este tipo de despido, la disminución en el rendimiento de trabajo **no ha de deberse a causas ajenas a este** (como falta de materias primas, paros de otros trabajadores, etc.) o por causas no culpables del trabajador como la ineptitud sobrevenida o la falta de adaptación al puesto de trabajo que constituyen una causa de despido objetivo del contrato, o una causa de extinción por incapacidad permanente del trabajador. (STS, rec. 323/2007, de 28 de febrero de 2008, ECLI:ES:TS:2008:770).

La existencia de este incumplimiento contractual necesita la concurrencia de los siguientes requisitos:

- **Una efectiva disminución del rendimiento con cuantificación de su diferencia con la actividad normal exigible.** La disminución del rendimiento ha de referirse al rendimiento normal o al pactado, por lo que habrá de estarse a los niveles estipulados en convenio colectivo o en contrato individual si no es abusivo, a falta de ello, para que pueda apreciarse se requiere un contraste del rendimiento del trabajador en cuestión con el de otros trabajadores en semejante posición en la empresa o con el propio trabajador en otros momentos del contrato. (STSJ de Cataluña n.º 1956/2007, de 12 de marzo de 2007, ECLI:ES:TSJCAT:2007:3697).

- **Una continuidad en la conducta. La disminución del rendimiento ha de ser continuada,** se exige una conducta prolongada en el tiempo que no se precisa que sea ininterrumpida, pero que tampoco puede ser meramente esporádica u ocasional. (STS, de 30 noviembre 1987, ECLI:ES:TS:1987:7644).

- **Voluntariedad de la conducta.** Debe ser voluntaria y culpable, lo cual significa que deben excluirse disminuciones que se deban a causas extrañas al trabajador como enfermedad. (STSJ de Comunidad Valenciana n.º 2208/2005, de 1 de julio de 2005, ECLI:ES:TSJCV:2005:4531).

- **Gravedad de la conducta.** Que se aprecia cuando es continuada y que debe atenerse al caso concreto, siendo en cualquier caso exigible la proporcionalidad entre la conducta y la sanción impuesta, con aplicación de la teoría gradualista. (STS de 21 de febrero de 1990, ECLI:ES:TS:1990:1574).

- **Un elemento de comparación para llegar a la conclusión del bajo rendimiento.** «Con independencia de otras circunstancias como la gravedad, voluntariedad y continuidad, que pudieran servir para delimitar las dos figuras de extinción contractual, lo que parece claro es que la consideración del bajo rendimiento como incumplimiento contractual a efectos de justificar la extinción del contrato de trabajo, requiere, ineludiblemente, la existencia de un elemento de comparación para llegar a la conclusión del bajo rendimiento, ya sea atendiendo a un criterio subjetivo tomando como medida el conseguido por el propio trabajador con anterioridad, ya sea atendiendo a un criterio objetivo, remitiéndose al rendimiento marcado por otros trabajadores que realicen la misma actividad». (STS n.º 566/2020, de 1 de julio de 2020, ECLI:ES:TS:2020:2783).

Es decir, para la realización de este tipo de despido ha de acreditarse el **rendimiento normal o pactado,** y la desviación voluntaria que el trabajador ha realizado del mismo. El rendimiento en el trabajo se encontrará regido por:

- Convenio colectivo.
- Contratos individuales que no sean abusivos.
- Los usos y costumbres.

– El propio empresario en el ejercicio regular de sus facultades de dirección.

– El rendimiento de otros compañeros de trabajo que ocupen puestos de las mismas características.

– O, en última instancia, mediante una comparativa con el rendimiento que tenía anteriormente el propio trabajador, cuando existan pruebas de que este ha disminuido de forma voluntaria y culpable.

En todo caso, el empresario podrá adoptar las medidas que estime más oportunas de vigilancia y control para verificar el cumplimiento por el trabajador de sus obligaciones y deberes laborales, guardando en su adopción y aplicación la consideración debida a su dignidad y teniendo en cuenta, en su caso, la capacidad real de los trabajadores con discapacidad (art. 20.3 del ET). (SAN n.º 64/2016, de 20 de abril de 2016, ECLI:ES:AN:2016:1395).

También englobaríamos en esta categoría **reiteradas faltas graves en el cumplimiento de las tareas propias de la relación laboral,** a causa de una conducta negligente y desidia en el trabajo, que causasen perjuicios económicos a la empresa. Incumplimientos graves y reiterados en el tiempo que constituyen una falta muy grave sancionable con despido. (STSJ de Murcia n.º 200/2008, de 26 de febrero de 2009, ECLI:ES:TSJMU:2008:360).

No procede el despido por disminución de rendimiento cuando:

– No puede acreditarse dato alguno que permita conocer cuál era el rendimiento normal. (STSJ de la Comunidad Valenciana n.º 2906/1999, de 29 de septiembre de 1999, ECLI:ES:TSJCV:1999:6100).

– Cuando la empresa se limite a aplicar de forma automática y objetiva la literalidad de la cláusula pactada, sin ofrecer elementos de comparación de cuya valoración pudiere desprenderse que el pacto de rendimiento es lícito y no constituye abuso de derecho manifiesto por parte del empresario, como exige el precepto legal al que se acoge. (STS, rec. 774/2011, 14 de diciembre de 2011, ECLI:ES:TS:2011:9346).

CUESTIONES

1. Durante la IT, ¿es posible despedir a una persona trabajadora por bajo rendimiento?

Los arts. 53.4 y 55.5 del Estatuto de los Trabajadores (ET) en relación con el art. 108.2 de la LRJS, así como los arts. 2.1, 2.3, 3.1ª), 26, 27.1 y 30.1 de la Ley 15/2022, de 12 de julio, integral para la igualdad de trato y la no discriminación y art. 14 de la CE, así como la STS de 19 de mayo de 2020, Rec. 2911/2017, en lo que atañe al concepto de prueba indiciaria de vulneración de derechos fundamentales suponen la inversión de la carga probatoria, por lo que corresponderá a la empresa acreditar los incumplimientos merecedores del despido. Si la causa alegada no se acredita, el despido podrá ser considerado nulo por discriminatorio (STSJ de Extremadura, rec. 442/2023, de 19 de octubre de 2023, ECLI:ES:TSJEXT:2023:1050).

2. ¿Cuál es la indemnización en caso de que el despido por bajo rendimiento se considere falso?

El despido disciplinario de cualquier tipo no genera derecho a indemnización. No obstante, si es declarado improcedente la persona tendrá derecho a una indemnización de 33 días por año de servicio con un límite de 720 días de salario bruto.

3. ¿Qué significa el rendimiento normal o pactado en relación al despido disciplinario por bajo rendimiento?

El problema de esta modalidad de despido radica o «pivota» sobre el concepto disminución voluntaria de rendimiento y sobre la prueba del descenso en el rendimiento que incumbe a la empresa; así las cosas, el incumplimiento del rendimiento, deberá implicar un incumplimiento de los objetivos señalados en el contrato que se constituirán como mínimos o en el convenio colectivo, siempre que estos no resulten abusivos. Por el contrario, el rendimiento exigible debe ser alcanzable por cualquier trabajador capaz en rendimiento ordinario. (STS n.º 2006/1988, de 20 de junio de 1988, ECLI:ES:TS:1988:14700).

4. ¿Son válidos los pactos fijando umbrales de rendimiento mínimo?

Las cláusulas de rendimiento mínimo referido a la actividad de ventas son, en principio, lícitas, pero para ejercitar la posibilidad de extinción del contrato en caso de descenso de las cantidades o cifras pactadas ha de actuarse dentro de los principios de buena fe y ponderación concreta de las causas del descenso. La fijación de una cláusula de ventas u objetivos mínimos han de cumplir una serie de parámetros para que en caso de reclamación se consideren legales:

- **Fijación de objetivos basados en datos históricos.** Es recomendable no separarse mucho de, por ejemplo, el volumen de ventas medio del último año.

- **Fijar un margen razonable.** Los tribunales con toda probabilidad considerarían válida una cláusula que establezca el despido por no alcanzar el 60 % de los objetivos en un periodo de cuatro o cinco meses; no obstante, sí podría considerarse abusiva una cláusula del 90 % en el mismo periodo. La procedencia o no de la resolución del contrato por no alcanzar el rendimiento pactado depende de que la cláusula contractual que lo fija no sea abusiva y tal carácter no puede colegirse (salvo que sea notoria ex art. 281.4 de la Ley de Enjuiciamiento Civil) por otro medio que el de la comparación con el rendimiento de todos los trabajadores de la misma actividad combinado con el tratamiento igualitario o similar a todos (no cabe despido libre a uno si todos o muchos incumplen, salvo causa justificativa de la elección que despeje la arbitrariedad patronal, haya o no discriminación por causas constitucionales, por ejemplo por ser el elegido el que menos cumple). En estos casos, la carga de la prueba no puede gravar al demandante, puesto que se trata del supuesto excepcional del art. 217.7 de la Ley de Enjuiciamiento Civil, que la invierte cuando la fuente de la prueba se encuentra en poder de una parte y la otra no puede acceder a ella no le es extremadamente gravoso. (STSJ de las Islas Canarias n.º 250/2011, de 10 de abril de 2012, ECLI:ES:TSJICAN:2012:1516).

- **Distinción entre ventas a nuevos clientes y ventas a los anteriores.** Puede ser útil especificar esto en la cláusula de rendimiento. En caso de reclamación ayudará especificar las cifras reflejadas para la extinción, detallando pormenorizadamente las ventas globales, las de nuevos clientes a lo largo del año, los datos relativos a las facturaciones, etc.

- **Justificación de volumen mínimo exigido de ventas.** Volviendo al porcentaje establecido en el punto anterior sería interesante relacionarlo con la pérdida de dinero que causa la falta de ventas por debajo del mismo. No olvidemos que el contrato de trabajo se extinguirá por las causas consignadas válidamente en el contrato salvo que las mismas constituyan abuso de derecho manifiesto por parte del empresario. (STSJ de Canarias n.º 250/2012, de 10 de abril de 2012, ECLI:ES:TSJICAN:2012:1516).

En caso de aplicación de una cláusula resolutoria de una manera automática, exenta de referencia alguna a otros parámetros, objetivos o subjetivos, se podrá entender aplicada en manifiesto abuso de derecho. (STS, rec. 774/2011, 14 de diciembre de 2011, ECLI:ES:TS:2011:9346).

RESOLUCIONES RELEVANTES

STSJ de Andalucía n.º 151/2023, de 18 de enero de 2023, ECLI:ES:TSJAND:2023:1742

Se considera procedente el despido disciplinario como reacción empresarial a la disminución voluntaria de la productividad de la persona trabajadora como medida de presión para evitar la aplicación de una reducción en el importe de los incentivos.

STSJ de Galicia, rec. 662/2022, de 8 de abril de 2022, ECLI:ES:TSJGAL:2022:2496

Ratificando la declaración de procedencia del despido de una teleoperadora por bajo rendimiento: «(...) al efecto de determinar aquí la presencia o no de disminución continuada y voluntaria en el rendimiento de trabajo normal de la demandante, no debe ser exigible en cualquier caso (a la parte empresarial) la prueba de datos cuantitativos acerca del rendimiento cuestionado, pudiendo bastar para ello con una conducta del trabajador que afecte gravemente al rendimiento que venía demostrando, o que sea objetivamente muy inferior a la diligencia exigible a la persona que desarrolle su actividad en ese concreto puesto de trabajo; en estas ocasiones, el parámetro de medida puede ser la actividad laboral desarrollada antes de que se constate el inicio de la disminución del rendimiento, comparando el trabajo realizado en determinadas fechas, lo que puede resultar de menor dificultad en aquellos casos en los cuales el trabajo encomendado viene constituido por tareas rutinarias o repetitivas, pudiendo bastar para ello el abandono de la actividad pactado. En cambio, sí que cabe exigir a la empresa un término comparativo que sirva de referencia para poder sostener que la actora disminuyó su rendimiento, de tal manera que quepa imputar a la demandante disminución de su rendimiento».

STSJ de Galicia, rec. 3820/2021, de 11 de octubre de 2021, ECLI:ES:TSJGAL:2021:5629

«Para la aplicación de la causa de despido del artículo 54.2.e) del Estatuto de los Trabajadores, sobre disminución continuada y voluntaria en el rendimiento del trabajo normal o pactado, es necesario acreditar, además de las exigencias de gravedad y culpabilidad establecidas para todas las causas de despido disciplinario, una constatación de la disminución del rendimiento a través de un elemento de comparación dentro de condiciones homogéneas, bien con respecto a un nivel de productividad previamente delimitado por las partes —rendimiento pactado—, bien en función del que deba ser considerado debido dentro de un cumplimiento diligente de la prestación de trabajo y cuya determinación remite a parámetros que, siempre dentro de la necesaria relación de homogeneidad, pueden vincularse al rendimiento del mismo trabajador u otros compañeros de trabajo».

STSJ de Canarias n.º 1425/2020, de 28 de diciembre de 2020, ECLI:ES:TSJICAN:2020:3094

«(...) una disminución de como máximo el 6 % en el rendimiento del trabajador carece de la necesaria gravedad como para imputar la sanción de despido, pues no es proporcional. Además, dado que el trabajador asumía por primera vez la ruta en cuya cobertura se produjo la bajada en el rendimiento, resulta acreditada una causa justificada de tal descenso, y no debida a la voluntad del trabajador de no cumplir con su obligación de trabajo».

STS de 25 de enero de 1998, ECLI:ES:TS:1988:12891

«El artículo 54.2. e) del Estatuto de los Trabajadores establece que se considerará como un incumplimiento contractual a efectos de justificar el despido disciplinario a que se refiere el número 1 de este artículo, la disminución continuada y voluntaria en el rendimiento normal o pactado. Se requiere, por tanto, aparte de la voluntariedad y gravedad objetiva del incumplimiento y de su continuidad, que éste sea voluntario y su realidad pueda apreciarse a través de un elemento de comparación que opere dentro de condiciones homogéneas, bien con respecto a un nivel de productividad previamente delimitado por las partes (rendimiento pactado) o en función del que deba considerarse debido dentro de un cumplimiento diligente de la prestación de trabajo conforme al artículo 20.2 del Estatuto de los Trabajadores (rendimiento normal), y cuya determinación remite a parámetros que, siempre dentro de la necesaria relación de homogeneidad, pueden vincularse al rendimiento del mismo trabajador o de otros compañeros de trabajo».

STSJ de Extremadura n.º 431/2012, de 30 de julio de 2012, ECLI:ES:TSJEXT:2012:1239

Se considera improcedente el despido disciplinario por disminución del rendimiento del trabajador de un taller: ausencia de datos que pudieran servir de elemento comparativo homogéneo. Inexistencia de desobediencia del trabajador. Expediente contradictorio: requisitos para el despido de un representante legal de los trabajadores.

3.3.4. Absentismo laboral injustificado e impuntualidad

El art. 54.2.a) del Estatuto de los Trabajadores considera como justa causa para la extinción del contrato de trabajo «(...) las faltas repetidas e injustificadas de asistencia o puntualidad al trabajo», pero, el tenor del precepto estatutario **no determina la cuantificación numérica de la inasistencia para la tipificación del incumplimiento grave y culpable que justifique el ejercicio del poder resolutorio por el empleador.** De ahí que, nuevamente, haya tenido que ser la jurisprudencia la que deba interpretar el precepto aplicando todas las limitaciones que tratándose de un despido disciplinario hemos venido analizando:

- Las faltas de asistencia han de ser analizadas en la realidad, momento o motivación en que se han producido y con los efectos que causan.

- Ha de estudiarse específica o individualmente el caso concreto examinando, sin desconocer el factor humano, a fin de determinar, dentro del cuadro sancionador correspondiente, si en virtud de datos objetivos y subjetivos concurrentes procede o no la sanción, respondiendo a la exigencia de proporcionalidad y adecuación entre el hecho imputado y el comportamiento.

- La noción de gravedad ha de individualizarse en función de los actos realizados por el trabajador y los efectos que produce en el ámbito de la empresa.

- No se trata solo de la gravedad de la conducta en cuanto a repetición de las faltas, sino en el momento y efectos que producen. De ahí que la reiteración en la conducta negativa de faltas de asistencia y la naturaleza del perjuicio causado al todo empresarial, matiza y acusa la nota de gravedad del incumplimiento.

Las ausencias injustificadas al trabajo, como veremos, no necesariamente suponen una dimisión o abandono por parte del trabajador (que implicaría una baja en la seguridad social por parte de la empresa sin más), pudiendo ser necesario un despido disciplinario por incumplimiento de las obligaciones contractuales asumidas (art. 54 del ET).

CUESTIÓN

¿Una persona trabajadora puede negarse a ir a trabajar o viajar por miedo a un posible contagio de COVID-19?

El art. 21.2 de la Ley de Prevención de Riesgos Laborales, establece que: «(...) el trabajador tendrá derecho a interrumpir su actividad y abandonar el lugar de trabajo, en caso necesario, cuando considere que dicha actividad entraña un riesgo grave e inminente para su vida o su salud». Así que, si una persona trabajadora considera que está en riesgo, debería comunicar por escrito a la empresa su intención de no presentarse en el centro de trabajo por no considerar que se hayan tomado las medidas básicas de protección. Extendiéndose esta necesidad a los supuestos de pretender no realizar un viaje de empresa.

En caso de que la mercantil rechace su negativa a la incorporación, o a viajar, por entender que garantiza su seguridad con medidas óptimas, sería posible la imposición de una sanción o, incluso el despido disciplinario por absentismo injustificado.

Este tema ha sido tratado por las sentencias STSJ de Madrid n.º 518/2021, de 30 de junio de 2021, ECLI:TSJM:2021:8001; STSJ del País Vasco n.º 410/2020, de 9 de diciembre de 2020, ECLI:ES:TSJPV:2020:2692; STSJ de Galicia n.º 4081/2020, 1 de febrero de 2021, ECLI:ECLI:ES:TSJGAL:2021:547; STSJ de Galicia n.º 4081/2020, 1 de febrero de 2021, ECLI:ECLI:ES:TSJGAL:2021:547 y STSJ de Castilla y León, rec. 93/2021, de 1 de marzo 2021, ECLI:ES:TSJCL:2021:715.

Delimitación del concepto de faltas de asistencia

Dadas las múltiples situaciones, es necesario aclarar los supuestos que nos encontraremos y sus diferencias a la hora de entender finalizada la relación laboral (o proceder a la misma):

|| Dimisión o baja voluntaria del trabajador en la empresa

Para que exista dimisión, el desistimiento por parte del trabajador ha de ejercitarse mediante una **declaración de voluntad unilateral, constitutiva e irrevocable,** que, cumpliendo con las reglas de buena fe, ha de realizarse con el pertinente **preaviso.**

Como se ha citado, el art. 49.1.d) del Estatuto de los Trabajadores reconoce al trabajador la facultad de finalizar la relación de trabajo previamente constituida con su empleador mediante un acto voluntario y sin necesidad de alegar causa alguna.

El texto estatutario se limita a regular este supuesto como causa de extinción del contrato de trabajo por voluntad del trabajador, sin aportar más datos que los de la remisión al **convenio colectivo**, y en su defecto, a la **costumbre**, para la concreción del requisito del preaviso. No obstante, hemos de recalcar que **la dimisión consiste en una declaración unilateral de voluntad del trabajador dirigida al empresario, de poner fin a la relación laboral preexistente sin necesidad de aportar ninguna causa.**

Si el trabajador dimite el contrato se entiende resuelto sin necesidad de que el empresario despida.

CUESTIÓN

¿Qué sucede si el trabajador comunica su dimisión por WhatsApp?

Si los mensajes intercambiados a través de esta aplicación son suficientemente claros e ilustrativos de la intención de dimisión por parte del trabajador, estaríamos ante un medio válido de comunicación de su intención de dejar el trabajo.

Como algunos ejemplos analizados por los tribunales: STSJ de Madrid n.º 455/2015, de 1 de junio de 2015 y STSJ de Madrid, rec. 273/2017 de 8 de junio de 2017, ECLI:ES:TSJM:2017:6571.

RESOLUCIÓN RELEVANTE

SJS de Valencia n.º 296/2020, de 16 de noviembre de 2020, ECLI:ES:JSO:2020:4899

Según el JS que una trabajadora comunique que no puede realizar su actividad por cuidar de sus hijos ante las necesidades de conciliación surgidas por el impacto del COVID-19, no supone una conducta que revele necesariamente la voluntad extinguir el contrato, ni una clara voluntad de cesar, a pesar de no solicitar excedencia, reducción de jornada o la adaptación del horario.

‖ Abandono del trabajador

El abandono del trabajador no constituye una causa extintiva autónoma del contrato de trabajo, sino que debe ser entendida en el marco del art. 49.1.d) del ET, como un supuesto de dimisión defectuosa, por inobservancia del requisito del preaviso exigido.

Para que exista abandono del trabajo, al igual que sucede con la dimisión, ha de darse una manifestación explícita (expresa o tácita) de la voluntad del trabajador por dar por terminada la relación laboral.

Si hay abandono el contrato se entiende resuelto sin necesidad de que el empresario despida; si no lo hay, la ausencia del trabajador configura incumplimiento contractual justificativo de un despido disciplinario.

JURISPRUDENCIA

STS, rec. 2219/2004, de 17 de mayo de 2005, ECLI:ES:TS:2005:3145

Clasificación como dimisión o como despido del abandono de trabajo. «En efecto, de acuerdo con estas sentencias: 1) "la dimisión del trabajador no es preciso que se ajuste a una declaración de voluntad formal", bastando que "la conducta seguida por el mismo manifieste de modo indiscutido su opción por la ruptura o extinción de la relación laboral" (STS 21-11-2000, que cita STS 1-10-1990); 2) así, pues, la dimisión exige como necesaria una voluntad del trabajador "clara, concreta, consciente, firme y terminante, reveladora de su propósito", si bien en tal caso la manifestación se ha de hacer por "hechos concluyentes, es decir, que no dejen margen alguno para la duda razonable sobre su intención o alcance" (STS 10-12-1990); y 3) en concreto, las conductas de "abandono de trabajo" pueden ser unas veces simple falta de asistencia al trabajo y pueden tener otras un significado extintivo, dependiendo la inclinación por una u otra calificación del "contexto", de la "continuidad" de la ausencia, de las "motivaciones e impulsos que le animan" y de "otras circunstancias" (STS 21-11-2000, con cita de STS 3-6-1988)».

|| Inasistencia al trabajo sin justificación

Partiendo de la base de que la mayoría de las empresas descontarán al empleado las ausencias injustificadas, sería posible aplicar sanciones adicionales y más duras, como el despido disciplinario por faltas repetidas e injustificadas de asistencia, cuando las ausencias alcancen niveles de gravedad y culpabilidad suficientes.

CUESTIONES

1. ¿Cuántas faltas de asistencia o de puntualidad son necesarias para justificar un despido?

Para conocer cuántos **días de ausencia injustificada** implicarían un despido disciplinario será necesario acudir en primer lugar al convenio colectivo aplicable y ver la relación entre ausencias injustificadas y faltas graves o muy graves. En cualquier caso, siguiendo doctrina judicial, **una falta de asistencia injustificada de tres días consecutivos, parece ser suficiente para comunicar el despido**; y, en última instancia será el juzgado de lo social el que, atendiendo a la mayor o menor gravedad del incumplimiento, resuelva el caso concreto.

2. ¿Cuándo es sancionable la inasistencia al trabajo?

La inasistencia solo deja de ser sancionable (en el grado que se adecue a su entidad según la teoría gradualista de las sanciones) cuando queda justificada por parte del trabajo teniendo en cuenta dos elementos:

– Elemento material. Implica acreditar la existencia de una causa real e involuntaria que imposibilita al trabajador personarse en su puesto de trabajo para desarrollar la prestación de servicios.

– Elemento formal. Implica avisar a la empresa, a ser posible con carácter previo, de que la ausencia se va a producir, aviso previo que constituye un deber de buena fe a fin de que el empresario tenga oportunidad de adoptar las medidas organizativas tendentes a suplir la falta del trabajador. En caso de que el aviso previo no pudiera darse, por alguna razón objetiva, sería obligatorio, e inexcusable, informar después a la empresa de cuál fue el motivo que impidió la presentación en el trabajo. (STSJ de Galicia n.º 2220/2016, de 5 de abril, ECLI:ES:TSJGAL:2016:2672).

Si el trabajador no se presenta a trabajar sin manifestar de forma clara su intención de dejar la empresa, está incurriendo en ausencias injustificadas al trabajo, pero no en una dimisión. Por lo que será necesario realizar un despido disciplinario por incumplimiento de las obligaciones contractuales asumidas, pero no se trata de una baja voluntaria en la empresa.

3. ¿Las ausencias o faltas de puntualidad al trabajo motivadas por la situación física o psicológica derivada de las violencias sexuales pueden suponer la extinción del contrato de trabajo?

No, sería un despido nulo. Las ausencias o faltas de puntualidad al trabajo motivadas por la situación física o psicológica derivada de las violencias sexuales se

> considerarán justificadas y serán remuneradas cuando así lo determinen los servicios sociales de atención o servicios de salud, según proceda, sin perjuicio de que dichas ausencias sean comunicadas por la trabajadora a la empresa a la mayor brevedad [art. 38 de la Ley Orgánica 10/2022, de 6 de septiembre y art. 55.5.b) del ET].

|| Tolerancia a las ausencias por parte de la empresa

Si la empresa crea una conciencia de tolerancia sobre las ausencias de la persona trabajadora, tal conducta impide su posterior utilización para justificar el despido. De hacerlo de dicha forma, se atentaría a la buena fe y a la lealtad que se deben el trabajador y el empresario.

Un ejemplo lo encontramos en la reciente STSJ de Castilla y León, rec. 1398/2023, de 16 de octubre de 2023, ECLI:ES:TSJCL:2023:3810. En este fallo, el TSJ rechaza un recurso de suplicación interpuesto por una empresa de restauración que había despedido a un trabajador por ausentarse tres días de su puesto laboral. El juez considera que el encargado había creado una conciencia de tolerancia al responder «estupendo» a la comunicación vía WhatsApp del trabajador donde le informaba de que faltaría tres días al trabajo ya que no se encontraba bien.

y la empresa no puede posteriormente utilizar esa falta para justificar el despido. Por lo tanto, se ordena la readmisión del trabajador o el abono de una indemnización.

> «Iniciada una conversación de WhatsApp entre el actor y el representante de la empresa, este le preguntó si todo iba bien, al no haber acudido a trabajar. El actor le indicó que tenía lumbalgia, y que al día siguiente se incorporaba, así como que todo estaba preparado para dos eventos que tenían el fin de semana y le preguntaba por algunas compras para los mismos. El empresario le contestó "ok" y le indicó que las compras ya estaban hechas. El 7/10/22 el Sr. Emiliano le requirió, vía WhatsApp, el parte de baja médica, para pasarla a la gestoría, a lo que el demandante le indico que no había cogido baja porque su intención era haber vuelto el día 6, y porque la baja por lumbalgia hubiera sido de diez días y no hubiera podido estar para los eventos del fin de semana. Asimismo, le dijo al empresario que por su parte no habría problema en que le descontaran los tres días. El Sr. Emiliano le contestó: "ok". El demandante añadió que se reincorporará esa misma tarde, que no podía coger peso pero si andar bastante bien, que así estaría "organizando y controlando el pase y la brasa", y que estaba todo preparado. El Sr. Emiliano contestó: "estupendo"».

Para la sala de lo social, lo relatado implica una actitud tolerante por parte de la empresa, ya que el actor efectivamente se reincorporó el día indicado y cubrió todo el trabajo del fin de semana, no exento de molestias, necesitando la ayuda de sus compañeros. «El "ok" y "estupendo" recibido por parte de la empresa, otorgó al trabajador la confianza suficiente en la justificación que había prestado, cumpliendo debidamente su palabra de reincorporarse al día siguiente».

Delimitación del concepto de faltas de puntualidad

Será necesario seguir lo establecido en convenio colectivo para limitar este precepto.

Centrándonos en la injustificada falta de puntualidad en la asistencia al trabajo, a modo general los convenios colectivos definirán el retraso como leve, grave o muy grave, y solo la reincidencia supondrá la justificación del despido. Lo recomendable será una o varias advertencias antes del despido y valorar la gravedad del caso.

A modo de ej., la STSJ Asturias n.º 1715/2022, de 28 de julio de 2022, ECLI:ES:TSJAS:2022:2439, ha entendido que llegar tarde 176 veces en seis meses no justifica el despido al no haber amonestado previamente a la empleada para que cambiara su conducta.

Procedimiento para despedir al trabajador ante ausencias injustificadas

Si el empresario se encuentra con reiteradas faltas de asistencia sin justificación, en primer lugar, la empresa debe **requerir al trabajador su incorporación inmediata y la justificación de sus ausencias**, advirtiéndole de las medidas disciplinarias que tomará (despido) en caso de continuar con su actitud. **Si el trabajador hace caso omiso de la advertencia, será cuando se recomiende proceder al despido disciplinario.**

En el supuesto de que el empresario pretenda proceder al despido del trabajador basado en un incumplimiento contractual grave y culpable (art. 54 del ET), podrá alegar **«faltas repetidas e injustificadas de asistencia al trabajo»**.

El plazo para imponer la sanción de despido **por faltas muy graves es de 60 días desde la fecha en que la empresa tuvo conocimiento de su comisión** y, en todo caso, a los 6 meses de haberse cometido.

Deberá ser **notificado** al trabajador por escrito (carta de despido), en el que han de constar los hechos que lo motivan y la fecha en que tendrá efecto. Siendo a partir de este momento cuando empiece a computarse el plazo para la reclamación: 20 días hábiles, sin perjuicio de que el trabajador pueda formularla desde la fecha de comunicación.

Para el despido de un afiliado a un sindicato debe seguirse el trámite de audiencia previa del delegado sindical, si lo hubiere, y al empresario le constare tal afiliación.

CUESTIONES

1. ¿Cómo actuar en caso de que la persona trabajadora no aparezca a trabajar?

La ausencia injustificada al trabajo, como se ha analizado, debe ir acompañada de una clara intención por parte del mismo de extinguir su relación laboral para operar sin otro trámite que la comunicación de extinción por parte de la empresa y la baja en el Seguridad Social. Reiterando lo anterior, en caso de una mínima duda sobre la existencia o no de dimisión o abandono, deberá **requerirse por escrito (en el domicilio que conste de no ser posible físicamente) la vuelta al trabajo** junto con la justificación de las ausencias. Si el trabajador no da señales, o no justifica su ausencia, en un plazo razonable (tres días según doctrina) podría realizarse un despido disciplinario por faltas repetidas e injustificadas de asistencia al trabajo procediendo a liquidar cualquier deuda mediante finiquito y su baja en la Seguridad Social con fecha de efectos del despido.

2. La carta remitida por la empresa al trabajador comunicando el fin de la relación laboral, ¿justifica sin más la existencia de dimisión?

Si mandamos una carta al trabajador dando por terminada la relación laboral por entender sus ausencias como abandono de su puesto, en lugar de efectuar un despido disciplinario, estaríamos dando por terminada la relación laboral sin tener otra prueba de la intención manifiesta y concluyente del trabajador de dimitir o abandonar que la recepción de la comunicación mandada. En este caso, un Juzgado de Social podría entender que el despido es improcedente ya que **la recepción de una notificación no supone una voluntad manifestada o un acto concluyente por parte del trabajador. Lo dicho, en caso de dudas mejor realiza un despido disciplinario tras requerir justificación.** (STSJ de Madrid n.º 220/2012, de 21 de marzo, ECLI:ES:TSJM:2012:1091).

RESOLUCIONES RELEVANTES

STSJ de Comunidad Valenciana n.º 1539/2000, de 29 de marzo, ECLI:ES:TSJCV:2000:2684

La conducta del trabajador de no incorporación a su puesto durante dos días constituye una presunción de abandono o dimisión del mismo que no ha sido destruida, pues ninguna justificación o razón de tal comportamiento se ha formulado por parte del trabajador.

ATS, rec. 834/1999, de 21 de noviembre de 2000, ECLI:ES:TS:2000:5768A

El trabajador tuvo un comportamiento que no se puede identificar con una voluntad tácita de desistimiento. Tras un proceso de incapacidad temporal y unas actuaciones administrativas sobre invalidez permanente, en las que se estableció la ausencia de inhabilidad laboral, tardó unos diecinueve días en acudir a la empresa, informar de su situación y manifestar su deseo de reincorporación. La tardanza se debió a que, según información recibida en el INSS, disponía de un mes para llevar a cabo esas operaciones tendentes a su reinstalación. En estas condiciones, es imposible entender que nos encontramos ante un desistimiento tácito. Al ser así, y no haber activado la empresa mecanismo formal alguno tendente a la extinción disciplinaria, frente a un vínculo cuya vigencia se mantenía, incidió en una situación de despido improcedente.

STSJ de Comunidad Valenciana n.º 2725/1999, de 15 de septiembre, ECLI:ES:TSJCV:1999:5741

No cabe despido sino extinción voluntaria del trabajador ya que fueron emplazados por sendos telegramas para que se reincorporaran al trabajo haciendo caso omiso a los mismos.

STSJ de Extremadura n.º 340/2014, de 11 de junio, ECLI:ES:TSJEXT:2004:1018

La negativa del trabajador a reincorporarse tras la decisión unilateral del empresario de dejar sin efecto el despido no supone abandono.

STSJ de Castilla y León, rec. 536/2016, de 2 de abril de 2016, ECLI:ES:TSJCL:2016:2214

No existe dimisión al no poder obligar al trabajador a mantener unas condiciones de trabajo que sean contrarias a su dignidad, a su integridad, y que puedan implicar un grave perjuicio patrimonial o una pérdida de opciones profesionales. Se cumplen los requisitos para que prospere la causa resolutoria basada en «la falta de pago o retrasos continuados en el abono del salario pactado».

STS, rec. 979/2012, de 14 de febrero de 2013, ECLI:ES:TS:2013:1125

Señala que «la *ratio decidendi* de las sentencias comparadas no es lo dilatado de la ausencia, sino si la misma supone la voluntariedad de la ausencia al trabajo y, en consecuencia si resulta o no aplicable el artículo 49.1 d) ET dimisión del trabajador», concluyendo que «si bien está acreditado que la demandada no procedió a despedir al actor es lo cierto que dio por extinguido el contrato por abandono del puesto de trabajo en los términos previstos en el artículo 49.1 d) del Estatuto de los Trabajadores, desde el momento en el que existió sentencia penal condenatoria, resultando dicho abandono, en primer lugar, de la falta de justificación de la ausencia al trabajo durante un periodo de trece años y, en segundo lugar, del hecho de que durante dicho periodo el actor en ningún momento se puso en contacto con la empresa».

STSJ de Galicia, rec. 95/2016, de 13 de marzo, ECLI:ES:TSJGAL:2016:1625

Probada por la empresa la ausencia laboral del trabajador con la frecuencia y en el período descritos, y no acreditada por este su justificación, se configura una realidad que no le impidió comparecer a su actividad profesional y que, al tiempo, revela la voluntariedad exigida para imponer la máxima sanción disciplinaria, apuntado a su deseo de extinguir la relación con la demandada, sin que en ningún momento posterior inmediato conste debidamente acreditada la intención de reintegrarse al trabajo y que pudiera obligar a la empresa a notificarle la fecha y el lugar de reincorporación.

STSJ de Extremadura n.º 352/2007, de 29 de mayo, ECLI:ES:TSJEXT:2007:999

Se desestima el recurso de suplicación interpuesto contra la sentencia del Juzgado de lo Social n.º 1 de Badajoz sobre despido disciplinario. Se considera justa causa para que el empresario pueda extinguir el contrato de trabajo, las faltas repetidas e injustificadas de asistencia o puntualidad al trabajo, pero no se determina la cuantificación numérica de la inasistencia para la tipificación del incumplimiento grave y culpable que justifique el despido. La trabajadora había acordado con el empresario el disfrute de las vacaciones en el mes de septiembre, pero no volvió hasta el 9 de octubre. La conducta de la trabajadora no entrañó la gravedad y culpabilidad suficientes para imponer el despido, puesto que a la empresa le constaba tal circunstancia, sin que pusiera traba ninguna a la demandante ni le advirtiera de la falta en que podía incurrir debido al retraso en la incorporación al trabajo.

3.3.5. Acoso laboral o *mobbing* como motivo del despido disciplinario

Consideración de acoso laboral a efectos de ser susceptible de despido disciplinario

El art. 54.g) del ET regula como merecedora del despido disciplinario «el acoso por razón de origen racial o étnico, religión o convicciones, discapacidad, edad u orientación sexual y el acoso sexual o por razón de sexo al empresario o a las personas que trabajan en la empresa».

El acoso laboral podría definirse como una situación de hostigamiento que sufre un trabajador sobre el que se ejercen conductas de violencia psicológica y que le conducen al extrañamiento social en el marco laboral, le causan enfermedades psicosomáticas y estados de ansiedad y, en ocasiones, provocan que abandone el empleo al no poder soportar el estrés al que se encuentra sometido. En su **vertiente disciplinaria** hemos de analizar la lógica activación del poder de dirección sobre las personas trabajadoras que realicen este tipo de comportamientos, o los consientan, enmarcada en la transgresión de la buena fe contractual, así como el abuso de confianza en el desempeño del trabajo.

A TENER EN CUENTA. Vertiente distinta a la tratada sería la posible acción del trabajador en caso de acoso laboral o mobbing por parte empresarial, donde existirían tres posibles vías: a) solicitar la rescisión del contrato por voluntad del trabajador por graves incumplimientos contractuales del empresario (lo que implicaría la misma indemnización que por despido improcedente y la situación legal de desempleo); b) solicitar una indemnización de daños morales o psíquicos; y c) utilizar el procedimiento por violación de los derechos fundamentales (art. 181 de la LJS).

Ante la situación de acoso, y en función de la gravedad de las conductas, se regulan, habitualmente de forma paralela a la regulación colectiva, sanciones disciplinarias como (*Protocolo para la prevención y el tratamiento del acoso sexual y/o por razón de sexo en el trabajo. Paso a paso*. Colex. Año 2021):

- **Suspensión de empleo y sueldo**: la suspensión del contrato de trabajo por motivos disciplinarios se recoge en los arts. 20, 45 y 58 del ET. Mientras se mantenga esta situación cesarán las obligaciones de trabajar y de remuneración y el trabajador se encontrará en situación asimilada al alta a efectos de cotización.

- **Despido disciplinario**: la última de las causas a las que se refiere el art. 54 del ET como merecedora del despido disciplinario es «(...) el acoso por razón de origen racial o étnico, religión o convicciones, discapacidad, edad u orientación sexual y el acoso sexual o por razón de sexo al empresario o a las personas que trabajan en la empresa».

- **Traslado forzoso o movilidad funcional o inhabilitación para el ascenso/promoción profesional durante un período de tiempo**: a pesar de ser una opción más usual en las administraciones públicas, fuera de la movilidad funcional ordinaria previstas en el art. 39 del ET distintos convenios permiten el traslado por motivos disciplinarios a otro centro de trabajo o la inhabilitación para el ascenso profesional durante un período de tiempo.

- **Cambio de turno de trabajo**.

- Otras sanciones previstas en la normativa.

Como en todo despido disciplinario, **debe ser el empresario quien pruebe la existencia de la causa que alega como motivo del despido**, y, como sanción que es, supone la aplicación de los reiterados principios de culpabilidad, gravedad y proporcionalidad para su aplicación, valorando los antecedentes y circunstancias concurrentes en relación a la conducta de la persona trabajadora.

Cabe destacar la SJS Castellón de la Plana, rec. 915/2014, de 11 de abril de 2016, ECLI:ES:JSO:2016:2, cuando establece:

> «(...) como suele ocurrir en estos casos, la única prueba directa incriminatoria es la declaración **testifical** de la alumna. Tanto la doctrina del TC (SSTC 201/1989, 173/1990, 229/1991, entre otras) como del Tribunal Supremo (SSTS 17-1-1991, 29-4-1997, 29-9-2000, 23-10-2000 y 11-5-2001), ha reconocido reiteradamente que las **declaraciones de la víctima o perjudicado son hábiles** —incluso para desvirtuar la presunción de inocencia cuando deba aplicarse en un proceso penal—, aunque cuando es la única prueba exigirá una cuidada y prudente ponderación de su credibilidad en relación con todos los factores objetivos y subjetivos que concurran en la causa. Se han señalado también por la Sala 2.ª del TS, las notas que deberán darse en las declaraciones de las víctimas para dotarlas de plena fiabilidad como prueba de cargo, y que son:
>
> 1) Ausencia de incredibilidad subjetiva derivada de las relaciones acusado-víctima, anteriores a los hechos de autos, que pudiera conducir a la deducción de la concurrencia de un móvil de resentimiento o enemistad que privara al testimonio de la aptitud para generar el estado subjetivo de certidumbre en que la convicción jurídica estriba.
>
> 2) Verosimilitud de las imputaciones vertidas.
>
> 3) Corroboraciones periféricas de carácter objetivo de tales imputaciones.
>
> 4) Persistencia de la incriminación, que, si es prolongada en el tiempo, deberá carecer de ambigüedades y contradicciones».

No pocas dudas deja el texto estatutario sobre la **delimitación del acoso a efectos del despido**, limitándose simplemente a relacionarlo con aspectos referidos al origen racial o étnico, religión o convicciones, discapacidad, edad u orientación sexual del acosado. En ese sentido, cualquier conducta, comportamiento físico o verbal manifestado, actos, gestos o palabras, comportamiento, roces, besos, proposición de relaciones sexuales, abuso o agresión sexual, pueden ser susceptibles de entrar en esta consideración, necesitando su análisis judicial individualizado.

Y por lo que se refiere al **acoso sexual o por razón de sexo,** su definición la encontramos en el art. 7.1 de la Ley Orgánica para la igualdad efectiva de mujeres y hombres como «(...) cualquier comportamiento, verbal o físico, de naturaleza sexual que tenga el propósito o produzca el efecto de atentar contra la dignidad de una persona, en particular cuando se crea un entorno intimidatorio, degradante u ofensivo».

Por su parte, el artículo 2.2 de la Directiva 2006/54/CE del Parlamento Europeo y del Consejo, de 5 de julio de 2006, define:

> «c) «acoso»: la situación en que se produce un comportamiento no deseado relacionado con el sexo de una persona con el propósito o el efecto de atentar contra la dignidad de la persona y de crear un entorno intimidatorio, hostil, degradante, humillante u ofensivo;

d) «acoso sexual»: la situación en que se produce cualquier comportamiento verbal, no verbal o físico no deseado de índole sexual con el propósito o el efecto de atentar contra la dignidad de una persona, en particular cuando se crea un entorno intimidatorio, hostil, degradante, humillante u ofensivo».

En el acoso por razón de sexo, este comportamiento está relacionado con el sexo de una persona y, en el acoso sexual, el comportamiento puede ser verbal, no verbal o físico y, siempre de índole sexual. Como puede observarse, a diferencia del concepto de acoso por razón de sexo y de acoso sexual que se contiene en la directiva comunitaria, en la Ley para la igualdad no se adiciona al comportamiento que produce esta consecuencia la expresión «no deseado», lo que, en rigor, supone que el legislador español amplía el concepto de acoso, que es perfectamente admisible, ya que la directiva solo contiene unos mínimos que han de respetarse por los Estados miembros, por lo que estos pueden mejorar la situación de los trabajadores. (SJS A Coruña n.° 23/2017, de 23 de enero, ECLI:ES:JSO:2017:1).

En paralelo, podemos hablar de acoso discriminatorio, por cualquier conducta realizada por razón de alguna de las causas de discriminación previstas en la Ley 15/2022, de 12 de julio, integral para la igualdad de trato y la no discriminación, con el objetivo o la consecuencia de atentar contra la dignidad de una persona o grupo en que se integra y de crear un entorno intimidatorio, hostil, degradante, humillante u ofensivo.

CUESTIONES

1. ¿Cómo distinguir una situación de acoso sexual, acoso moral y *mobbing*?

El acoso moral no debe ser confundido con el acoso sexual o acoso por razón de sexo. Así, se entiende por acoso moral toda conducta, práctica o comportamiento, realizada en el seno de una relación de trabajo, que suponga directa o indirectamente un menoscabo o atentado contra la dignidad de la persona trabajadora, a quién se intenta someter emocional y psicológicamente de forma violenta u hostil, y que persigue anular su capacidad, promoción profesional o su permanencia en el puesto de trabajo, afectando negativamente al entorno laboral.

Para saber si se sufre una situación de acoso sexual se debe atender al criterio establecido por la Organización Internacional del Trabajo (OIT) en su Convenio 111 y la Recomendación de las Comunidades Europeas 92/131, de 27 de noviembre de 1991, que establecen que se tiene que dar tres situaciones:

- Un comportamiento de carácter sexual.

- Es indeseada, irrazonable y ofensiva para la persona objeto de esta.

- Dicha conducta crea un entorno laboral intimidatorio, hostil y humillante para la persona que es objeto de ella (Manual de referencia para la elaboración de procedimientos de actuación y prevención del acoso sexual y del acoso por razón de sexo en el trabajo. Ministerio de Sanidad Servicios Sociales e Igualdad).

2. ¿Es necesaria la reiteración del acoso laboral para justificar el despido disciplinario?

A diferencia de otras causas enumeradas en el art. 54 del ET, en este caso, no se exige que la conducta acosadora sea habitual o reiterada. Una sola actuación del trabajador constitutiva de acoso daría lugar a su despido en función de la gravedad de la falta imputada.

3. El acoso sexual fuera del centro y tiempo de trabajo, ¿justifica el despido disciplinario?

Para que un acto de violencia o acoso entre compañeros de trabajo sea susceptible de llevarse al ámbito laboral (como desencadenante de un despido disciplinario), es preciso que tenga conexión funcional por el trabajo y que coincida en tiempo y lugar de realización del mismo.

Según la STSJ de Andalucía n.º 770/2018, de 22 de marzo, ECLI:ES:TS-JAND:2018:7532, el acoso sexual, como modalidad agravada de las ofensas verbales o físicas al empresario o a las personas que trabajan en la empresa, parte del propio ámbito laboral como causa y lugar de realización de las conductas, de modo que mediante el aprovechamiento de dicho espacio de convivencia o con ocasión de las relaciones personales que se producen en el mismo, se efectúan conductas atentatorias contra la integridad sexual del empresario u otros trabajadores, ya sea mediante la utilización de expresiones o propuestas libidinosas o la realización de tocamientos o actos lúbricos no consentidos:

«En el presente caso, en atención al momento y lugar en el que constan producidos los hechos relatados en la carta de despido, a saber, en la vía pública a primera hora de la mañana y tras dejar la trabajadora a su hijo en el colegio, no existe relación temporal o espacial entre la conducta vejatoria del demandante y la relación laboral compartida, al margen, como se pone de manifiesto en la sentencia impugnada, del mero conocimiento entre ambos generado en el centro de trabajo, sin que pueda deducirse de dicha sola circunstancia que la referida extralimitación tuvo lugar con ocasión del trabajo o con aprovechamiento de la prestación laboral.

Del mismo modo, la referida ajenidad al ámbito laboral impide sancionar la citada conducta conforme al artículo 47 del Convenio de aplicación, al exigir que las infracciones sean constitutivas de un incumplimiento contractual culpable del trabajador, tal y como se razona en la sentencia impugnada».

4. ¿Es obligatorio tener un protocolo de acoso en la empresa?

Todas las empresas, con independencia de su tamaño tienen la obligación legal de establecer medidas de actuación, protección y prevención frente al acoso sexual y por razón de sexo, cuyo incumplimiento supone una infracción del ordenamiento jurídico (art. 48 de la LOI, ET, EBEP, LPRL, arts. 40 y 46 de la LISOS y Real Decreto 901/2020, de 13 de octubre).

5. ¿Ha de cumplir algún requisito especial la carta de despido cuando se aluda incumplimientos relacionados con el acoso?

No se especifica. Será suficiente con cumplir los requisitos generales exigidos. (STSJ de Andalucía n.º 2377/2017, de 6 de septiembre de 2017, ECLI:ES:TS-JAND:2017:8544).

RESOLUCIONES RELEVANTES

STSJ de Murcia, rec. 112/2023, de 13 de octubre de 2023, ECLI:ES:TSJMU:2023:205

El TSJ entiende que no hace falta que la víctima manifieste el carácter indeseado de la conducta. En su recurso, el trabajador despedido mantenía que los hechos relatados en la carta de despido no constituirían una conducta de acoso sexual, restando valor a los comentarios de índole sexual hacia la trabajadora que objeto de tocamiento y aludiendo a que las mujeres del equipo habían asumido sus groserías.

Sin embargo, el TSJ de Murcia ha rechazado esta alegación, explicando que, aun cuando la conducta estuviera desprovista de intencionalidad sexual, «(...) no deja de ser degradante, ofensiva y atentatoria a la dignidad de la trabajadora»:

«(...) es posible definir como acoso sexual el constante y continuado trato vejatorio al que somete a algunas compañeras con comentarios subidos de tono, de carácter sexual o machista, que, aunque puedan ser vividos por usted como algo "gracioso", o realizado en plan de "broma", es algo que resulta objetivamente repugnante y que no puede ser consentido en ningún lugar de trabajo».

STSJ de Madrid, rec. 859/2022, de 26 de enero del 2023, ECLI:ES:TSJM:2023:700

Confirma el despido de un trabajador por acoso sexual mediante el envío de mensajes obscenos por WhatsApp a una compañera:

«El comportamiento del demandante ha consistido en una reiteración e insistencia en llamadas, en horario de trabajo y fuera del mismo, y envío de mensajes a través de whatsapp a una compañera de trabajo con la que no compartía turno, únicamente coincidían en el cambio de turno, por la que mostraba interés, que son percibidos por la trabajadora de manera negativa; la insistencia en los mensajes y llamadas por estar enamorado de ella es la hace que se sienta incómoda y con miedo en una ocasión cuando el demandante golpea la mesa con un puño; era insistente y en una ocasión se molestó porque un amigo de Palmira acudió al centro de trabajo a buscarla.

Estamos ante una solicitud a la trabajadora mediante el empleo de expresiones como "me tienes loquito", "estás muy buena", o proponerle irse de vacaciones, irse a vivir juntos, hacer regalos, mostrar celos respecto de su pareja.

Los whatsapp pone de manifiesto que la trabajadora le dice que no persista en las llamadas y mensajes, como el demandante se disculpa pero vuelve a insistir, generando desasosiego hasta el punto de sentirse intimidada en el episodio del puñetazo encima de la mesa por una cuestión de celos. Estas actitudes persistentes y contra la voluntad de la trabajadora suponen una falta de respeto a la integridad física y moral de la misma, que hacen que el despido deba declararse procedente y convalidar la decisión extintiva, como ha entendido la juzgadora de instancia».

STSJ de Madrid n.º 470/2018, de 3 de mayo, ECLI:ES:TSJM:2018:4656

«(...) en el caso enjuiciado no hay hechos, entre los declarados probados, que permitan concluir que la actora hubiera sufrido un acoso laboral con independencia de que el ambiente laboral fuera conflictivo, pues la conflictividad laboral no es sinónimo de acoso laboral y no todo ejercicio abusivo de las potestades y poder de dirección del empleador puede calificarse de acoso ni tal hostigamiento, pues las tensiones derivadas del trabajo por cuenta ajena, propias de las connaturales imposiciones de orden y disciplina que acontece en la organización empresarial, no pueden recibir la calificación, sin más, de acoso moral en el trabajo, ni tampoco una mera discrepancia, contrariedad o tensión generada en el trabajo o por el trabajo puede calificarse como "mobbing". Y en el presente supuesto, como antes ya hemos indicado partiendo de los hechos declarados probados en la sentencia recurrida no queda probado que la actora hubiera venido sufriendo un acoso laboral».

STSJ de Extremadura n.º 122/2018, de 1 de marzo, ECLI:ES:TSJEXT:2018:232

Se revoca la declaración de procedencia del juzgado de lo social y determina que el despido es improcedente «(...) en relación con los hechos acreditados y a su vez con la resolución de despido, no debe entenderse que los hechos posean una relevancia tal como para ser susceptibles de una decisión tan importante como es la de despido. En la resolución se realizan apreciaciones subjetivas de lo ocurrido, pero lo cierto es que los hechos se centran en algunas expresiones que en el contexto de lo sucedido y dada las competencias de quien las emite, no deben entenderse como de una gravedad suficiente, no son objetivamente amenazadoras de gravedad, no se usan expresiones tildadas de menospreciantes. La ausencia de disculpa puede ser tachada como arrogante en su caso, pero por determinada actitud, tampoco debe encuadrarse como de la gravedad suficiente como para acarrear la solución adoptada. Por otra parte el resto de acciones descritas, no suponen objetivamente y sin perjuicio de la apreciación subjetiva de la destinataria, acciones de tal calibre, que provoquen miedo y sicosis».

STS, rec. 622/2003, de 25 de octubre de 2005, ECLI:ES:TS:2005:6488

Acoso sexual lo suficiente grave, ofensivo, desconsiderado y susceptible de crear un ambiente hostil incómodo y desagradable (en consonancia con STSJ Cataluña n.º 8038/2001, de 22 de octubre de 2001, ECLI:ES:TSJCAT:2001:12658, STSJ Madrid n.º 42/2010, de 28 de enero de 2010, ECLI:ES:TJM:2010:470 y STSJ Madrid n.º 49/2010, de 26 de enero de 2010, ECLI:ES:TSJM:2010:421).

STSJ de Andalucía n.º 2377/2017, de 6 de septiembre, ECLI:ES:TSJAND:2017:8544

«En el acoso por razón de sexo, este comportamiento está relacionado con el sexo de una persona y, en el acoso sexual, el comportamiento puede ser verbal, no verbal o físico y, siempre de índole sexual. Como puede observarse, a diferencia del concepto de acoso por razón de sexo y de acoso sexual que se contiene en la Directiva Comunitaria, en la Ley para la Igualdad no se adiciona al comportamiento que produce esta consecuencia la expresión "no deseado", lo que, en rigor, supone que el legislador español amplía el concepto de acoso, que es perfectamente admisible, ya que la Directiva sólo contiene unos mínimos que han de respetarse por los Estados miembros, por lo que éstos pueden mejorar la situación de los trabajadores».

Canal de denuncias y protección frente al acoso sexual y del acoso por razón de sexo

Antes de analizar los canales de denuncias (punto 5.7 de la obra) es importante (ante la actualidad de la materia) hacer constar que, en relación con el acoso sexual y el canal de denuncias externo, la Ley orgánica 3/2007, de 22 de marzo, para la igualdad efectiva de mujeres y hombres, la Ley Orgánica 10/2022, de 6 de septiembre, de garantía integral de la libertad sexual y múltiples normas de las distintas comunidades autónomas reguladoras de la igualdad prescriben la obligación de arbitrar procedimientos específicos para prevenir y para dar curso a las denuncias o reclamaciones que puedan formular las personas que hayan sido objeto de acoso (a modo de ejemplo, artículo 5 de la Ley 17/2015, de 21 de julio). (*Protocolo para la prevención y el tratamiento del acoso sexual y/o por razón de sexo en el trabajo. Paso a paso*. Colex. 2021).

3.3.6. Embriaguez o toxicomanía habitual como causa del despido disciplinario

Los tribunales han considerado necesario probar la embriaguez o toxicomanía habitual para la consideración de un despido disciplinario por este motivo como procedente.

Sin entrar a valorar la posible repercusión negativa en el trabajo, los tribunales han considerado necesario probar la embriaguez/toxicomanía habitual para la consideración de despido disciplinario por este motivo como procedente.

A la hora de concretar los efectos que la embriaguez —o toxicomanía— tienen sobre el trabajo existen dos tendencias doctrinales, tal y como manifiesta la STSJ de Andalucía n.º 1061/2000, de 9 de junio de 2000, ECLI:ES:TSJAND:2000:8643:

– La primera consiste en **analizar las circunstancias del caso**, de manera que si no se acredita la repercusión negativa, aunque dichas conductas sean habituales, el despido se declarará —con toda probabilidad— improcedente. Dicha repercusión se puede manifestar de diferentes maneras pero, en general, casi siempre implica una disminución del rendimiento, porque se realiza menos trabajo del encomendado o se lleva a cabo una ejecución defectuosa. Junto a los supuestos de disminución del rendimiento, también es frecuente que los tribunales aprecien la existencia de una repercusión negativa en el trabajo cuando, como consecuencia de la embriaguez habitual o toxicomanía del trabajador, aumenta el riesgo potencial o real de que sufra algún tipo de accidente o lesión él o terceras personas, debido a las características del puesto de trabajo desempeñado.

– La segunda, **examinar las consecuencias lógicas de la habitualidad**. Si el trabajador se embriaga frecuentemente, esta circunstancia necesariamente va a repercutir de un modo desfavorable en el trabajo. De este modo, no se exige una efectiva verificación de la repercusión negativa sino que *a priori* se entiende que la embriaguez es incompatible con el buen desempeño de las funciones encomendadas al trabajador. Esta última postura puede ser aplicada si la embriaguez se produce durante el trabajo, pues el embriagado habitual –o el toxicómano– no pueden rendir como el trabajador que se encuentra en condiciones normales, pero no debería emplearse cuando tiene lugar fuera del mismo. Si la embriaguez se produce fuera del trabajo lo lógico es constatar los dos elementos exigidos por el art. 54.2.f) del Estatuto de los Trabajadores, pues de presumirse la repercusión negativa en el trabajo por la simple existencia de habitualidad, esta causa de despido quedaría sin sentido y la embriaguez habitual o toxicomanía pasaría a funcionar como un caso de «falta de rendimiento objetiva con independencia de la voluntad del trabajador en la misma». (STSJ de las Islas Baleares n.º 598/2012, de 12 de noviembre de 2012, ECLI:ES:TSJBAL:2012:1394, y STSJ de Cantabria n.º 1268/1999, de 7 de diciembre de 1999, ECLI:ES:TSJCANT:1999:1823).

Repercusión negativa en el trabajo de la embriaguez o toxicomanía

La embriaguez o toxicomanía, siempre que repercuta negativamente en el trabajo, es una causa autónoma de despido disciplinario. (STSJ de las Islas Canarias n.º 835/2016, de 11 de noviembre de 2016, ECLI:ES:TSJICAN:2016:3801).

En cuanto a la repercusión negativa en el trabajo, no le basta al empresario acreditar la toxicomanía (o embriaguez) de la persona trabajadora, sino que está obligado a demostrar de modo fehaciente que repercute negativamente sobre el trabajo, ya que de no hacerse así, sería inviable la convalidación del despido. No obstante, el Tribunal Supremo ha admitido que en determinadas profesiones, por su peligrosidad (marina mercante o el transporte público, especialmente de viajeros), debe atemperarse lo expuesto, por cuanto los incumplimientos examinados provocan ordinariamente repercusiones negativas en el trabajo. En otras palabras, existen algunos trabajos incompatibles objetivamente con la toxicomanía.

Desde otra perspectiva, la carga de la prueba sobre los hechos constitutivos de la demanda (el hecho del despido) corresponde a la parte demandante y, una vez acreditado este, correspondería a la parte demandada acreditar los hechos que conllevarían la procedencia del mismo.

RESOLUCIÓN RELEVANTE

STSJ de Murcia n.º 246/2023, de 14 de marzo del 2023, ECLI:ES:TSJMU:2023:304

«(...) no es posible establecer la cerveza que consumió el trabajador, que no consta que le afectara para nada en su conducta productiva, que tampoco consta que sobrepasase los límites de alcohol para la conducción, que la toma de las citadas cervezas fue acompañada del almuerzo o la comida del accionante, que las cervezas tomadas casi siempre lo fueron por varios compañeros; que a otro trabajador a quien se le hizo la misma imputación solo se le sancionó con veinte días de suspensión de empleo y sueldo, sin que la Sentencia contenga una explicación sobre tal diferencia de trato; procede estimar el recurso de suplicación y, declarar la improcedencia del despido con condena a la empresa a la opción legal, de acuerdo a lo establecido en los artículos 54 y 55 del ET y 108 y 110 de la LRJS, ello por considerar que en la conducta del actor no se produjo trasgresión de la buena fe contractual que era la única causa que llevó al Juzgador, tras descartar la embriaguez o toxicomanía, a declarar la improcedencia del despido».

Habitualidad: conducta reiterada de embriaguez o toxicomanía

«La habitualidad implica necesariamente un hábito en la conducta del trabajador, ya que, como dijimos, de tratarse de una conducta esporádica o puntual no alcanzaría las exigencias necesarias para justificar el despido, exigiendo una persistencia, un cierto enraizamiento en la vida del individuo, es decir una más o menos continuidad en la práctica de que se trate, aunque con intervalos más o menos regulares. No es suficiente con su ocurrencia en contadas ocasiones para configurarla como causa de despido disciplinario (sentencia del Tribunal Supremo de 4 de febrero de 1984). Por consiguiente, el empresario debe acreditar, no solo la embriaguez o la toxicomanía del trabajador, sino que debe acreditar, así mismo, que se trata de una conducta reiterada (STS 1 de julio de 1988)». (STSJ de las Islas Canarias n.º 835/2016, de 11 de noviembre de 2016, ECLI:ES:TSJICAN:2016:3801).

CUESTIONES

1. ¿Cuándo existe toxicomanía a efectos de justificar el despido disciplinario?

Por toxicomanía ha de entenderse el hábito patológico de intoxicarse con sustancias que procuran sensaciones agradables o que suprime el dolor (diccionario de la RAE), refiriéndose, por tanto, a los casos de drogodependencia. Si bien para la toxicomanía no se recoge de forma expresa el requisito de habitualidad, al igual que con la embriaguez, implica necesariamente un hábito, ya que el simple consumo de drogas cuando no es habitual no puede considerarse propiamente una toxicomanía y debe quedar al margen de esta causa de despido.

De tal forma, para que la toxicomanía pueda ser sancionada con la máxima sanción disciplinaria, el despido, han de acumularse las notas de habitualidad (intrínseca en la toxicomanía) y la repercusión negativa en el trabajo, ya que la falta de alguna de dichas notas atenuaría la facultad disciplinaria del empresario.

2. ¿Es posible despedir a una persona trabajadora por embriaguez si a otro trabajador por los mismos hechos solo se le impone una sanción inferior?

Analizando una cuestión como la planteada, la STSJ de Murcia n.º 246/2023, de 14 de marzo de 2023, ECLI:ES:TSJMU:2023:304, entiende (junto a otros parámetros que hacen considerar la sanción de despido como excesiva) que no procede el despido:

«(...) a otro trabajador a quien se le hizo la misma imputación solo se le sanciono con veinte días de suspensión de empleo y sueldo, sin que la Sentencia contenga una explicación sobre tal diferencia de trato (...)»

3. ¿Puede la empresa establecer controles médicos obligatorios para detectar el consumo de drogas?

El art. 22 de la Ley 31/1995 de Prevención de Riesgos Laborales (LPRL) establece que el empresario garantizará a los trabajadores a su servicio la vigilancia periódica de su estado de salud en función de los riesgos inherentes al trabajo.

Esta vigilancia solo podrá llevarse a cabo cuando el trabajador preste su consentimiento. De este carácter voluntario solo se exceptuarán, previo informe de los representantes de los trabajadores, los supuestos en los que la realización de los reconocimientos sea imprescindible para evaluar los efectos de las condiciones de trabajo sobre la salud de los trabajadores o para verificar si el estado de salud del trabajador puede constituir un peligro para el mismo, para los demás trabajadores o para otras personas relacionadas con la empresa o cuando así esté establecido en una disposición legal en relación con la protección de riesgos específicos y actividades de especial peligrosidad.

4. ¿Cuándo podemos hablar de habitualidad?

Como hemos reiterado es requisito exigido que la embriaguez —o toxicomanía— sea habitual y que repercuta en el trabajo, habitualidad que si bien no se concreta en el ET (SJS de Gijón n.º 97/2022, de 8 de abril de 2022, ECLI:ES:JSO:2022:1402), se ha apreciado cuando se repite en más de tres ocasiones tal y como describe la STSJ de Madrid n.º 373/2018, de 25 de junio de 2018, ECLI:ES:TSJM:2018:8097.

5. Si el trabajador se halla en posesión de droga para consumo propio, ¿se justifica el despido?

Siempre y cuando la posesión de drogas no afecte directamente al orden laboral, que la persona trabajadora se halle en posesión de droga para consumo propio no será causa de despido.

6. ¿Qué requisitos formales debe cumplir la carta de despido para la procedencia del despido disciplinario por embriaguez habitual?

El art. 55.1 del ET exige que la empresa notifique el despido al trabajador por escrito, haciendo figurar sus hechos motivadores y la fecha de efectos. La embriaguez es el estado de perturbación pasajera producida por la ingestión excesiva de bebidas alcohólicas y normalmente caracterizada por originar en la persona afectada una exaltación y enajenación del ánimo (diccionario de la Real Academia de la Lengua). Con carácter general, la descripción en una carta de despido de la embriaguez consiste por tanto en relatar los actos del trabajador, incluyendo gestos y palabras, representativos de esa alteración de la persona por efecto del consumo excesivo de bebidas alcohólicas e indicadores de la existencia de una repercusión en el trabajo.

RESOLUCIONES RELEVANTES

STSJ de Asturias n.º 1161/2017, de 9 de mayo de 2017, ECLI:ES:TSJAS:2017:1586

El TSJ Asturias confirma la improcedencia de un despido disciplinario de un camarero que acudió borracho al trabajo hasta en tres ocasiones por defectos formales en la carta de despido. Al amparo del art. 55.1 del ET se exige que la empresa notifique el despido al trabajador por escrito, haciendo figurar sus hechos motivadores y la fecha de efectos. En el caso enjuiciado, teniendo en cuenta que la embriaguez o toxicomanía son causa de despido cuando sean un hecho habitualidad y que repercuta negativamente en el trabajo.

El TSJ entiende que una carta de despido en la que la empresa solo indica que el trabajador acudió al trabajo «en estado de embriaguez», sin especificar la habitualidad ni la incidencia negativa en su actividad laboral es insuficiente para que el trabajador conozca los actos que se le imputan. En el relato de las causas motivadoras del despido no se especifican las acciones o manera de actuar del trabajador por las que su estado encajaba en el concepto de embriaguez.

STSJ de Navarra n.º 49/2018, de 16 de febrero de 2018, ECLI:ES:TSJNA:2018:31

El TSJ de Navarra condena al jefe de ventas de un concesionario al abono de más de 12.000 euros, en concepto de daños y perjuicios, tras el accidente sufrido fuera de su jornada laboral en un vehículo de la empresa bajo los efectos del alcohol. La sentencia analiza la obligación de un trabajador de indemnizar al empresario por los daños que ocasione en los locales, materiales, máquinas e instrumentos de trabajo, siempre y cuando dichos perjuicios sean ocasionados culpablemente, exigiéndose, por tanto, una conducta o actuación culpable o negligente del trabajador como requisito indispensable para generar dicha responsabilidad.

Para la magistrada ponente, en la situación enjuiciada concurren las circunstancias descritas, a los efectos de imputar al trabajador —jefe de ventas de un concesionario de vehículos— la responsabilidad del accidente, toda vez que la forma en que se produjo aquel no permite deducir que se ocasiona por mero descuido del trabajador, ni que pudieran existir factores que le exoneren del elemento culpabilístico que se le imputa.

SJS de Salamanca n.º 141/2018, de 12 de abril de 2018, ECLI:ES:JSO:2018:3142

La toxicomanía, por definición, lleva implícita la habitualidad, ya que constituye un hábito patológico en el consumo de drogas, por lo que no bastaría un consumo esporádico o puntual que es lo único que en este caso puede atribuirse con certeza al trabajador.

Ahora bien, el hecho de que un conductor profesional, de un autobús destinado a transporte escolar, lo haga después de haber consumido una sustancia estupefaciente y que causa grave daño a la salud, constituye sin duda es una evidente transgresión de la buena fe contractual.

La jurisprudencia ha sentado de forma pacífica y unánime que la buena fe contractual se configura como un requisito de obligada presencia en el decurso de toda la vida de la relación jurídico-laboral, siendo por tanto recíprocamente exigible por ambas partes, y se califica por la disposición personal en orden a la realización del contenido propio de las prestaciones voluntariamente asumidas, por la probidad en su ejecución, y por la efectiva voluntad de correspondencia en la confianza ajena, porque la relación laboral exige genéricamente una confianza entre las partes que se quiebra por la realización de determinadas actitudes que denotan violación trascendente de los deberes de conducta por parte del trabajador, siendo en tal caso totalmente adecuado y justificado que el empresario pueda acudir al despido disciplinario.

3.3.7. Indisciplina y desobediencia

El art. 54.2.b) del Estatuto de los Trabajadores incluye como conductas legitimadoras del despido la indisciplina y la desobediencia en el trabajo. A pesar de unirse de modo general, ha de tenerse en cuenta que no es lo mismo una indisciplina que una desobediencia:

- La **indisciplina** es la actitud de rebeldía abierta y enfrentada contra las órdenes del empresario y el incumplimiento consciente y querido de las obligaciones del contrato de trabajo.

- La **desobediencia** es el incumplimiento de una orden clara y concreta de un superior, y **para que opere como causa de despido debe ser injustificada, grave y culpable**. (STSJ de Cataluña n.º 1948/2006, de 3 de marzo de 2006, ECLI:ES:TSJCAT:2006:3077).

De la doctrina judicial (STSJ de Comunidad Valenciana n.º 45/1998, de 13 de enero de 1998, ECLI:ES:TSJCV:1998:51) puede inferirse su separación pues mientras para la desobediencia requiere la previa existencia de órdenes empresariales y el comportamiento contrario a las mismas, identifica la indisciplina con una actuación contraria a la norma laboral o al contenido de las obligaciones contractuales, cuyo cumplimiento no exige órdenes expresas pero sí de la buena fe que preside la relación de trabajo.

Partiendo del criterio de que las órdenes e instrucciones del empresario se presumen legítimas, recae sobre el trabajador el deber de cumplir con aquellas. Sin embargo, y conforme ha señalado también la jurisprudencia, **el trabajador sí podría desobedecer el cumplimiento de las órdenes del empresario si estas, por su naturaleza y significación, afectan a la dignidad y respeto debidos al trabajador, en caso de órdenes que afecten a la vida privada del trabajador, o cuando concurran situaciones de peligrosidad física para el trabajador**. Todas estas circunstancias deben ser acreditadas por la persona trabajadora.

1. El trabajador debe sujetarse a las órdenes del empresario o en quien delegue. Los tribunales han considerado que en lo referente al uso del móvil e internet con fines privados en el trabajo ello solo resulta sancionable en supuestos de abuso manifiesto. (STSJ de Madrid n.º 1084/2004, de 9 de diciembre de 2004, ECLI:ES:TSJM:2004:15207).

2. Constando como causa de despido la desobediencia, art. 54.2.b) del ET, no puede invocarse la omisión de esta causa en el convenio para impedir que opere, si se dan las circunstancias necesarias para ello, como causa extintiva de la relación laboral. (STSJ de Cantabria, n.º 671/2002, de 15 de mayo de 2002, ECLI:ES:TSJCANT:2002:950).

3. Debemos aplicar la clásica regla «obedece y luego reclama». En caso de desobediencia, sin probada justificación de razones poderosas (penosidad, peligrosidad u otras), se constituirá una infracción con la entidad suficiente como para merecer el despido. (STSJ de Cantabria n.º 495/2002, de 12 de abril de 2002, ECLI:ECLI:ES:TSJCANT:2002:709).

4. La orden de realizar el trabajo dentro de la jornada habitual es de obligado cumplimiento, salvo que sea ilegal o atente contra la vida, integridad, dignidad o formación del trabajo (STSJ de Cantabria n.º 197/2000, de 24 de febrero de 2000, ECLI:ES:TSJCANT:2000:327). La desobediencia, para que opere como causa de despido, exige que sea grave, trascendente e injustificada. (STSJ Asturias n.º 1372/2002, 10 de mayo de 2002 y STSJ de Asturias n.º 1348/2002, de 3 de mayo de 2002, ECLI:ES:TSJAS:2002:2154).

5. Los tribunales han matizado que el incumplimiento puede ser tanto de forma intencional dolosa como por negligencia o descuido imputable, con independencia de que exista o no lucro personal. (STSJ de Cantabria n.º 205/2000, de 25 de febrero de 2000, ECLI:ES:TSJCANT:2000:335, y STSJ de Cantabria n.º 191/2000, de 22 de febrero de 2000, ECLI:ES:TSJCANT:2000:316).

RESOLUCIONES RELEVANTES

STSJ de Cataluña n.º 1948/2006, de 3 de marzo de 2006, ECLI:ES:TSJCAT:2006:3077

La legislación propicia la agrupación de ambas conductas no solo en el reiterado art. 54 del ET, sino también en aquellos que le sirven de fundamento. Y, en definitiva, ambos incumplimientos, de conformidad con la genérica caracterización contenida en el artículo 54.1 del Estatuto de los trabajadores, han de ser graves y culpables. No obstante, en el caso de la desobediencia, a la conducta del trabajador deben unirse elementos caracterizadores relativos a la orden incumplida y el carácter justificado o injustificado de la misma:

«(...) *"En virtud de lo establecido en el artículo 5. a) y c) ET, el trabajador tiene la obligación de cumplir las órdenes que le transmita el empresario en el ejercicio de su poder de dirección". Sin embargo, dentro de este último "se encuentra evidentemente el poder de organización del trabajo" y no "consiste en una facultad que pueda ser ejecutada de forma absoluta e indiscriminada", de manera que no puede admitirse "ni la arbitrariedad ni el abuso de derecho" pues dicha facultad se justifica en función del buen funcionamiento de la empresa. "Los principios de buena fe y lealtad han de presidir las relaciones recíprocas del empresario con el trabajador hasta el punto de ser inspiradores del actuar de uno y otro, con la finalidad de estar que aquél, el empresario, dé órdenes inadecuadas y no concordes con el mejor servicio de la empresa en cuanto unidad de producción, precisada de una rectoría no arbitraria ni 'omnimoda' De ahí, que el legislador haga referencia al 'ejercicio regular de las facultades directivas' que 'no se extiende a las órdenes que resulten caprichosas o totalmente extrañas a sus obligaciones laborales'" (del trabajador)».*

**STSJ de Andalucía n.º 2070/2010, de 1 de julio de 2010,
ECLI:ES:TSJAND:2010:4238**

«(...) para la validez del despido basado en esta causa que el incumplimiento de la orden sea grave y culpable, pues el despido por ser la sanción más grave en el Derecho Laboral, obliga a una interpretación restrictiva y a la aplicación de la doctrina gradualista, analizando individualizadamente las circunstancias de cada caso, sin que una simple desobediencia que no encierre una actitud indisciplinada, y que no se traduzca en un perjuicio para la Empresa, pueda ser sancionada con la extinción del contrato de trabajo, en este sentido la Sentencia del Tribunal Supremo de 28 de mayo de 1.990 declara que "para que la desobediencia sea susceptible de ser sancionada con el despido ha de tratarse de un incumplimiento grave, trascendente e injustificado, que la gravedad y la culpabilidad han de apreciarse con un criterio restrictivo, y que es preciso valorar las específicas circunstancias que concurren en cada supuesto, llevando a cabo para ello una tarea individualizadora del recíproco comportamiento de una y otra parte".

En conclusión para que una desobediencia sea justificativa del despido debe acreditar una actitud del trabajador optativa al cumplimiento de la orden que pueda calificarse como indisciplina, y que la orden sea legítima, es decir, dictada dentro de las facultades directivas del empresario y en cumplimiento de los fines empresariales».

**STSJ de Andalucía n.º 3106/2008, de 2 de octubre de 2008,
ECLI:ES:TSJAND:2008:14692**

Teniendo en cuenta la teoría gradualista, el TSJ extiende la necesidad de la proporcionalidad y adecuación entre la sanción que se impone y la gravedad de la conducta cometida, con adecuación entre el hecho, persona y sanción, y en el supuesto analizado, una ponderación en la sanción impuesta, la de despido:

«(...) la negativa reiterada e injustificada de la actora a atender a los clientes de habla inglesa y a aportar el certificado de voto, motivo por el que se ausentó tres horas de su puesto de trabajo, es una conducta transgresora y lo suficientemente grave y culpable, por la indisciplina que supone, para provocar la sanción de despido y en consecuencia, se impone el fracaso del recurso y la confirmación de la sentencia de instancia».

3.4. Revisión judicial del despido disciplinario

El proceso de impugnación de despido disciplinario, regulado por los arts. 103 a 113 de la LRJS, permite a los trabajadores reclamar una extinción unilateral a instancia del empresario. El plazo para ejercitar la acción de impugnación es de veinte días y estará compuesto por la antigüedad, salario, lugar de trabajo, modalidad y duración del contrato. El juez de lo social declarará el despido como procedente, improcedente o nulo.

3.4.1. Proceso de impugnación del despido disciplinario

Los arts. 103 a 113 de la LRJS regulan el **procedimiento especial para la reclamación del despido disciplinario,** dándose en la actualidad una aplicación expansiva del mismo hacia cualquier supuesto en que se impugne una extinción unilateral a instancia del empresario (art. 103.3 de la LRJS).

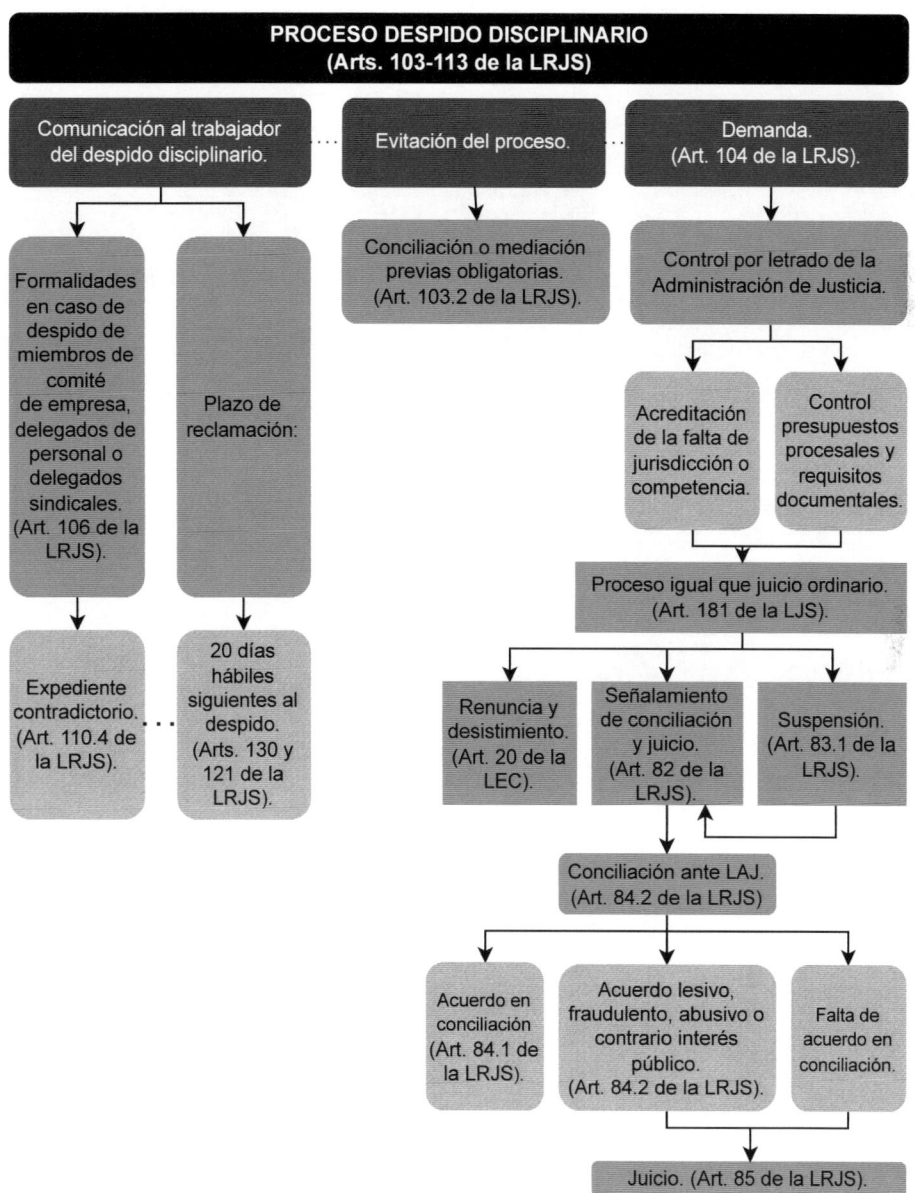

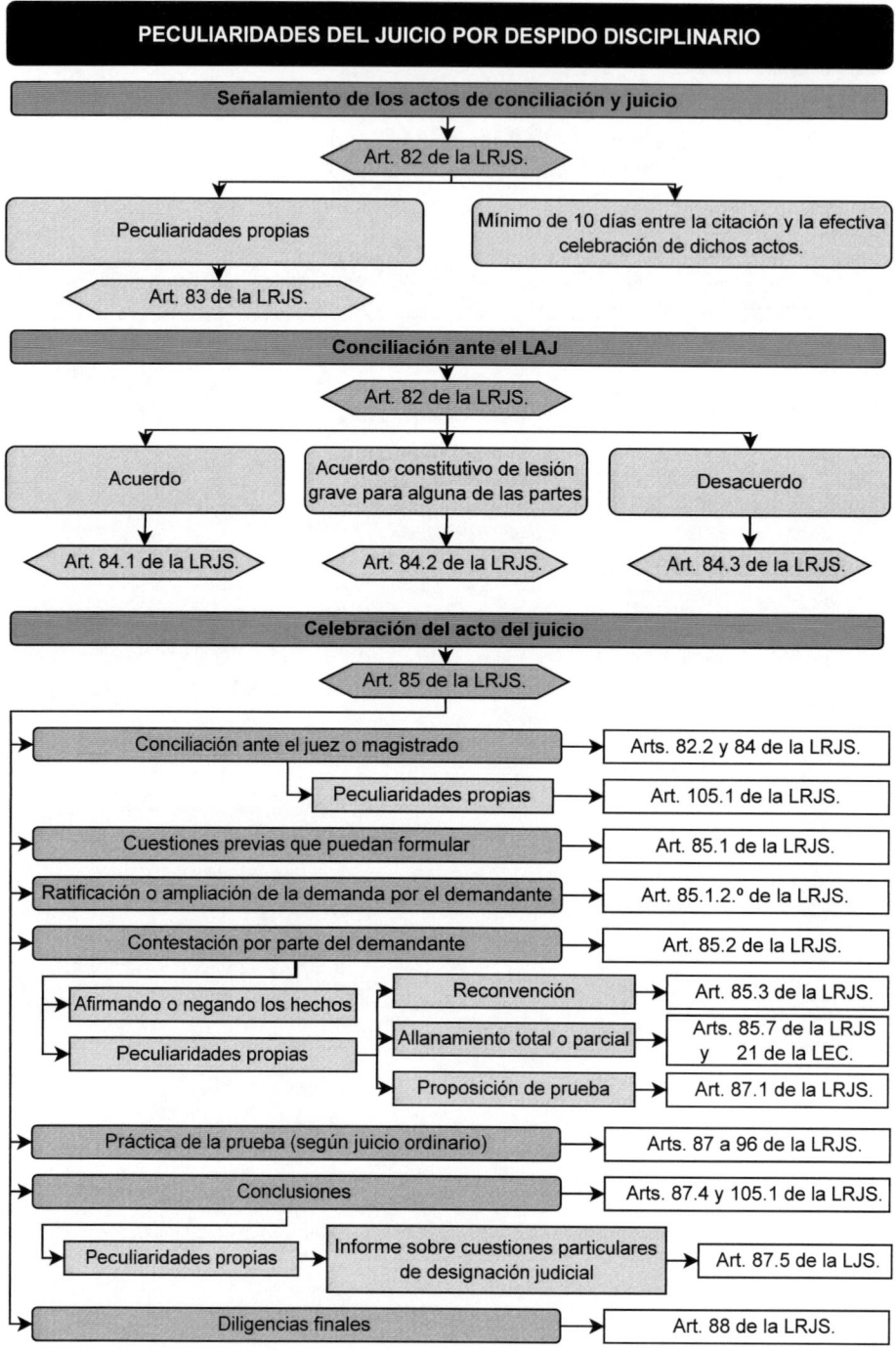

PECULIARIDADES DEL JUICIO POR DESPIDO DISCIPLINARIO

Señalamiento de los actos de conciliación y juicio

Art. 82 de la LRJS.

Peculiaridades propias

Mínimo de 10 días entre la citación y la efectiva celebración de dichos actos.

Art. 83 de la LRJS.

Conciliación ante el LAJ

Art. 82 de la LRJS.

Acuerdo

Acuerdo constitutivo de lesión grave para alguna de las partes

Desacuerdo

Art. 84.1 de la LRJS.

Art. 84.2 de la LRJS.

Art. 84.3 de la LRJS.

Celebración del acto del juicio

Art. 85 de la LRJS.

Conciliación ante el juez o magistrado — Arts. 82.2 y 84 de la LRJS.

Peculiaridades propias — Art. 105.1 de la LRJS.

Cuestiones previas que puedan formular — Art. 85.1 de la LRJS.

Ratificación o ampliación de la demanda por el demandante — Art. 85.1.2.º de la LRJS.

Contestación por parte del demandante — Art. 85.2 de la LRJS.

Afirmando o negando los hechos

Peculiaridades propias

Reconvención — Art. 85.3 de la LRJS.

Allanamiento total o parcial — Arts. 85.7 de la LRJS y 21 de la LEC.

Proposición de prueba — Art. 87.1 de la LRJS.

Práctica de la prueba (según juicio ordinario) — Arts. 87 a 96 de la LRJS.

Conclusiones — Arts. 87.4 y 105.1 de la LRJS.

Peculiaridades propias

Informe sobre cuestiones particulares de designación judicial — Art. 87.5 de la LJS.

Diligencias finales — Art. 88 de la LRJS.

El **plazo para ejercitar la acción de impugnación** de la decisión extintiva será de veinte días, a partir del día siguiente a la fecha de extinción del contrato de trabajo o a partir del momento en que reciba la comunicación empresarial de preaviso el trabajador (arts. 103 y 121 de la LRJS). Este plazo será un plazo de caducidad, y **no se computarán los sábados, domingos y festivos.**

La demanda por despido deberá cumplir con el **contenido** previsto en el art. 104 de la LRJS:

1. Antigüedad, concretando los períodos en que hayan sido prestados los servicios; categoría profesional; salario, tiempo y forma de pago; lugar de trabajo; modalidad y duración del contrato; jornada; categoría profesional; características particulares, si las hubiere, del trabajo que se realizaba antes de producirse el despido.

2. Fecha de efectividad del despido, forma en que se produjo y hechos alegados por el empresario, acompañando la comunicación recibida, en su caso, o haciendo mención suficiente de su contenido.

3. Si el trabajador ostenta, o ha ostentado en el año anterior al despido, la cualidad de representante legal o sindical de los trabajadores, así como cualquier otra circunstancia relevante para la declaración de nulidad o improcedencia o para la titularidad de la opción derivada, en su caso.

4. Si el trabajador se encuentra afiliado a algún sindicato, en el supuesto de que alegue la improcedencia del despido por haberse realizado este sin la previa audiencia de los delegados sindicales, si los hubiera.

El **demandado** será el primero en exponer sus posiciones y **le corresponderá la carga de la prueba sobre la veracidad de los hechos imputados en la carta de despido como justificativos del mismo.** Para justificar el despido, al demandado no se le admitirán en el juicio otros motivos de oposición a la demanda que los contenidos en la comunicación escrita de dicho despido.

Respecto a las **garantías del proceso**, en los supuestos previstos en el apartado uno del art. 32 de la LRJS, habrá de respetarse aquellas garantías que, respecto de las alegaciones, prueba y conclusiones, se establecen para el proceso de despido disciplinario.

En los despidos de miembros de comité de empresa, delegados de personal o delegados sindicales habrá de aportarse por la demandada el **expediente contradictorio legalmente exigido.** La jurisprudencia declara improcedente el despido cuando la empresa no tramite el expediente contradictorio establecido en la legislación laboral o en el convenio aplicable. Del mismo modo, el art. 110.4 de la LRJS establece:

> «4. Cuando el despido fuese declarado improcedente por incumplimiento de los requisitos de forma establecidos y se hubiese optado por la readmisión, podrá efectuarse un nuevo despido dentro del **plazo de siete días** desde la notificación de la sentencia. Dicho despido no constituirá una subsanación del primitivo acto extintivo, sino un nuevo despido, que surtirá efectos desde su fecha».

Para el cómputo del plazo de siete días para proceder a un nuevo despido, se excluyen los días imprescindibles para tramitar el expediente contradictorio previamente incumplido. (STS, rec. 2059/2008, de 8 de junio de 2009, ECLI:ES:TS:2009:465, y STSJ de Madrid, rec. 3944/2004, de 9 de diciembre 2004, ECLI:ES:TSJM:2004:15207).

En los hechos probados que se hagan constar en la sentencia, se deberá hacer referencia a las circunstancias descritas en la demanda (art. 104 de la LJS)

Una vez celebrado el juicio, el juez de lo social, en el plazo de 5 días, dictará sentencia (que se notificará a las partes dentro de los 2 días siguientes), en la que calificará el despido como como procedente, improcedente o nulo (arts. 97 y 108 de la LRJS).

3.4.2. Procedencia, improcedencia o nulidad de despido disciplinario

El despido será calificado de procedente, cuando quede acreditado el incumplimiento alegado por el empresario en el escrito de comunicación. En caso contrario o por incumplimiento de los requisitos establecidos en el art. 55 del Estatuto de los Trabajadores, apartado uno, será calificado como improcedente. (ATS, rec. 2816/2011, de 21/02/2012, ECLI:ES:TS:2012:2657A, y STSJ de Madrid n.º 558/2012, de 18/07/2012, ECLI:ES:TSJM:2012:9317).

Continúa diciendo el art. 108 de la LRJS:

> «En caso de improcedencia del despido por no apreciarse que los hechos acreditados hubieran revestido gravedad suficiente, pero constituyeran infracción de menor entidad según las normas alegadas por las partes, el juez podrá autorizar la imposición de una sanción adecuada a la gravedad de la falta, de no haber prescrito la de menor gravedad antes de la imposición empresarial de la sanción de despido; sanción que el empresario podrá imponer en el plazo de caducidad de los diez días siguientes a la firmeza de la sentencia, previa readmisión del trabajador y siempre que ésta se haya efectuado en debida forma. La decisión empresarial será revisable a instancia del trabajador, en el plazo, igualmente de caducidad, de los veinte días siguientes a su notificación, a través de incidente de ejecución de la sentencia de despido, conforme al artículo 238».

El despido será considerado nulo cuando tenga como móvil alguna de las causas de discriminación prevista en la Constitución y en la ley, o se produzca con violación de derechos fundamentales y libertades públicas del trabajador. Así como también cuando se produzca por causas relacionadas con el embarazo o nacimiento de hijo [art. 55.5.a), b) y c) del ET]:

> «a) El de las personas trabajadoras durante los periodos de suspensión del contrato de trabajo por nacimiento, adopción, guarda con fines de adopción, acogimiento, riesgo durante el embarazo o riesgo durante la lactancia natural a que se refiere el artículo 45.1.d) y e), o por enfermedades causadas por embarazo, parto o lactancia natural, o la notificada en

una fecha tal que el plazo de preaviso concedido finalice dentro de dichos periodos.

b) El de las trabajadoras embarazadas, desde la fecha de inicio del embarazo hasta el comienzo del periodo de suspensión a que se refiere la letra a); el de las personas trabajadoras que hayan solicitado uno de los permisos a los que se refieren los artículos 37.4, 5 y 6, o estén disfrutando de ellos, o hayan solicitado o estén disfrutando la excedencia prevista en el artículo 46.3; y el de las trabajadoras víctimas de violencia de género por el ejercicio de su derecho a la tutela judicial efectiva o de los derechos reconocidos en esta ley para hacer efectiva su protección o su derecho a la asistencia social integral.

c) El de las personas trabajadoras después de haberse reintegrado al trabajo al finalizar los periodos de suspensión del contrato por nacimiento, adopción, guarda con fines de adopción o acogimiento, a que se refiere el artículo 45.1.d), siempre que no hubieran transcurrido más de doce meses desde la fecha del nacimiento, la adopción, la guarda con fines de adopción o el acogimiento».

El **despido se considerará improcedente** cuando no quede acreditado el incumplimiento alegado por el empresario en su escrito de comunicación, cuando no se haya dado cumplimiento a las exigencias formales prevenidas en el art. 55.1 del ET (incluyendo las exigencias previstas para los representantes de los trabajadores), por falta de cualquier otro requisito formal impuesto por la negociación colectiva, o cuando las faltas imputadas estén prescritas. En caso de improcedencia, el Juez de lo Social establecerá en la sentencia la readmisión del trabajador en su puesto de trabajo y la indemnización a entregar en el supuesto de que el empresario optara por la no readmisión.

El empresario, en el plazo de 5 días desde la notificación de la sentencia, podrá optar entre (art. 56 del ET):

- **La readmisión del trabajador** en las mismas condiciones que regían antes de producirse el despido, así como al abono de los salarios de tramitación (art. 56.2 del Estatuto de los Trabajadores).

- **Pago de la indemnización equivalente a treinta y tres días de salario por año de servicio, prorrateándose por meses los períodos de tiempo inferiores a un año, hasta un máximo de veinticuatro mensualidades,** con las siguientes particularidades:

  a) En el acto de juicio, la parte titular de la opción entre readmisión o indemnización podrá anticipar su opción, para el caso de declaración de improcedencia, mediante expresa manifestación en tal sentido, sobre la que se pronunciará el juez en la sentencia, sin perjuicio de los efectos del recurso contra la sentencia de declaración de improcedencia del despido (art. 111 y 112 de la LJS).

  b) A solicitud de la parte demandante, si constare no ser realizable la readmisión, podrá acordarse, en caso de improcedencia del despido, tener por hecha la opción por la indemnización en la sentencia, declarando extinguida la relación en la propia sentencia y condenando al empresario a abonar la indemnización por despido, calculada hasta la fecha de la sentencia.

c) En los despidos improcedentes de trabajadores cuya relación laboral sea de carácter especial, la cuantía de la indemnización será la establecida, en su caso, por la norma que regule dicha relación especial.

– En caso de que se declarase improcedente el despido de un representante legal o sindical de los trabajadores, la opción prevista en el número anterior corresponderá al trabajador.

A TENER EN CUENTA. Si el despido se declara improcedente por incumplimiento de los requisitos de forma establecidos y se hubiese optado por la readmisión, podrá efectuarse un nuevo despido dentro del plazo de siete días desde la notificación de la sentencia. Dicho despido no constituirá una subsanación del primitivo acto extintivo, sino un nuevo despido que surtirá efectos desde su fecha (art. 110.4 de la LRJS).

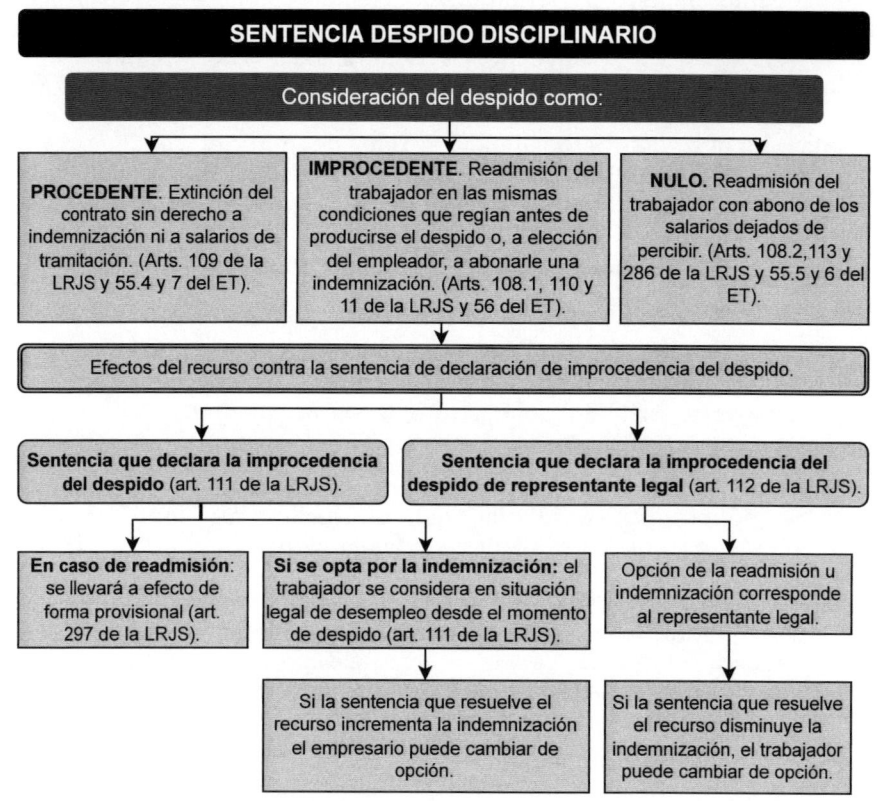

CUESTIÓN

¿Cómo se calcula la indemnización por despido improcedente en contratos anteriores al 12/02/2012?

Para calcular la indemnización de los contratos anteriores al 12/02/2012 hay que tener en cuenta dos tramos (STS n.º 84/2017, de 1 de febrero 2017, ECLI:ES:TS:2017:803, STS, rec. 3257/2014, de 18 de febrero de 2016, ECLI:ES:TS:2016:893 y STS n.º 750/2016, de 16 de septiembre de 2016, ECLI:ES:TS:2016:4380):

Primer tramo (hasta 12/02/2012): 45 días por año de servicio (tope 42 mensualidades).

- Si la indemnización resultante del primer tramo supera los 1.260 días: el importe total de la indemnización a abonar será el correspondiente a 1260 días de salario (42 mensualidades). A este importe no se acumularán los días de indemnización calculados para el segundo tramo.

- Si la indemnización resultante del primer tramo supera los 720 días y es inferior a los 1.260 días: ese número de días será el que se utilice para calcular el importe total de indemnización a abonar. Tampoco se acumulan los días calculados para el segundo tramo.

- Si la indemnización resultante del primer tramo no supera los 720 días: se respetará dicho importe y el mismo se sigue incrementando a razón de 33 días por año (conforme a los importes calculados para el segundo tramo). La indemnización será la resultante de sumar el cálculo por ambos tramos con el límite máximo conjunto de 720 días (24 mensualidades).

Segundo tramo (desde 12/02/2012): siempre 33 días por año hasta 720 días (tope 24 mensualidades).

4.
GARANTÍAS DE LOS REPRESENTANTES DE LOS TRABAJADORES EN RELACIÓN CON EL DESPIDO

Distinta normativa laboral aborda las garantías de los representantes de las personas trabajadoras: Convenio OIT n.º 98 relativo a la aplicación de los principios del derecho de sindicación y de negociación colectiva, Convenio OIT n.º 135 relativo a la protección y facilidades que deben otorgarse a los representantes de los trabajadores en la empresa, el art. 68 del Estatuto de los Trabajadores, el art. 10.3 de la LOLS y el art. 21 de la Ley 10/1997, de 24 de abril.

Las garantías de los representantes de los trabajadores frente al despido o la sanción son medidas establecidas para proteger la labor sindical y representativa dentro de la empresa y asegurar que estos trabajadores no sean perjudicados por llevar a cabo sus funciones de representación. A salvo de lo que se disponga en los convenios colectivos, gozarán de las siguientes garantías:

a) **Expediente contradictorio o disciplinario** en el supuesto de sanciones por faltas graves o muy graves, en el que serán oídos, aparte del interesado, el comité de empresa o restantes delegados de personal.

b) **Prioridad de permanencia en la empresa o centro de trabajo** respecto de los demás trabajadores, en los supuestos de suspensión o extinción por causas tecnológicas o económicas.

c) **No ser despedido ni sancionado durante el ejercicio de sus funciones ni dentro del año siguiente a la expiración de su mandato**, salvo en caso de que esta se produzca por revocación o dimisión, siempre que el despido o sanción se base en la acción del trabajador en el ejercicio de su representación, sin perjuicio, por tanto, de lo establecido en el despido disciplinario (art. 54 del ET). Asimismo, no podrá ser discriminado en su promoción económica o profesional en razón, precisamente, del desempeño de su representación.

d) **Expresar**, colegiadamente si se trata del comité, **con libertad sus opiniones en las materias concernientes a la esfera de su representación**, pudiendo publicar y distribuir, sin perturbar el normal desenvolvimiento del trabajo, las publicaciones de interés laboral o social, comunicándolo a la empresa.

e) **Derecho de opción en despido improcedente**. Cuando el despedido fuera un representante legal de los trabajadores o un delegado sindical, la opción entre readmisión o indemnización, que como norma general corresponde al empresario, corresponderá siempre al representante unitario. De no efectuar la opción, se entenderá que lo hace por la readmisión. Cuando la opción, expresa o presunta, sea en favor de la readmisión, ésta será obligatoria (art. 56.4 del ET).

f) **Audiencia previa a los delegados sindicales en caso de despido disciplinado de un trabajador afiliado a un sindicato**. En caso de despido disciplinario, si el trabajador afectado estuviera afiliado a un sindicato y al empresario le constase, deberá dar audiencia previa a los delegados sindicales de la sección sindical correspondiente a dicho sindicato (art. 10.3.3 de la LOLS y art. 55.1 del ET).

Estas medidas buscan otorgar un grado adicional de protección a los representantes de los trabajadores, considerando la importancia de su figura en el ámbito de las relaciones laborales y el riesgo de represalias que podrían enfrentar por el ejercicio de su actividad representativa.

Es crucial que las empresas sigan estos procedimientos de forma rigurosa para evitar incurrir en la violación de derechos fundamentales de los trabajadores, lo que podría resultar en la declaración de nulidad del despido y la consiguiente obligación de readmitir al trabajador con el pago de los salarios de tramitación.

5.
EL MEDIO DE PRUEBA Y SU OBTENCIÓN PARA LAS SANCIONES O DESPIDO DISCIPLINARIO DE LA PERSONA TRABAJADORA

Los arts. 382 a 384 de la LEC, en sede de prueba, se refieren a la reproducción de la palabra, el sonido y la imagen y de los instrumentos que permiten archivar y conocer datos relevantes para el proceso.

Las partes, previa justificación de la utilidad y pertinencia de las diligencias propuestas, podrán servirse de cuantos medios de prueba se encuentren regulados en la Ley para acreditar los hechos controvertidos o necesitados de prueba, incluidos los procedimientos de reproducción de la palabra, de la imagen y del sonido o de archivo y reproducción de datos, que deberán ser aportados por medio de soporte adecuado y poniendo a disposición del órgano jurisdiccional los medios necesarios para su reproducción y posterior constancia en autos (art. 90 de la LRJS).

La prueba en el proceso laboral

Los medios de prueba de que se podrá hacer uso en juicio vienen regulados en el art. 90 y ss. de la LRJS y, subsidiariamente, en el art. 299 de la Ley 1/2000, de 7 de enero, de Enjuiciamiento Civil:

1. **Interrogatorio de las partes** (art. 91 de la LRJS; arts. 301-316 de la LEC). Podría definirse como una declaración que hacen las partes o terceras personas, sobre los hechos y las circunstancias objeto del proceso.

2. **Prueba documental** (art. 94 de la LRJS; arts. 317-334 de la LEC; arts. 1216-1260 del CC, etc.), consiste en aquella obtenida a partir de un escrito, debiendo constar datos fidedignos o susceptibles de ser empleados como tales para probar algo. Los documentos pueden ser públicos o privados

3. **Dictamen de peritos** (art. 93 de la LRJS; arts. 335 y ss. de la LEC). La prueba pericial en el procedimiento civil aparece regulada en el

art. 335 y siguientes de la LEC, debiendo distinguir entre la actuación de los peritos designados por las partes y peritos designados por el tribunal. La prueba pericial consistirá en la aportación emitida por persona experta o entendida en materia concreta, con conocimientos científicos, artísticos, teóricos o prácticos, para valorar hechos o circunstancias relevantes en el asunto litigioso o para adquirir certeza sobre aquellos.

4. **Reconocimiento judicial** (arts. 353 y ss. de la LEC). Es otro de los medios de prueba utilizados para el esclarecimiento y apreciación de los hechos objeto de la litis. El Tribunal, podrá, de forma personal y directa, realizar un examen de los hechos, personas, lugares o de las cosas que son objeto de prueba. Se diferencia de los demás medios de prueba en que, en este tipo es el órgano juzgador personalmente el que percibe la prueba y no a través de otras personas. La parte que lo solicite habrá de expresar los extremos principales a que quiere que éste se refiera e indicará si pretende concurrir al acto con alguna persona técnica o práctica en la materia.

5. **Interrogatorio de testigos** (art. 92 de la LRJS; arts. 360 y ss. de la LEC).Podrán ser testigos todas las personas, salvo las que se hallen permanentemente privadas de razón o del uso de sentidos respecto de hechos sobre los que únicamente quepa tener conocimiento por dichos sentidos. Los testigos deben responder a las preguntas que se les hagan, primero a las generales de la Ley (art. 367 LEC) y después a las más específicas sobre los hechos (art. 368 de la LEC). Para el interrogatorio de los testigos, se les harán a estos una serie de preguntas que deberán contestar en el momento. Se identificarán los testigos y deberán prestar un juramento o promesa de no faltar a la verdad (art. 365 de la LEC). Posteriormente se le harán las preguntas, las cuales deben ser propuestas y admitidas por el juez. Primero contestará a las preguntas del abogado de la parte que propuso esa prueba testifical y a continuación a las de los abogados contrarios. El Tribunal repelerá las preguntas impertinentes. Debe contestar el testigo personalmente y sin ningún tipo de ayuda (arts. 370 a 372 de la LEC).

Medios de reproducción de sonidos, imágenes o instrumentos de archivo como medios de prueba

Resumiendo los medios de reproducción de la palabra, el sonido y la imagen como medios de prueba en vía judicial regulados en los arts. 382 a 384 de la LEC:

El art. 382 de la LEC se ocupa del **valor probatorio de los instrumentos de filmación, grabación y semejantes,** expresando que:

– Las partes podrán proponer como medio de prueba la reproducción ante el tribunal de palabras, imágenes y sonidos captados mediante instrumentos de filmación, grabación y otros semejantes. Al proponer esta prueba, la parte deberá acompañar, en su caso, transcripción escrita de las palabras contenidas en el soporte de que se trate y que resulten relevantes para el caso.

– La parte que proponga este medio de prueba podrá aportar los dictámenes y medios de prueba instrumentales que considere convenientes. También las otras partes podrán aportar dictámenes y medios de prueba cuando cuestionen la autenticidad y exactitud de lo reproducido.

– Este medio de prueba será valorado por el tribunal, una vez más, conforme a las reglas de la sana crítica.

Por su parte, el art. 383 de la LEC se refiere al acta de la reproducción y custodia de los correspondientes materiales, señalando que de los actos que se realicen en aplicación del artículo 382 de la LEC se levantará la oportuna acta, donde se consignará cuanto sea necesario para la identificación de las filmaciones, grabaciones y reproducciones llevadas a cabo, así como, en su caso, las justificaciones y dictámenes aportados o las pruebas practicadas. El material que contenga la palabra, la imagen o el sonido reproducidos habrá de conservarse por el LAJ, con referencia a los autos del juicio, de modo que no sufra alteraciones.

Finalmente, el art. 384 de la LEC («De los instrumentos que permiten archivar, conocer o reproducir datos relevantes para el proceso») establece lo que se transcribe a continuación:

– Los instrumentos que permitan archivar, conocer o reproducir palabras, datos, cifras y operaciones matemáticas llevada a cabo con fines contables o de otra clase, que, por ser relevantes para el proceso, hayan sido admitidos como prueba, serán examinados por el tribunal por los medios que la parte proponente aporte o que el tribunal disponga utilizar y de modo que las demás partes del proceso puedan, con idéntico conocimiento que el tribunal, alegar y proponer lo que a su derecho convenga.

– Será de aplicación a los instrumentos previstos en el apartado anterior lo dispuesto en el art. 382.2 del mentado texto legal. La documentación en autos se hará del modo más apropiado a la naturaleza del instrumento, bajo la fe del LAJ, que, en su caso, adoptará también las medidas de custodia que resulten necesarias.

– El tribunal valorará los instrumentos a que se refiere el apartado primero de este artículo conforme a las reglas de sana crítica aplicables a aquéllos según su naturaleza.

El art. 299.2 de la Ley de Enjuiciamiento Civil, prevé la aceptación de los medios: «de reproducción de la palabra, el sonido y la imagen, así como los instrumentos que permiten archivar y conocer o reproducir palabras, datos, cifras y operaciones matemáticas llevadas a cabo con fines contables o de otra clase, relevantes para el proceso». No obstante, dado que nuestro ordenamiento jurídico no regula específicamente el tratamiento probatorio de estas comunicaciones, para considerar una conversación de WhatsApp como documento —a los fines del proceso laboral—, sería preciso que se hubiese aportado no sólo una copia en papel del «pantallazo», sino una transcripción de la conversación y la comprobación de que ésta se corresponde con teléfono y número correspondientes.

RESOLUCIONES RELEVANTES

STSJ del País Vasco n.º 741/2022, de 12 de abril de 2022, ECLI:ES:TSJPV:2022:1374

El TSJ valida la prueba (utilizada para considerar el despido disciplinario procedente) consistente en la grabación realizadas por un tercero (cliente) que presenció la discusión entre la persona trabajadora y su jefe y donde se reflejaban los insultos y malos tratos al empresario.

No se plantea la legitimidad de los medios de control del empresario de la actividad del trabajador, en el recurso se cuestiona la prueba videográfica que grabó un cliente del bar «ante la intensidad, tono y condición de las expresiones que el demandante produjo en el interior del establecimiento de hostelería de la demandada».

STSJ de Madrid n.º 671/2022, de 23 de septiembre de 2022, ECLI:ES:TSJM:2022:10624

Se válida en sede judicial como prueba para el despido disciplinario la grabación de la conversación con un compañero de trabajo donde se sufren amenazas, «(...) en cuanto no existía otro medio de prueba más eficaz para demostrar las amenazas, y proporcionado, sin que se aprecie vulneración del derecho a la intimidad en una conversación en la que participa el trabajador ofendido que recibe el menosprecio y amenazas de su compañero de trabajo». En concreto, la sala recuerda que, para analizar la validez de la prueba consistente en grabaciones de sonido, debe valorarse si aquellas superan los tres elementos del clásico test de proporcionalidad. Así, el Tribunal establece que la aportación de la grabación de la conversación telefónica resulta idónea y necesaria para acreditar los hechos contenidos en la carta de despido.

5.1. La videovigilancia: ¿pueden las empresas usar grabaciones para justificar la sanción o el despido?

El art. 89 de la LOPDGDD, regula el derecho a la intimidad frente al uso de dispositivos de videovigilancia y de grabación de sonidos en el lugar de trabajo.

Con la entrada en vigor del RGPD y LOPDGDD se han modificado aspectos relevantes de la legislación española que influyen, de manera directa, sobre los derechos de los trabajadores en relación con la videovigilancia como se ve en el transcrito art. 89 de la LOPDGDD «Derecho a la intimidad frente al uso de dispositivos de videovigilancia y de grabación de sonidos en el lugar de trabajo», establece:

«1. Los empleadores podrán tratar las imágenes obtenidas a través de sistemas de cámaras o videocámaras para el ejercicio de las funciones de control de los trabajadores o los empleados públicos previstas, respectivamente, en el artículo 20.3 del Estatuto de los Trabajadores y en la legislación de función pública, siempre que estas funciones se ejerzan dentro de su marco legal y con los límites inherentes al mismo. Los empleadores habrán de informar con carácter previo, y de forma expresa, clara y concisa, a los trabajadores o los empleados públicos y, en su caso, a sus representantes, acerca de esta medida.

En el supuesto de que se haya captado la comisión flagrante de un acto ilícito por los trabajadores o los empleados públicos se entenderá cumplido el deber de informar cuando existiese al menos el dispositivo al que se refiere el artículo 22.4 de esta ley orgánica.

2. En ningún caso se admitirá la instalación de sistemas de grabación de sonidos ni de videovigilancia en lugares destinados al descanso o esparcimiento de los trabajadores o los empleados públicos, tales como vestuarios, aseos, comedores y análogos.

3. La utilización de sistemas similares a los referidos en los apartados anteriores para la grabación de sonidos en el lugar de trabajo se admitirá únicamente cuando resulten relevantes los riesgos para la seguridad de las instalaciones, bienes y personas derivados de la actividad que se desarrolle en el centro de trabajo y siempre respetando el principio de proporcionalidad, el de intervención mínima y las garantías previstas en los apartados anteriores. La supresión de los sonidos conservados por estos sistemas de grabación se realizará atendiendo a lo dispuesto en el apartado 3 del artículo 22 de esta ley».

A TENER EN CUENTA. En el ámbito concreto de las relaciones laborales, la Ley Orgánica 3/2018 ha previsto expresamente una serie de criterios generales para el tratamiento de los datos derivado del uso de dispositivos de videovigilancia y de grabación de sonidos. Estos criterios se desprenden de la interpretación y aplicación conjunta de los arts. 22 y 89 de la LOPDGDD, en el marco general descrito en el art. 20 del ET.

El citado precepto aborda tema de la videovigilancia en el lugar de trabajo, permitiendo a los empleadores el tratamiento de las imágenes obtenidas, pero solo «para el ejercicio de las funciones de control de los trabajadores o los empleados públicos» previstas en la ley con los límites inherentes al mismo, prohibiendo la instalación de dichos dispositivos en lugares destinados al descanso o esparcimiento de los trabajadores o los empleados públicos «tales como vestuarios, aseos, comedores y análogos».

El uso requerirá la previa información, «expresa, clara y concisa», a los trabajadores y, en su caso, a sus representantes. (STSJ de Castilla y León, rec. 1018/2023 de 07 de julio del 2023, ECLI:ES:TSJCL:2023:2622).

La ley prevé también el caso del descubrimiento casual de la «comisión flagrante de un acto ilícito por los trabajadores», en cuyo caso «se entenderá cumplido el deber de informar cuando existiese al menos el dispositivo al que se refiere el art. 22.4 de esta Ley Orgánica», es decir, a través de colocación de un dispositivo informativo en lugar suficientemente visible (el cartel de videovigilancia o dispositivo que cumpla los estándares previstos en la norma). Este cartel debe colocarse en un lugar visible e informar al menos de que se realizará tratamiento de las imágenes, la identidad del responsable, así como la posibilidad de ejercitar los derechos sobre las imágenes, principalmente de acceso, rectificación, limitación del tratamiento y supresión.

Al amparo del artículo 20.3 del Estatuto de Trabajadores el empresario podría poner en práctica las medidas de seguridad y control necesarias para garantizar el cumplimiento de las normas en su negocio, entre ellas la instalación de cámaras de vigilancia. Se autoriza a los empleadores a tratar las imágenes obtenidas a través de sistemas de cámara para el ejercicio del control de las actividades de las personas trabajadoras siempre que dicho control se ejerza dentro del marco legal y con los límites inherentes al mismo. Eso sí, se puntualiza que los empleadores habrán de informar con carácter previo, y de forma expresa, clara y concisa, a las personas trabajadoras y a sus representantes legales acerca de esta medida de control. En el supuesto de que se haya captado la comisión flagrante de un ilícito por parte de una persona trabajadora, se entiende cumplido el deber de información cuando se haya colocado un dispositivo informativo en lugar suficientemente visible identificando, al menos, la existencia del tratamiento, la identidad del responsable y la posibilidad de ejercitar los derechos de acceso, rectificación, supresión, limitación del tratamiento y a la portabilidad de los datos.

La ley veta la instalación de sistemas de grabación de sonidos y de videovigilancia en los lugares destinados al descanso de los trabajadores, tales como vestuarios, aseos y comedores.

Por lo que hace referencia a los dispositivos de captación y grabación de sonidos, su utilización únicamente se admitirá cuando los riesgos resulten relevantes para la seguridad de las instalaciones, bienes y personas derivados de la actividad que se desarrolle en el centro de trabajo. En cualquier caso, siempre se deberá respetar los principios de proporcionalidad e intervención mínima.

En la actualidad, el desarrollo de este bloque lo marca la posible afectación de la doctrina «flexibilizadora» sobre el cumplimiento del deber informativo del Tribunal Constitucional y del Tribunal Supremo por las **nuevas exigencias del RGPD y la LOPDGDD,** en aplicación de la necesidad, establecida por el **art. 89 de la LOPDGDD,** de información *«previa, expresa, clara y concisa»* acerca de la medida de videovigilancia para alcanzar el valor probatorio en caso de despido disciplinario.

No obstante, este tema ya había sido objeto de desarrollo por parte de los **Tribunales Europeos, Constitucional y Supremo,** a través de sentencias con criterio dispar a lo largo del tiempo. Ante el control de una posible vulneración de derechos fundamentales, todos los Organismos coinciden en sus valoraciones en la necesidad empresarial de actuar conforme al principio de proporcionalidad, los criterios de intervención mínima e idoneidad, siendo su máxima expresión el juicio de proporcionalidad fijado por el Tribunal Constitucional siguiendo tres claves:

- **Idoneidad.** Debe tratarse de una medida idónea; debe servir para vigilar la actividad laboral y detectar un posible incumplimiento.

- **Necesidad.** Debe ser una medida necesaria; no debe existir otra medida menos lesiva para el trabajador.

- **Proporcionalidad.** Debe ser una medida proporcional; debe otorgar más beneficios a la empresa que perjuicios al trabajador.

En consecuencia, en el marco general del control del cumplimiento de un contrato de trabajo, y a estos solos fines, el empresario podrá instalar un sistema de videovigilancia. La instalación y uso del sistema no requerirá el consentimiento de los trabajadores, pero sí exige un deber de informar a estos con carácter previo y de forma expresa sobre su existencia y finalidad. La ubicación de las cámaras habrá de respetar la intimidad propia de los lugares destinados al descanso o esparcimiento, o que tengan un carácter reservado. No obstante, la utilización de las imágenes captadas para verificar o acreditar la comisión flagrante de un acto ilícito no exigirá el previo deber de información, que podrá entenderse cumplido cuando se haya colocado en lugar visible un distintivo informativo de la existencia del sistema, de su responsable y de su finalidad.

CUESTIONES

1. ¿Cuánto tiempo pueden guardarse las imágenes obtenidas por el sistema de videovigilancia?

Los datos serán suprimidos en el plazo máximo de un mes desde su captación, salvo cuando hubieran de ser conservados para acreditar la comisión de actos que atenten contra la integridad de personas, bienes o instalaciones. En tal caso, las imágenes deberán ponerse a disposición de la autoridad competente en un plazo máximo de setenta y dos horas desde que se tuviera conocimiento de la existencia de la grabación (art. 22.3 de la LOPDGDD).

2. A efectos de licitud como prueba para el despido disciplinario, ¿tiene diferentes consideraciones la instalación de videovigilancia encubierta ante la existencia de sospechas fundadas que un sistema de videovigilancia permanente?

La STS, rec. 701/2021, de 20 de julio de 2022, que cita la STDH de 17 de octubre de 2019, contempla la posibilidad de la instalación de un sistema de videovigilancia encubierta por el empleador, ante la existencia de sospechas razonables de que puedan haberse cometido graves irregularidades y la constatación de que ninguna otra medida habría permitido alcanzar el objetivo legítimo de la comprobación de tales hechos. Esta sentencia señala que: «"Cabe entender que, a estos efectos, existen significadas diferencias entre un sistema de videovigilancia permanente y un sistema de videovigilancia instalado ad hoc ante la existencia de fundadas sospechas. En el primer caso, será inexcusable el cumplimiento de las obligaciones de información del artículo 89.1 de la Ley Orgánica 3/2018 . Pero, en el segundo, tales obligaciones podrán excepcionalmente modularse en supuestos tan especiales como el presente, en el que, por lo demás, un sistema de videovigilancia permanente, sobre el que desde luego habría que proporcionar la información previa mencionada, podría estar difícilmente justificado y resultar desproporcionado". En la misma sentencia, la Sala 4ª razona: " que la mencionada STC 39/2016, 3 de marzo de 2016 afirma expresamente que 'el incumplimiento ... del deber de información previa sólo supondrá una vulneración del derecho fundamental a la protección de datos tras una ponderación de la proporcionalidad de la medida adoptada', añadiendo la STC 39/2016 que, como señala la STC 292/2000, 'el derecho a la protección de datos no es ilimitado, y aunque la Constitución no le imponga expresamente límites específicos, ni remita a los poderes públicos para su determinación como ha hecho con otros derechos fundamentales, no cabe duda de que han de encontrarlos en los restantes derechos fundamentales y bienes jurídicos constitucionalmente protegidos, pues así lo exige el principio de unidad de la Constitución'. Es decir, no todo incumplimiento del deber de información previa, en nuestro caso, del artículo 89.1

de la Ley Orgánica 3/2018, conlleva una vulneración del derecho fundamental a la protección de datos del artículo 18.4 CE. Una ponderación de la proporcionalidad de la medida adoptada puede excluir la vulneración de este derecho fundamental"».

JURISPRUDENCIA

STS n.º 285/2022, de 30 de marzo de 2022, ECLI:ES:TS:2022:1233

El TS analiza los límites y requisitos de razonabilidad jurídica para la validez de una prueba de videovigilancia en relación con la tutela de los derechos fundamentales y la justificación del despido disciplinario.

RESOLUCIONES RELEVANTES

STSJ de Cataluña, rec. 573/2023, de 29 de junio de 2023, ECLI:ES:TSJCAT:2023:7446

Se declara improcedente el despido disciplinario de una panadera que orinaba en los recipientes donde se hacía el pan por la colisión entre la prueba de grabación realizada en el obrador donde también se cambiaba y su derecho a la intimidad (art. 89 de la LOPDGDD). (Citada en la STS n.º 274/2023, de 17 de abril del 2023, ECLI:ES:TS:2023:1599):

«En el presente caso hemos dicho que no consta un local independiente como vestuario y que los trabajadores en la fecha de los hechos se cambiaban de ropa al entrar y salir del trabajo en la zona del obrador. Tenemos, pues, un uso mixto del obrador, como zona de trabajo y vestuario, por lo que es de aplicación el transcrito art. 82.2 LO 3/2018, pues la captación de imágenes en dicho lugar supone una invasión ilegítima en la intimidad que el vestuario representa, invalidando la legitimidad de la prueba así obtenida, pues tal lugar supone una prolongación de la privacidad que a toda persona corresponde en lo que es su domicilio. La tesis del recurso supondría una interpretación restrictiva de dicho precepto legal, cuando las limitaciones que el mismo establece demandan, atendida la singularidad del caso, una interpretación extensiva o expansiva "pro operario", pues la protección de las personas físicas en relación con el tratamiento de datos personales es un derecho fundamental protegido por el artículo 18.4 CE, y la tesis del recurso supondría desnaturalizar dicho derecho, debiendo el intérprete extender cuanto sea posible el universo de los sujetos titulares, para que les llegue al mayor número de personas la protección de los derechos fundamentales».

STSJ de Cataluña, rec. 2222/2021, de 6 de julio de 2021, CLI:ES:TSJCAT:2021:6466

Se declara lícita la prueba sobre la base de que existían carteles de zona de videovigilancia en el exterior del recinto por lo que el trabajador podía saber que podía ser grabado en su trabajo, a lo que se une el hecho de que incluso en el contrato de trabajo suscrito por el mismo se hacía constar de forma expresa que en el centro de trabajo existían cámaras de videovigilancia, siendo uno de los objetivos un control de grabación de las obligaciones laborales de los empleados e incumplimientos contractuales o de cualquier otro tipo que afecten a la relación laboral existente y de que podía ser sancionado por el contenido de las grabaciones. Con la colocación de esos carteles, se entiende implícito el consentimiento del trabajador para la finalidad de control de la actividad laboral, sin que fuera necesario informarle de forma expresa de que la colocación de aquéllos era para la finalidad de control; pero es que además ya había sido informado de esa finalidad en el contrato de trabajo, pese a no ser necesario.

STC n.º 119/2022, de 29 de septiembre, ECLI:ES:TC:2022:119

Bajo las nuevas previsiones normativas reguladoras de la videovigilancia, artículos 20.3 y 20 bis del Estatuto de los Trabajadores, artículos 22.4 y 8 y 89.1 de la Ley

Orgánica 3/2018, de 5 de diciembre de Protección de datos personales y garantía de los derechos digitales: «"(...) en el marco general del control del cumplimiento de un contrato de trabajo, y a estos solos fines, el empresario podrá instalar un sistema de videovigilancia. La instalación y uso del sistema no requerirá el consentimiento de los trabajadores, pero sí exige un deber de informar a estos con carácter previo y de forma expresa sobre su existencia y finalidad. La ubicación de las cámaras habrá de respetar la intimidad propia de los lugares destinados al descanso o esparcimiento, o que tengan un carácter reservado. No obstante, la utilización de las imágenes captadas para verificar o acreditar la comisión flagrante de un acto ilícito no exigirá el previo deber de información, que podrá entenderse cumplido cuando se haya colocado en lugar visible un distintivo informativo de la existencia del sistema, de su responsable y de su finalidad". Y que, en relación con la protección de datos personales del trabajador, "El consentimiento del titular de los datos y el consiguiente deber de información sobre su tratamiento se configuran como elementos determinantes del contenido esencial del derecho a la protección de los datos personales reconocido en el art. 18.4 CE . Por lo que se refiere a la instalación de sistemas de videovigilancia y la utilización de las imágenes para fines de control laboral, el tratamiento de esos datos no exige el consentimiento expreso del trabajador, porque se entiende implícito por la mera relación contractual. Pero, en todo caso, subsiste el deber de información del empresario, como garantía ineludible del citado derecho fundamental. En principio, este deber ha de cumplimentarse de forma previa, expresa, clara y concisa. Sin embargo, la norma permite que, en caso de flagrancia de una conducta ilícita, el deber de información se tenga por efectuado mediante la colocación en lugar visible de un distintivo que advierta sobre la existencia del sistema, su responsable y los derechos derivados del tratamiento de los datos. El fundamento de esta excepción parece fácilmente deducible: no tendría sentido que la instalación de un sistema de seguridad en la empresa pudiera ser útil para verificar la comisión de infracciones por parte de terceros y, sin embargo, no pudiera utilizarse para la detección y sanción de conductas ilícitas cometidas en el seno de la propia empresa. Si cualquier persona es consciente de que el sistema de videovigilancia puede utilizarse en su contra, cualquier trabajador ha de ser consciente de lo mismo"».

STSJ de Canarias n.º 518/2021, de 31 mayo de 2021, ECLI:ES:TSJICAN:2021:1624

No es posible instalar cámaras de videovigilancia en los comedores o zonas de esparcimiento. Se cuestiona si la instalación de la cámara vulnera el derecho fundamental del trabajador a la intimidad (art. 18 de la CE) en relación a las previsiones contenidas en el art. 89. 1 y 2 de la LOPD, donde se prohíbe expresamente la instalación de cámaras de vigilancia en lugares de descanso o esparcimiento. El TSJ entiende que la conducta empresarial de captación de imágenes en lugares de descanso de los trabajadores supone una vulneración del derecho fundamental a la intimidad del trabajador e impone una indemnización por daños morales de 6.251 euros.

STC n.º 119/2022, de 29 de septiembre, ECLI:ES:TC:2022:119

El TC avala la grabación de imágenes sin aviso previo al empleado como prueba para el procedimiento de despido.

Sobre el derecho a la protección de los datos personales del trabajador: el consentimiento del titular de los datos y el consiguiente deber de información sobre su tratamiento se configuran como elementos determinantes del contenido esencial del derecho a la protección de los datos personales reconocido en el art. 18.4 de la CE. «Por lo que se refiere a la instalación de sistemas de videovigilancia y la utilización de las imágenes para fines de control laboral, el tratamiento de esos datos no

> exige el consentimiento expreso del trabajador, porque se entiende implícito por la mera relación contractual. Pero, en todo caso, subsiste el deber de información del empresario, como garantía ineludible del citado derecho fundamental. En principio, este deber ha de cumplimentarse de forma previa, expresa, clara y concisa. Sin embargo, la norma permite que, en caso de flagrancia de una conducta ilícita, el deber de información se tenga por efectuado mediante la colocación en lugar visible de un distintivo que advierta sobre la existencia del sistema, su responsable y los derechos derivados del tratamiento de los datos. El fundamento de esta excepción parece fácilmente deducible: no tendría sentido que la instalación de un sistema de seguridad en la empresa pudiera ser útil para verificar la comisión de infracciones por parte de terceros y, sin embargo, no pudiera utilizarse para la detección y sanción de conductas ilícitas cometidas en el seno de la propia empresa. Si cualquier persona es consciente de que el sistema de videovigilancia puede utilizarse en su contra, cualquier trabajador ha de ser consciente de lo mismo».

La Agencia Española de Protección de Datos (AEPD) ha publicado en mayo de 2021 una guía con recomendaciones para la aplicación de la LOPDGDD y RGPD en la protección de datos dentro de las relaciones laborales, información que, a pesar de referirse únicamente a las obligaciones en materia de protección de datos personales, son de interés en relación al derecho a información, instalación y tratamiento de las grabaciones.

En este sentido, partiendo de la necesidad de implementar las medidas de seguridad pertinentes en función de los análisis de riesgos y, eventualmente, de la evaluación de impacto si fuera necesaria, la Agencia aclara:

- La Agencia Española de Protección entiende que el Estatuto de los Trabajadores faculta al empresario para adoptar las medidas que estime más oportunas para verificar el cumplimiento por el trabajador de sus obligaciones y deberes laborales, que deberán guardar la consideración debida a la dignidad humana y tener en cuenta la capacidad real de los trabajadores con discapacidad (art. 20.3 del ET), por lo que **no se requiere el consentimiento**.

- Los sistemas de videovigilancia para control empresarial sólo se adoptarán cuando exista una relación de proporcionalidad entre la finalidad perseguida y el modo en que se traten las imágenes y no haya otra medida más idónea.

- El control audiovisual ha de respetar los derechos fundamentales de la persona trabajadora, especialmente el derecho a la intimidad personal. (STC n.º 98/2000, de 10 de abril de 2000, ECLI:ES:TC:2000:98).

- A las imágenes grabadas accederá sólo el personal autorizado. Los monitores de grabación deben situarse de forma que, en la medida de lo posible, únicamente puedan ser visualizados por aquellos cuya función sea controlar los equipos que realizan las grabaciones. En ningún caso deben estar ubicados de forma que clientes o usuarios puedan ver las imágenes.

- Se deberá informar de la existencia de un sistema de videovigilancia a las personas trabajadoras y, en su caso, a sus representantes, con carácter previo, y de forma expresa, clara y concisa, acerca de esta medida.

– En el supuesto de que se haya captado la comisión flagrante de un acto ilícito por las personas trabajadoras, se entenderá cumplido el deber de informar cuando se haya colocado un dispositivo informativo en lugar suficientemente visible concretando, al menos, la existencia del tratamiento, la identidad del responsable de la instalación, ante quién y dónde dirigirse para ejercer los derechos que prevé la normativa de protección de datos, y dónde obtener más información sobre el tratamiento de los datos personales.

– Está prohibida la instalación de sistemas de grabación de imagen y/o sonido en lugares destinados al descanso o esparcimiento de las personas trabajadoras, tales como vestuarios, aseos, comedores y análogos.

– Cuando fuera un tercero, y no la empresa, el encargado de la gestión de las cámaras, ese tercero se convierte en un encargado del tratamiento de datos de carácter personal.

A TENER EN CUENTA. La **STEDH de 17 de octubre de 2019** (caso **López Ribalda II**), analizando la instalación de cámaras ocultas proporcionada a los fines pretendidos, establece que la medida de instalar cámaras de videovigilancia, unas ocultas y otras visibles, no vulnera el derecho de los trabajadores a la protección de datos, si su instalación era proporcionada a los fines pretendidos. Igualmente, en el supuesto de que se haya captado la comisión flagrante de un acto ilícito por los trabajadores o los empleados públicos se entenderá cumplido el deber de informar cuando existiese al menos el dispositivo al que se refiere el artículo 22.4 de la LOPDGDD. (STSJ de Andalucía n.º 557/2020, de 13 de febrero de 2020, ECLI:ES:TSJAND:2020:1605).

CUESTIÓN

¿Deberán aplicarse los principios de protección de datos a las cámaras desactivadas?

Deberán aplicarse los principios vigentes en materia de protección de datos personales y la normativa sectorial que resulte de aplicación a las cámaras que simplemente estén desactivadas y que pueden activarse sin esfuerzos excesivos. (Guía «La protección de datos en las relaciones laborales». AEPD. Mayo 2021).

5.2. Correo electrónico de los empleados: ¿es posible el acceso al correo electrónico de la persona trabajadora por parte de la empresa?

El acceso al correo electrónico de la persona trabajadora por parte de la empresa, su utilización dentro del horario laboral con fines privados, o, el uso extralaboral del mismo, entre otras casuísticas, son asuntos bastante controvertidos cuya judicialización muestra el **conflicto entre la necesidad de cumplir las garantías de inviolabilidad de la persona del trabajador pro-**

mulgadas por el art. 87 de la LOPDGDD, el art. 18 del Estatuto de los Trabajadores y el poder de dirección promulgado por el art. 20 y 20 bis del mismo texto legal.

Y es aquí donde surgen los interrogantes que vienen siendo abordados por el orden jurisdiccional laboral (y penal como en la STS n.º 328/2021, de 22 de abril de 2021, ECLI:ES:TS:2021:1486), con la obligada referencia que ofrecen la jurisprudencia del Tribunal Constitucional y el TEDH.

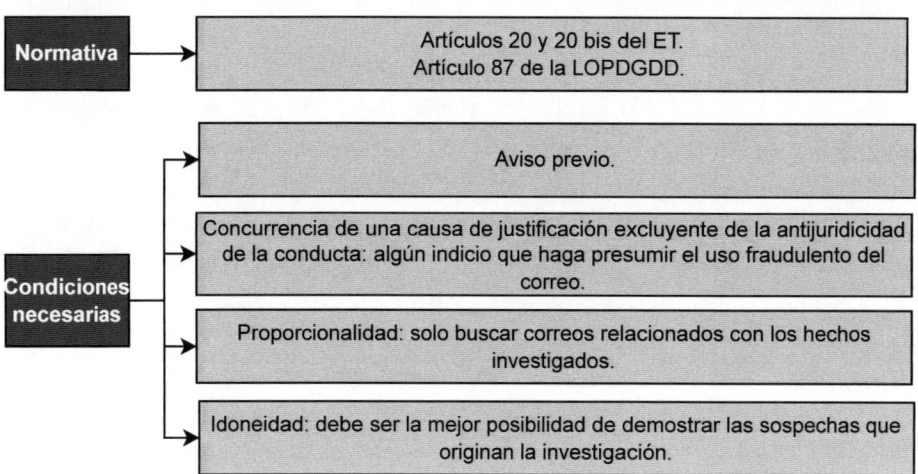

Uso del correo corporativo

Es conveniente contar en la empresa con una política de usos de los medios informáticos, y regular el uso del correo corporativo especificando si se autoriza su uso para temas personales.

En cuanto al acceso al correo electrónico corporativo fuera de horario de trabajo es una cuestión laboral tan frecuente como controvertida y que ha sido puesta en la palestra con motivo de la entrada en vigor de la Ley Orgánica 3/2018, de 5 de diciembre, de Protección de Datos Personales y garantía de los derechos digitales (en adelante LOPDGDD), que introduce por primera vez en la normativa española el derecho a la desconexión digital, del que podemos extraer el derecho de las personas trabajadoras a no responder correos de contenido laboral (tanto de superiores jerárquicos, como compañeros o clientes) fuera del horario laboral y a la necesidad de las empresas de elaborar una política interna sobre las modalidades de este derecho, al que nos referiremos en próximo apartado.

En cuanto al uso del correo corporativo por motivos personales por razones elementales de orden lógico y de buena fe, un trabajador no puede introducir datos ajenos a la empresa en un ordenador de ésta sin expresa autorización, pues todos los instrumentos están puestos a su exclusivo servicio, haciéndose esto extensible al correo corporativo (STSJ de Andalucía n.º 1619/2003, de 9 de mayo de 2003); a pesar de esto siempre es conveniente contar con una política de usos de los medios informáticos que recoja la prohibición del uso personal.

Dejando a un lado las características sobre la posible indagación por parte de la empresa del contenido del correo en base a los cánones de proporcionalidad (SSTC 186/2000, 66/1995, 55/1996, 207/1996 y 37/1998) —ya reiterada en otros puntos de la obra—, en este supuesto suelen incardinarse hechos constitutivos tanto de transgresión de la buena fe contractual, por realizar trabajos a terceros, como ofensas a compañeros de trabajo, o envío a compañeros —o contactos ajenos a la relación laboral— de mensajes humorísticos, sexistas u obscenos, siendo claro en estos casos el uso indebido del correo. Por eso insistimos en la necesidad de elaborar una política interna de uso de estos medios.

Aplicando doctrina jurisprudencial en la materia, tanto del Tribunal Constitucional y Tribunal Supremo como del Tribunal Europeo de Derechos Humanos, la SJS de Palma de Mallorca n.º 291/2019, de 30 de agosto de 2019, ECLI:ES:JSO:2019:3055, avala el despido de una persona trabajadora por utilización reiterada del ordenador de empresa para navegar por internet con fines no laborales existiendo una clara y concreta prohibición empresarial. El JS de Palma de Mallorca basa su decisión en aspectos como:

– **Inexistencia de una posible vulneración del derecho a la intimidad**, toda vez que la política de uso de medios informáticos no solo se comunicó a los trabajadores como anexo adjunto a su contrato de trabajo, sino que se recordó a través de la circular informativa que les fue remitida a todos (recordando doctrina constitucional y recogida en las SSTS n.º 226/2017, de 17 de marzo de 2017, ECLI:ES:TS:2017:1265, rec. 966/2006, de 26 de septiembre de 2007, ECLI:ES:TS:2007:612, y rec. 1826/2010, 8 de marzo de 2011, ECLI:ES:TS:2011:1323). Es importante recalcar que no es suficiente elaborar la política sino que es necesaria la constante comunicación de la misma a los trabajadores.

– Se entiende que la comprobación de los accesos a través de una investigación más exhaustiva del ordenador que utilizaba la persona trabajadora era **imprescindible para poder averiguar si en efecto se estaba llevando a cabo un uso inadecuado de internet por su parte**.

– Se trata de una **actuación proporcionada** por cuanto no se accedió a ningún dispositivo ni aparato personal sino únicamente al registro de los accesos a internet que constaban realizados desde el ordenador instalado en la oficina que utilizaba el trabajador, y la investigación exhaustiva de los mismos se centra en unas fechas concretas.

– Al estar **prohibido expresamente el acceso a internet para fines particulares**, esa prohibición implica una total ausencia de tolerancia empresarial, por lo que en dichas condiciones el trabajador afectado sabe que su acción de utilizar su ordenador para fines personales no es correcta, y que está utilizando un medio que se encuentra lícitamente sometido a la vigilancia del empresario, por lo que no puede albergar una expectativa razonable de intimidad porque conoce la prohibición y la posibilidad de control empresarial.

– En el periodo monitorizado (12/09/2017 - 27/09/2017) constan 60 accesos a facebook y 133 a YouTube.

CUESTIONES

1. ¿Es legítimo el control de correos electrónicos de empleados?

La legalidad del control de los correos electrónicos de los empleados dependerá en gran medida de la normativa interna de la compañía, de la notificación de la restricción del uso personal de dicho correo y de la información sobre la posibilidad de monitorizarlo. Además, para que el control sea legítimo, esta medida debe ser idónea, necesaria y proporcional. Analizando este extremo: STS, rec. 4053/2010, de 6 de octubre de 2011, ECLI:ES:TS:2011:8876 y STC n.º 170/2013, de 7 de octubre de 2013.

2. ¿Cómo puede la empresa formalizar una cláusula contractual sobre prohibición de uso de correo electrónico con fines privados?

A modo de ej.:

«Ningún mensaje de correo electrónico utilizando los medios informáticos proporcionados por la empresa será considerado privado. Se considera correo electrónico tanto el interno, entre terminales de la red corporativa, como el externo, dirigido o proveniente de otras redes privadas o públicas, especialmente internet.

Siguiendo la política empresarial en esta materia, la utilización del correo electrónico en los términos descritos en el párrafo anterior deberá exclusivamente emplearse para una utilización laboral o profesional.

Tanto el correo electrónico como la navegación por internet son medios de la empresa, y por tanto su utilización debe ser únicamente laboral y profesional, quedando dentro del ámbito del poder de control del empresario, establecido en el art. 20.3 del Estatuto de los Trabajadores. Dicho control obedecerá a comprobar la corrección en el uso de estos medios informáticos, para corroborar si se está cumpliendo con el deber o prestación laboral y/o profesional, así como si su uso se ajusta a las finalidades que lo justifican, o por razones de seguridad, prevención de infracciones penales.

Por ello cualquier información obtenida por este medio podrá ser utilizada con fines disciplinarios».

RESOLUCIÓN RELEVANTE

STSJ de Madrid n.º 338/2010, de 27 de abril de 2010, ECLI:ES:TSJM:2010:6008

Declara procedente el despido (a partir de la doctrina sentada por la STS, REC. 966/2006, de 26 de septiembre de 2007, ECLI:ES:TS:2007:6128, sobre control empresarial del uso de los ordenadores por los trabajadores), tomando en consideración que el art. 59.11 del Convenio colectivo de la industria química aplicable a las partes tipificaba como falta leve sancionable la utilización de los medios informáticos propiedad de la empresa para fines distintos de los relacionados con la prestación laboral. Dado que esta prohibición del Convenio no hacía referencia a los teléfonos móviles, la Sentencia entendió que, al no haber establecido previamente la empresa las reglas sobre su uso y control, las pruebas obtenidas de los mensajes de texto del teléfono móvil proporcionado al trabajador debían ser rechazadas por resultar contrarias a su derecho a la intimidad. Por el contrario, la citada prohibición convencional sí alcanzaba al uso del correo electrónico, y puesto que el trabajador debía conocer el Convenio y no constaba que esa limitación hubiera sido levantada por la empresa, la Sentencia concluyó que no era preciso que la empresa estableciera previamente las reglas de uso de los medios informáticos; estaba pues legitimada para comprobar su utilización y las comunicaciones realizadas a través de ellos, sin vulnerar el derecho a la intimidad del trabajador. En consecuencia, probado que el trabajador había remitido a terceros —en particular, a la cuenta de otra empresa— información detallada sobre la previsión de la cosecha de 2007 y 2008 desde el correo electrónico de la empresa demandada, sin contar con autorización para ello, la Sentencia concluyó que, tratándose de datos confidenciales y de obligada reserva, la conducta constituía un supuesto de transgresión de la buena fe contractual, razón por la que declaró la procedencia del despido.

Uso del correo personal

En remisión a lo dicho a modo introductorio, si en la política interna ha quedado expresamente prohibido el uso de internet con fines extralaborales o exclusivamente profesionales, el uso del correo personal en horario laboral denotaría desobediencia a las órdenes recibidas, y una transgresión de la buena fe contractual que debe presidir la relación laboral (art. 54.2 del ET), incumplimientos, por lo general, contemplados como falta en el convenio de aplicación, y que, aplicando cierta proporcionalidad, podrían justificar un despido disciplinario (STSJ de Cataluña n.º 4667/2011, de 4 de julio de 2011, ECLI:ES:TSJCAT:2011:8267).

En este caso la relevancia de la utilización del correo personal para comunicarse con los clientes radicará en la información transmitida, la frecuencia en la utilización del correo personal durante la jornada laboral, la utilización del ordenador corporativo con fines no permitidos o la existencia de un protocolo definido en relación con la comunicación con clientes.

En todo caso lo que el Tribunal Supremo ha dejado claro es que no existe obligación de la persona trabajadora de facilitar a la empresa la cuenta personal de correo electrónico, ni siquiera el número de teléfono móvil a la empresa. La STS, rec. 259/2014 de 21 de septiembre de 2015, ECLI:ES:TS:2015:4086, cree abusiva, y contraria a la derogada LOPD, la cláusula contractual por la cual un trabajador proporciona voluntariamente a la empresa el número de teléfono móvil o su cuenta de correo electrónico, así como su compromiso para comunicar la inmediata variación de tales datos, al objeto de que se pueda comunicar por tales vías toda incidencia relativa al contrato, relación laboral o puesto de trabajo.

El TS admite que pueden ponerse aquellos datos a disposición de la empresa e incluso «pudiera resultar deseable, dado los actuales tiempos de progresiva pujanza telemática en todos los ámbitos». Si bien, se opone a que sea en el contrato de trabajo donde se haga constar cláusulas en donde el trabajador presta su voluntario consentimiento a aportar datos personales, siendo el trabajador la parte más débil del contrato y al ser incluida por la empresa en el momento de acceso a un bien escaso como es el empleo puede entenderse que su consentimiento sobre tal extremo no es por completo libre y voluntario, por lo que tal cláusula es nula por atentar contra un derecho fundamental y debe excluirse de los contratos de trabajo.

El Tribunal Supremo considera que la incorporación al contrato de los datos que se cuestionan, no están exentos del consentimiento del trabajador, ya que no lo están en la excepción general del art. 6.2 de la derogada LOPD, al no ser «necesarios para el mantenimiento o cumplimiento» del contrato de trabajo según la definición del Diccionario de la Real Academia (aquello que «es menester indispensablemente, o hace falta para un fin»), ya que la relación laboral ha podido hasta recientes fechas desarrollarse sin tales instrumentos.

De esta forma y aplicando esta doctrina sería necesario establecer esta cláusula fuera del contrato de trabajo por medio de un acuerdo empresa-persona trabajadora, firmado con posterioridad al contrato que une a las partes, en el que de forma voluntaria se aporten estos datos.

La SAN n.º 13/2014, de 28 enero de 2014, ECLI:ES:AN:2014:239, también ha declarado abusiva la cláusula del contrato de trabajo que obliga al trabajador a proporcionar a la empresa su teléfono móvil y/o su cuenta de correo para que esta le efectúe cualquier comunicación relativa a su relación laboral. Esto requiere el consentimiento de los interesados a menos que la misma pueda ampararse en alguno de los supuestos excepcionados por el art. 6.2 de la LOPD, por lo que, al no concurrir en este caso, se declara nula; el derecho a la protección de datos atribuye a su titular un haz de facultades consistente en diversos poderes jurídicos cuyo ejercicio impone a terceros deberes jurídicos, que no se contienen en el derecho fundamental a la intimidad, y que sirven para garantizar a la persona un poder de control sobre sus datos personales, lo que sólo es posible y efectivo imponiendo a terceros una serie de deberes de hacer.

5.3. Datos obtenidos por geolocalización: ¿es posible el despido o la sanción utilizando dispositivos de geolocalización como prueba?

Requisitos para la instalación de sistemas de geolocalización

El art. 90 de la LOPDGDD establece que los empleadores podrán establecer sistemas de geolocalización para el control de la actividad laboral de sus personas trabajadoras, de conformidad con lo dispuesto en el art. 20.3 del Estatuto de los Trabajadores, siempre que dicha facultad se ejerza dentro de su marco legal y con los límites inherentes al mismo.

No obstante, previamente a su instalación, la empresa deberá informar expresa, clara e inequívocamente a los trabajadores y a sus representantes, acerca de la existencia y características de estos dispositivos de geolocalización, así como del posible ejercicio de los derechos de acceso, rectificación, limitación del tratamiento y supresión. Y ese derecho a consentir el conocimiento y el tratamiento, informático o no, de los datos personales, requiere como complementos indispensables, por un lado, la facultad de saber en todo momento quién dispone de esos datos personales y a qué uso los está sometiendo, y, por otro lado, el poder oponerse a esa posesión y usos (SJS de Palencia, rec. 560/2022, de 15 de marzo del 2023, ECLI:ES:JSO:2023:2353).

Dentro de las facultades de dirección y control de la actividad laboral atribuidas legalmente a los empleadores (art. 20 del ET), se ha venido permitiendo que el empresario instale dispositivos de seguimiento como medida de vigilancia y control, especificándose, por parte de la AEPD, la necesidad del cumplimiento de una serie de requisitos de acuerdo con los límites del marco legal (Guía «La protección de datos en las relaciones laborales». AEPD. Mayo 2021):

- Será necesario cumplir la obligación de información de forma previa, expresa, clara y concisa al trabajador o empleado público o a su representante, incluidos el ejercicio de los derechos de acceso, rectificación, limitación del tratamiento y supresión.

- Los datos de localización han de ceñirse exclusivamente al horario laboral atendiendo a la base jurídica por la que se implanta: el registro horario (art. 34.9 del ET). Este punto ha sido señalado por la STSJ de Asturias n.º 3058/2017, de 27 de diciembre de 2017, ECLI:ES:TSJAS:2017:4125.

- Deberá ser una necesidad de la empresa relacionada con su actividad, en caso contrario ha de atenderse al principio de proporcionalidad establecido por la LOPDGDD y RGPD.

- El plazo de conservación de estos datos por el responsable estará en función de la finalidad de los mismos, y en todo caso, nunca será superior a los dos meses.

CUESTIONES

1. ¿Es posible instaurar un localizador GPS exclusivamente para controlar el vehículo?

Según la AEPD, dado que estos medios de control permiten, además, el acceso a otra información, como el comportamiento al volante o incluso una monitorización u observación continua, la geolocalización aplicada a la herramienta conlleva también la geolocalización y el control de la propia persona trabajadora, por lo que han de tenerse en cuenta las siguientes cautelas a efectos de protección de datos:

Debe realizarse una evaluación de impacto antes de implementar tecnologías de este tipo cuando para el responsable del tratamiento sea nueva o desconocida.

Debe evaluarse si el tratamiento de datos resultante cumple los principios de proporcionalidad y subsidiariedad.

El control ha de cumplir un fin específico, no la observación continua de las personas trabajadoras, lo que sucedería, por ejemplo, cuando los datos de localización estuviesen disponibles únicamente cuando el dispositivo sea objeto de denuncia o se extravíe.

Se deberá informar del ejercicio de los derechos de los interesados que le correspondan y las características de los dispositivos que realizan la geolocalización.

2. ¿Es lícito imponer a la persona trabajadora la obligación de proporcionar datos de geolocalización mediante su teléfono móvil?

No es lícito imponer a la persona trabajadora la obligación de proporcionar medios personales para facilitar la geolocalización como sería el teléfono móvil personal. Este aspecto ha sido señalado por la SAN n.º 13/2019, de 6 de febrero de 2019, ECLI:ES:AN:2019:136, desarrollada posteriormente.

3. Para que los datos de geolocalización puedan ser usados con fines disciplinarios o sancionadores, ¿qué requisitos deben cumplirse?

Para el uso de la geolocalización con fines disciplinarios o de despido, es importante que la empresa haya establecido previamente en su política interna que el incumplimiento de ciertas obligaciones laborales, verificables a través del sistema de geolocalización, puede ser causa de sanción o despido disciplinario. En cualquier caso, para evitar posibles incidencias, la persona trabajadora debe ser informada de manera clara y precisa sobre:

a) La existencia y naturaleza de los dispositivos de geolocalización.

b) Los fines para los cuales se recopilan los datos de geolocalización.

c) Los derechos que asisten al trabajador en materia de protección de datos, incluyendo el derecho de acceso, rectificación, supresión y otros derechos reconocidos en la normativa.

Será esencial garantizar que esos datos son sólidos y han sido obtenidos y tratados legalmente.

Utilización de la geolocalización como medio de prueba para una eventual sanción disciplinaria o despido

Como hemos dicho, la empresa está legitimada dentro de su poder de control y dirección para instalar un dispositivo de geolocalización, pero ha de preavisar de las posibles consecuencias disciplinarias de una actuación dolosa o fuera de las directrices pactadas para poder sancionar.

La geolocalización en el trabajo viene siendo admitida por la doctrina judicial sin necesidad de negociarlo al amparo del art. 20.1 del ET —SSTSJ de Andalucía, rec. 2802/2016, de 19 de julio de 2017, ECLI:ES:TSJAND:2017:8149, Asturias n.º 3058/2017, de 27 de diciembre de 2017, ECLI:ES:TSJAS:2017:4125 y C. Valenciana, n.º 1165/2017, de 2 de mayo de 2017, ECLI:ES:TSJCV:2017:4109— siempre que la misma sea informada, sean debidamente tratados los datos y la medida supere un juicio de proporcionalidad (SAN n.º 13/2019, de 6 de febrero de 2019, ECLI:ES:AN:2019:136). En concreto la jurisprudencia se ha pronunciado tanto a favor o como en contra de permitir este tipo de seguimiento.

Incluso desde la óptica penal, el Tribunal Europeo de Derechos Humanos tuvo ocasión de examinar el uso de un dispositivo de estas características en su sentencia de 2 de septiembre de 2.010 (caso Uzun contra Alemania), afirmando, al cabo, que (STSJ de Madrid n.º 260/2014, de 21 de marzo de 2014, ECLI:ES:TSJM:2014:3074):

> «(...) el sistema GPS instalado en el automóvil que la empresa cedió al demandante por teóricas razones de seguridad se utilizó, en realidad, sin previo aviso, ni información al afectado, para conocer y tratar luego los datos relativos a los lugares en que estuvo en cada momento mientras lo conducía y, de este modo, buscar la probanza del modo en que realizó su prestación laboral, el carácter profesional del uso del vehículo en el exterior de la empresa y del trabajo desempeñado no empecen la realidad de una injerencia en los derechos que le asisten a la intimidad personal y protección de datos de esta índole, por lo que el procedimiento utilizado los violentó flagrantemente y, por ello, la prueba así obtenida de que quiere valerse la recurrente carece de eficacia alguna debido a su patente ilicitud».

La **STSJ de Castilla y León, de 27 de julio de 2023, ECLI:ES:TSJCL:2023:3173**, ratifica la declaración de procedencia del despido disciplinario de un trabajador (comercial) por no realizar las visitas necesarias a empresas clientes, acreditada mediante el uso de un dispositivo de geolocalización instalado en el vehículo de empresa que el trabajador utilizaba. La empresa había advertido al trabajador de la utilización del GPS para el control de su desempeño laboral. El trabajador falseó los datos de visitas de ese mes que reportó a la empresa, con evidente fraude y deslealtad. Por tanto, se ratifica la declaración de procedencia del despido

La **STSJ de Galicia n.º 3031/2014, de 6 de junio de 2014, ECLI:ES:TSJGAL:2014:3925**, establece, en relación a los seguimientos del vehículo del que fue objeto el trabajador a través de dispositivo GPS (vigilante de seguridad que en su jornada fue encontrado durmiendo y fuera de su puesto de trabajo), que según el artículo 90.1 de la LRJS, las partes podrán servirse de cuantos medios de prueba se encuentren regulados en la Ley, admitiéndose como tales los medios mecánicos de reproducción de la palabra, la imagen y del sonido, salvo que se hubieran obtenido, directa o indirectamente, mediante procedimientos que supongan violación de derechos fundamentales o libertades públicas.

Habiéndose acreditado que el trabajador incurrió en las infracciones imputadas (abandono del servicio de responsabilidad, transgresión de la buena fe contractual y abuso de confianza), las mismas dan lugar a sanción de despido, y por ello se califica como legítima la actuación del empresario, siendo acorde con el ordenamiento y más concretamente, con la normativa que queda invocada (Convenio Colectivo de Seguridad y arts. 20, 55 y 56 del ET).

El TSJ rechaza la existencia de una violación del artículo 18.3 de la CE pues «(...) en ningún momento el GPS instalado en el coche de la empresa tiene por objeto captar imágenes íntimas de los trabajadores sino facilitar el control, incluso en beneficio de la propia seguridad de los trabajadores (y así se corrobora por las propias intenciones del trabajador recurrente al querer introducir el carácter peligroso de la vigilancia en los polígonos industriales). El uso de medios y dispositivos tipo GPS no se pueden considerar ilícitos, pues la empresa tiene un claro interés en tener localizados sus vehículos, lo que no incide en la violación de ningún derecho fundamental. Finalmente, tampoco parece razonable que la empresa, ante la comisión de faltas laborales, desvele las medidas de control y de seguridad tendentes a prevenir a disuadir o a posibles infractores, cuando se refieren a vigilancia sobre mercancías, que pueden ser sustraídas, o localización de vehículos en sus rutas laborales en un ámbito que no se puede considerar de intimidad o privacidad o de estricto control de una persona con un fin ilegal».

STSJ de Castilla-La Mancha n.° 328/2015, de 23 de marzo de 2015, ECLI:ES:TSJCLM:2015:796. El TSJ Castilla-La Mancha, mantiene que «no debe olvidarse que hemos establecido de forma invariable y constante que las facultades empresariales se encuentran limitadas por los derechos fundamentales (entre muchas, SSTC 98/2000, de 10 de abril, FJ 7). Por ello, al igual que el interés público en sancionar infracciones administrativas resulta insuficiente para que la Administración pueda sustraer al interesado información relativa al fichero y sus datos, según dispone el art. 5.1 y 2 LOPD (STC 292/2000, de 30 de noviembre, FJ 18), tampoco el interés privado del empresario podrá justificar que el tratamiento de datos sea empleado en contra del trabajador sin una información previa sobre el control laboral puesto en práctica. No hay en el ámbito laboral, por expresarlo, en otros términos, una razón que tolere la limitación del derecho de información que integra la cobertura ordinaria del derecho fundamental del art. 18.4 CE. Por tanto, no será suficiente que el tratamiento de datos resulte en principio lícito, por estar amparado por la Ley (arts. 6.2 LOPD y 20 LET), o que pueda resultar eventualmente, en el caso concreto de que se trate, proporcionado al fin perseguido; el control empresarial por esa vía, antes bien, aunque podrá producirse, deberá asegurar también la debida información previa».

STSJ de Madrid n.° 260/2014, de 21 de marzo de 2014, ECLI:ES:TSJM:2014:3074. El TSJ Madrid, sobre la posibilidad de conocer en todo momento la localización del trabajador, mediante un sistema de geolocalización que permite un continuo y permanente seguimiento del vehículo durante su uso (no sólo el posicionamiento de éste por razones de seguridad, sino también el lugar exacto en donde se halla el trabajador) y, a su vez, el posterior tratamiento de los datos obtenidos con una finalidad completamente distinta de la anunciada y, por ende, sin conocimiento del conductor, hacen que «las conclusiones extraídas merced a este dispositivo tecnológico y su aportación como medio de prueba en sede judicial para demostrar un pretendido incumplimiento contractual constituyan un procedimiento que lesiona los derechos fundamentales de constante cita. En este caso el TSJ cita el Informe 193/2.008 de la Agencia Española de Protección de Datos, «atinente a la instalación de un sistema GPS en el automóvil facilitado a un trabajador, en el que tras reproducir el mandato del artículo 20.3 del Estatuto de los Trabajadores dice con rotundidad: "(...) No obstante, la existencia de esta legitimación no excluye el cumplimiento del deber de informar, por parte del empresario previsto en el art. 5.1 de la Ley Orgánica. En consecuencia, la actuación descrita en la consulta, genera el correspondiente fichero y en todo caso, será obligatoria su inscripción en el Registro General de Protección de Datos, conforme a lo establecido en el artículo 26 de la Ley Orgánica"».

STSJ de Andalucía n.º 1937/2017, de 18 de septiembre 2017, ECLI:ES:TSJAND:2017:10832. Se declara procedente el despido disciplinario de un viajante por no activar el dispositivo GPS del móvil para estar localizado durante su jornada. El incumplimiento por el trabajador de su obligación se considera transgresión de la buena fe y abuso de confianza. Por otro lado, se consideró ajustada a derecho la posibilidad de pactar con el trabajador la aportación del teléfono móvil —u otros elementos auxiliares de la vida personal—, cuando sea compensada y no abusiva, siempre que se estipule en el contrato [con sustento en el art. 26.3 ET, 109.2 c) LGSS/1994, y límites exentos en materia de kilometraje en la legislación fiscal refirió que la doctrina judicial la STSJ de Madrid de 11-5-2012, STS 5-7-2.016, 18-12-2012 y sobre todo la STS 26-2-1986 (834/1986)].

STSJ de Andalucía n.º 2191/2017, de 3 de octubre de 2017, ECLI:ES:TSJAS:2017:3032, que declara lícito el sistema cuando es a través de marcos cartográficos. Se trata de un supuesto de vendedor con jornada partida que acude a trabajar por la mañana, pero no por la tarde, habiendo sido ya amonestado previamente por llevar a cabo la liquidación fraudulenta de dietas por comidas realizadas fuera de casa como consecuencia de su actividad laboral, cuando los desplazamientos y visitas durante los días expresados se realizaron en horario matutino, no teniendo necesidad de hacer la comida de mediodía fuera de su domicilio. Se admite como prueba válida la geolocalización mediante un sistema de GPS en una Tablet que debía estar siempre encendida durante la jornada laboral.

STSJ de Andalucía n.º 2269/2017, de 19 octubre de 2017, ECLI:ES:TSJAND:2017:11675, que declara la nulidad del despido por la vulneración del derecho a la intimidad al utilizar los datos del dispositivo GPS instalado en el vehículo puesto a disposición del trabajador de manera permanente para una finalidad distinta a las previstas.

«(...) pero el caso descrito nada tiene que ver con el que ahora nos ocupa, en el que los datos GPS utilizados son única y exclusivamente los generados por el movimiento del vehículo utilizado por el trabajador solo en jornada de trabajo y a los exclusivos efectos de realizar las funciones propias de la categoría. Cuestión distinta es que implantado el sistema GPS en un vehículo puesto a disposición del trabajador de manera permanente, por ejemplo, en caso de directivos o comerciales, resultara luego que se intentaran hacer valer los datos obtenidos en relación a tramos horarios ajenos a la jornada laboral y a la prestación de servicios. Sin embargo, **si el sistema GPS se instala en el vehículo asignado precisamente para el desarrollo del servicio y para poder realizar las rutas de vigilancia, entonces no acertamos a discernir cómo puede separarse conceptualmente el control de posición de tal vehículo, de la comprobación del cumplimiento de sus obligaciones por parte del trabajador.**

Expuesto lo anterior, habrá que concluir con la estimación del recurso, en cuanto la utilización de los datos ha sido para finalidad distintas a las previstas, ya que como queda dicho, el dispositivo de localización por GPS, tenía por finalidad "garantizar la seguridad y coordinación de ellos trabajos", en definitiva, podían utilizarse por la empresa para la comprobación del cumplimiento de los deberes laborales del interesado, pero, como dice la sentencia anteriormente referenciada "cuestión distinta es que implantado el sistema GPS en un vehículo puesto a disposición del trabajador de manera permanente, resultara luego que se intentaran hacer valer los datos obtenidos en relación a tramos horarios ajenos a la jornada laboral y a la prestación de servicios", lo que es el caso, ya que se han utilizado dichos datos, no con la finalidad de control durante su jornada laboral, sino en relación a tramos horarios ajenos a la jornada laboral, como era los periodos de baja por incapacidad temporal, para lo que no se encontraba autorizado, todo lo cual comporta la estimación del presente recurso, con la consiguiente declaración de nulidad del despido acontecido. al quedar constancia de que la actora no era conocedora, de la instalación del GPS, en el vehículo que conducía, para supuesto ajeno al control de su jornada de trabajo».

SAN n.º 13/2019, de 6 de febrero de 2019, ECLI:ES:AN:2019:136, que declara ilícita la geolocalización cuando se realiza sobre dispositivos personales siempre que esté justificada.

Se afronta a través del conflicto colectivo, la imposición unilateral por la empresa de un sistema de geolocalización a trabajadores que realizan tareas de reparto que obliga a los trabajadores a facilitar su móvil con conexión a internet para la descarga del aplicativo de la empresa, y contempla para caso de incumplimiento por parte del trabajador una cláusula resolutoria del contrato de trabajo. La AN determina que existe:

– **Una vulneración del derecho fundamental a la protección de datos en un doble plano**: colectivo, en el ámbito de los derechos de información y consulta de la empresa respecto de los representantes de los trabajadores. Individual, pues la implantación del sistema en el modo diseñado por la empresa —obligación de aportar el móvil personal, facilitar número y mantener a disposición—,además de vulnerar los derechos de información que incumben a la empresa, no respeta el derecho a la privacidad de los trabajadores y no supera el necesario juicio de proporcionalidad, puesto que se podrían obtener los mismos resultados (el seguimiento de los perdidos) con medidas menos invasivas como pudieran ser la implantación de sistemas de geolocalización en las motocicletas.

– **Una vulneración de la legalidad ordinaria en el régimen jurídico del contrato de trabajo**:

   • En la génesis del contrato al quebrar de la nota de ajenidad del contrato de trabajo al estar obligado el trabajador a aportar un teléfono móvil con conexión de datos para desarrollar el trabajo.

   • En el cumplimiento del deber empresarial de dar ocupación efectiva puesto que intenta desplazar este deber al trabajador, al que responsabiliza de los medios, de forma que cualquier impedimento en la activación del sistema de geolocalización implica cuando menos la suspensión del contrato de trabajo y la consiguiente pérdida del salario.

   • La compensación que se oferta por tal aportación carece de entidad para justificar (o poner «precio a la medida»).

• En el momento de la extinción, puesto que las consecuencias derivadas del incumplimiento del trabajador de poner a disposición dicha herramienta, que se describen en la cláusula resolutoria, suponen la creación (ilegal) de un régimen disciplinario al margen del convenio.

La Sala de la AN estima las demandas de conflicto colectivo y anula el procedimiento empresarial en cuanto que obliga a los trabajadores-repartidores aportar a la actividad empresarial un teléfono móvil con conexión a internet de su propiedad, así como a imponer la aplicación informática de la empresa que permite la geolocalización del dispositivo y del trabajador durante su jornada laboral; declara la nulidad de las cláusulas introducidas en los contratos/tipo o novaciones que exijan la aportación del teléfono móvil con conexión a internet del trabajador en beneficio de la empresa por aplicación del referido «Proyecto Tracker», al haber incumplido los requisitos de información y consulta previa establecidos en el art. 64.5 del ET; y finalmente, declara la nulidad de las medidas disciplinarias previstas en el proyecto Tracker y en las cláusulas contractuales, al no ajustarse al régimen establecido en el convenio colectivo ni a los supuestos previstos en el art. 45 y 49 del ET (mediante STS n.º 163/2021, de 8 de febrero de 2021, ECLI:ES:TS:2021:518, se ha confirmado la nulidad del «Proyecto Tracker»).

CUESTIÓN

En caso de utilizar el vehículo de empresa fuera de horario laboral en contra de las instrucciones expresas al respecto ¿los datos del instrumento de geolocalización del vehículo de empresa justificarán el despido disciplinario?

La STS n.º 766/2020, de 15 de septiembre de 2020, ECLI:ES:TS:2020:3017, ha validado el despido de una persona trabajadora por conocer que el vehículo de empresa no podía ser utilizado fuera de la jornada laboral y, junto a ello, que el mismo estaba localizable a través del receptor GPS. En el caso, la Sala de lo Social admite la constatación de los datos de geolocalización donde se demuestra que el vehículo es utilizado desobedeciendo las instrucciones de la empresa en momentos en que no existía prestación de servicios. Había conocimiento previo y no se aprecia invasión de la esfera privada de la trabajadora, al afectar exclusivamente a la ubicación y movimiento del vehículo del que, eso sí, ella era responsable y debía utilizar con arreglo a lo pactado.

5.4. Detectives: ¿una empresa puede contratar un detective privado si sospecha de un fraude por parte de la persona trabajadora?

– Siempre sujeta a una valoración caso a caso por los tribunales la posibilidad de que el empresario recurra a la contratación de detectives o agencias de seguridad privada se ve limitada —al menos para su idoneidad como prueba en juicio— a la **proporcionalidad de la medida, el control debe ceñirse a la actividad laboral o a aquellos supuestos fuera de este ámbito que influyan en el mismo y la existencia de sospechas previas que justifiquen su actuación.**

No existe ninguna traba legal para que el empresario pueda recurrir a un detective privado al objeto de que realice tareas de seguimiento, vigilancia y observación de un trabajador que se encuentre, por ejemplo, de baja médica, al menos, durante un período limitado suficiente para confirmar las sospechas de fraude y con el suficiente respeto a la vida privada de la persona trabajadora.

El informe de la agencia de investigación supondrá una prueba para verificar si el trabajador realiza actividades incompatibles con su situación y, de ser así, hacer uso del poder disciplinario. (STSJ de Madrid n.º 603/2013, de 5 de julio de 2013, ECLI:ES:TSJM:2013:7820, y STSJ de Madrid n.º 603/2013, de 5 de julio de 2013, ECLI:ES:TSJM:2013:7820).

Partiendo de que las salas de lo social analizarán de forma individual cada supuesto, la posibilidad de que el empresario recurra a la contratación de detectives o agencias de seguridad privada se ve limitada (al menos para su idoneidad como prueba en juicio) a:

– La proporcionalidad de la medida.

– El control debe ceñirse a la actividad laboral o a aquellos supuestos fuera de este ámbito que influyan en el mismo.

– La existencia de sospechas previas que justifiquen su actuación.

– El respeto al derecho a la intimidad personal y familiar y el derecho a la propia imagen del trabajador.

A TENER EN CUENTA. Las pruebas obtenidas por detectives no serán válidas si se viola la intimidad del empleado como, por ejemplo, en su domicilio privado o en su vida personal ajena a la actividad laboral. Los detectives privados deben estar debidamente habilitados y realizar su trabajo conforme a la legalidad, respetando el secreto de las comunicaciones, el derecho a la intimidad personal y familiar y a la propia imagen del trabajador. En caso de constatarse mediante la investigación del detective privado que la baja médica es falsa o sospechosa, y que el trabajador está infringiendo sus obligaciones, la empresa podría iniciar un procedimiento disciplinario que podría llevar hasta el despido del trabajador. (STSJ de las Is. Canarias, rec. 1024/2022, de 6 de julio de 2023, ECLIES:TSJICAN:2023:1969).

CUESTIONES

1. En caso de investigar mediante detectives privados una supuesta baja médica fraudulenta, ¿cuándo concurría gravedad suficiente en la conducta para justificar el despido?

Dependerá en cada caso de la lesión y de la interpretación judicial de las repercusiones del comportamiento acreditado por el detective. A la vista del criterio de la doctrina y jurisprudencia, puede concluirse que para que concurra gravedad suficiente en la conducta, y quede justificado el despido, es preciso que el hecho de realizar la parte trabajadora una determinada actividad durante su situación de incapacidad temporal implique una de estas dos cosas:

– Un perjuicio para su curación, prolongando indebidamente la situación de incapacidad.

– Que las actividades realizadas evidencien la existencia de aptitud para el trabajo, por requerir los mismos esfuerzos físicos y psíquicos que las tareas propias del puesto de trabajo del empleado en situación de incapacidad temporal (debiendo tenerse en cuenta que una simulación de enfermedad se puede dar tanto cuando se finge padecer una patología inexistente, como cuando, habiendo una enfermedad objetivamente constatada, se pretende atribuir a la misma sintomatología invalidante de la que carece).

Por el contrario, la realización de actividades que fueran compatibles con los requerimientos terapéuticos de la enfermedad por la que se estuviera en incapacidad temporal, y que no indicaran aptitud para el trabajo no podría justificar la extinción del vínculo laboral como medida disciplinaria.

2. Si durante la baja por incapacidad temporal se realiza otra actividad lucrativa, ¿implica la existencia de fraude?

Es irrelevante que la conducta incompatible con la situación de incapacidad temporal sea o no lucrativa, pues el perjuicio para la empresa deriva del hecho de tener que estar cotizando y abonando (en pago delegado) prestaciones de incapacidad temporal a quien podría estar prestando servicios efectivos y no los realiza de forma voluntaria e indebida. (STS, de 18 de diciembre de 1990, ECLI:ES:TS:1990:9422).

Repaso a la normativa relacionada con las grabaciones en tiempo de trabajo, en espacios públicos o en un establecimiento abierto al público

Según establece el reiterado art. 4.2.e) del Estatuto de los Trabajadores, en el desarrollo de la relación laboral, los trabajadores tienen derecho «al respeto a su intimidad y a la consideración debida a su dignidad», lo que explica que el artículo 20.3 del ET, después de facultar al empresario para que adopte las medidas que estime más oportunas de vigilancia y control a fin de verificar el cumplimiento de las obligaciones laborales por parte de sus empleados, le imponga la limitación consistente en el deber de guardar, en la adopción y aplicación de esas medidas, la consideración debida a la dignidad humana del trabajador, que se configura así como una esfera intangible.

El citado art. 20.3 del Estatuto de los Trabajadores es un precepto pensado primordialmente para aquellas actividades que se llevan a cabo en tiempo de trabajo, en el propio centro, o fuera del mismo en ejecución del contrato de trabajo, pero también puede entrar en juego en relación a comportamientos desarrollados por los trabajadores en espacios públicos, comprendidos los de aquellos empleados cuya relación se encuentra suspendida por una causa legal —situación en la que deben seguir ajustando su conducta a las reglas de la buena fe—, cuando existan sospechas sobre su posible comportamiento irregular.

Necesidad de habilitación de los detectives privados

Los detectives privados están habilitados por el art. 48.1.a) de la Ley 5/2014, de 4 de abril, de seguridad privada, para la realización de las averiguaciones que resulten necesarias para la obtención y aportación, por cuenta de terceros legitimados, de información y pruebas sobre conductas o hechos privados relacionados con los siguientes aspectos:

a) Los relativos al ámbito económico, laboral, mercantil, financiero y, en general, a la vida personal, familiar o social, exceptuada la que se desarrolle en los domicilios o lugares reservados.

b) La obtención de información tendente a garantizar el normal desarrollo de las actividades que tengan lugar en ferias, hoteles, exposiciones, espectáculos, certámenes, convenciones, grandes superficies comerciales, locales públicos de gran concurrencia o ámbitos análogos.

c) La realización de averiguaciones y la obtención de información y pruebas relativas a delitos solo perseguibles a instancia de parte por encargo de los sujetos legitimados en el proceso penal.

Dichos profesionales están obligados a guardar riguroso secreto de las investigaciones que realizan y no pueden facilitar datos sobre estas más que a las personas que se las encomienden y a los órganos judiciales y policiales competentes para el ejercicio de sus funciones (art. 50 de la Ley 5/2014, de 4 de abril), y «en ningún caso se podrá investigar la vida íntima de las personas que transcurra en sus domicilios u otros lugares reservados, ni podrán utilizarse en este tipo de servicios medios personales, materiales o técnicos de tal forma que atenten contra el derecho al honor, a la intimidad personal o familiar o a la propia imagen o al secreto de las comunicaciones o a la protección de datos» (art. 48.3 de la reiterada Ley 5/2014 de 4 de abril).

Los detectives no podrán realizar investigaciones sobre delitos perseguibles de oficio y no podrán utilizar medios materiales o técnicos que atenten contra el derecho al honor, a la intimidad personal o familiar o a la propia imagen o al secreto de las comunicaciones. Los límites de los poderes empresariales no impiden que se pueda controlar a los trabajadores mediante detectives y vigilantes de seguridad, conforme a lo previsto en la Ley 5/2014, de 4 de abril, de Seguridad Privada.

Los detectives privados pueden atender el encargo de obtener y aportar información y pruebas sobre conductas o hechos privados, si bien sujetos a una doble limitación [art. 58.c) y f) de la Ley 5/2014, de 4 de abril]:

– No podrán realizar investigaciones sobre delitos perseguibles de oficio.

– No podrán utilizar medios materiales o técnicos que atenten contra el derecho al honor, a la intimidad personal o familiar o a la propia imagen o al secreto de las comunicaciones.

Respetadas las condiciones citadas la declaración del detective privado en el acto del juicio se considera prueba testifical, con un valor especial por la garantía de profesionalidad y por la continuada dedicación al objeto del ulterior testimonio a emitir. (STS, rec. 1654/2013, 15 de octubre de 2014, ECLI:ES:TS:2014:4632).

Necesidad de sospechas previas que llevaron al seguimiento del trabajador

La empresa deberá acreditar la existencia de sospechas previas.

Para entender que existen sospechas fundadas no basta la mera afirmación de su existencia, pues esas sospechas se tienen que traducir en datos de hecho concretos a partir de los cuales un observador imparcial pudiera inferir, al menos indiciariamente, que se puede estar cometiendo un ilícito grave y que el responsable es un concreto trabajador.

En este punto resulta especialmente ilustrativa la STSJ de las Is. Canarias, rec. 934/2016, de 27 de marzo de 2017, ECLI:ES:TSJICAN:2017:893, declarando la ilicitud de prueba de un robo del trabajador obtenida por videovigilancia de detective si la misma no está justificada.

Principio (test) de proporcionalidad

De conformidad con la doctrina del TC, la constitucionalidad de cualquier medida restrictiva de derechos fundamentales viene determinada por la estricta observancia del principio de proporcionalidad. A los efectos que aquí importan, basta con recordar que para comprobar si una medida restrictiva de un derecho fundamental supera el juicio de proporcionalidad, los juzgados de los social analizarán si cumple tres requisitos (STSJ de Navarra n.º 263/2010, 28 de septiembre de 2010, ECLI:ES:TSJNA:2010:553):

– Si tal medida es susceptible de conseguir el objetivo propuesto (juicio de idoneidad). Como que existían razonables sospechas de la comisión por parte de los trabajadores de graves irregularidades en su puesto de trabajo.

– Si, además, es necesaria, en el sentido de que no exista otra medida más moderada para la consecución de tal propósito con igual eficacia (juicio de necesidad). Como verificar si se cometían efectivamente las irregularidades sospechadas y en tal caso adoptar las medidas disciplinarias correspondientes.

– Si la misma es ponderada o equilibrada, por derivarse de ella más beneficios o ventajas para el interés general que perjuicios sobre otros bienes o valores en conflicto (juicio de proporcionalidad en sentido estricto). El seguimiento por el detective debe limitarse al tiempo necesario para para comprobar que no se trataba de un hecho aislado o de una confusión, sino de una conducta ilícita reiterada.

Utilización de detectives privados y protección de datos

Según la Guía «La protección de datos en las relaciones laborales». AEPD. Mayo 2021, dentro del reiterado poder de control y vigilancia por parte del empresario regulado en el art. 20.3 ET, sería posible recurrir a un detective privado, siempre y cuando se respetasen la LOPDGDD, el RGPD y la Ley 5/2014, de 4 de abril, de Seguridad Privada, de donde se extraen los siguientes parámetros:

1. Test de proporcionalidad.

2. El tratamiento de datos no requiere el consentimiento de las personas trabajadoras al basarse en el art. 20.3 del ET.

3. El empleo o utilización, en servicios de seguridad privada, de medios o medidas de seguridad no homologadas cuando sea preceptivo, o de medidas o medios personales, materiales o técnicos de forma tal que atenten contra el derecho al honor, a la intimidad personal o familiar o a la propia imagen o al secreto de las comunicaciones, o cuando incumplan las condiciones o requisitos establecidos en esta ley y en su normativa de desarrollo (art. 10 de la Ley 5/2014, de 4 de abril).

4. Está prohibido investigar «la vida íntima de las personas que transcurra en sus domicilios u otros lugares reservados» (art. 49.4 de la Ley 5/2014, de 4 de abril).

5. En todo caso, el tratamiento de dichas imágenes y sonidos deberá observar lo establecido en la normativa sobre protección de datos de carácter personal, especialmente sobre el bloqueo de datos previsto en la misma. Las imágenes y los sonidos grabados durante las investigaciones se destruirán tres años después de su finalización, salvo que estén relacionadas con un procedimiento judicial, una investigación policial o un procedimiento sancionador (art. 49.4 de la Ley 5/2014, de 4 de abril).

6. En el informe del detective privado únicamente se hará constar información directamente relacionada con el objeto y finalidad de la investigación contratada (art. 49 de la Ley 5/2014, de 4 de abril).

7. Dicho informe estará a disposición del cliente, a quien se entregará, en su caso, al finalizar el servicio, así como a disposición de las autoridades policiales competentes para la inspección, en los términos previstos en el art. 54.5 de la Ley 5/2014, de 4 de abril.

CUESTIÓN

¿Qué sucede si existe coacción por parte de la empresa para que el trabajador coja el alta médica?

La STS, rec. 1532/2010 de 31 de enero de 2011, ECLI:ES:TS:2011:828, establece que la presión bajo amenaza de despido para que el trabajador abandone el tratamiento médico que le haya sido prescrito, y que conlleve baja laboral, constituye una conducta que pone en riesgo su salud. Por eso, se considera nulo el despido del trabajador en incapacidad temporal previa amenaza de extinción contractual de no pedir el alta médica voluntaria.

RESOLUCIONES RELEVANTES

STSJ de Galicia n.º 2168/2023, de 4 de mayo del 2023, ECLI:ES:TSJGAL:2023:3535

A la persona trabajadora se le imputan cuatro infracciones, de las cuales tres están prescritas y la tercera es de escasa entidad como para justificar un despido (se aporta informe del detective privado). El TSJ de Galicia desestima el recurso interpuesto por una empresa frente al despido (declarado nulo al estar en reducción de jornada por guarda legal) de una trabajadora que tras una cita médica fue a un centro comercial en horario laboral. Se desestima el recurso de la empresa y se declara nulo el despido, argumentando el tribunal que los hechos (23 minutos en el centro comercial) no revisten la gravedad suficiente para despedir, siendo los hechos alegados por la empresa en la carta prescritos.

STSJ de Andalucía, rec. 53/2021, de 3 de febrero de 2021, ECLI:ES:TSJAND:2021:5766

El TSJ condena a la persona trabajadora a pagar el detective que su empresa contrató para comprobar el comportamiento fraudulento que supuso el despido disciplinario.

El Alto Tribunal afirma que el jardín y huerto de su domicilio es un espacio en el que el trabajador tiene una expectativa legítima de privacidad, y que no pueden ser objeto de intromisiones de terceros en contra de su voluntad

JURISPRUDENCIA

STS, rec. 2339/2022, de 25 de mayo de 2023, ECLI:ES:TS:2023:2293

Las fotografías incluidas en el informe del detective privado, en las que el trabajador aparece en el jardín de su domicilio privado, no constituyen una prueba (por vulnerar sus derechos fundamentales) que puede sustentar el despido del trabajador de conformidad con lo previsto en art. 90.2 de la LRJS.

STS, de 22 de diciembre de 1986, ECLI:ES:TS:1986:13663

«(...) Trabajar, estando en situación de baja por enfermedad entraña, en principio, una conducta que además de ser constitutiva de fraude a la Seguridad Social representa una dolosa y grave trasgresión de la buena fe contractual que justifica el despido. A estos efectos es indiferente que la actividad esté o no remunerada, que sea por cuenta propia o ajena, así como su mayor o menor intensidad o frecuencia, dado que con ello se incumple un deber básico respecto a la empresa y se produce un lucro en perjuicio de fondos públicos. El contrato de trabajo por su específica naturaleza está situado en una posición singular en la que la buena fe y lealtad recíprocas, adquieren un particular sentido y trascendencia. Ello no es óbice para que, conforme criterio uniforme de la Sala, haya de exigirse en la conducta del trabajador despedido la presencia de los requisitos de gravedad y culpabilidad inherentes a todas las faltas constitutivas de grave infracción a la que se asocia la sanción disciplinaria de extinción del contrato, como pueden serlo aquellos supuestos en los que se demuestra por parte del enfermo la necesidad o conveniencia de una terapia ocupacional en casos de depresión endógena, o cuando se da una desproporción evidente entre el hecho y la sanción como arbitrar sentado, un solo partido de voleibol o cuando la actividad ejercitada se corresponde a la prescripción facultativa directa o indirecta».

STS, rec. 2194/2011 de 21 de junio de 2012, ECLI:ES:TS:2012:5259

Despido por actividad en la incapacidad temporal. Incongruencia. Violación del derecho a la intimidad por el medio de control empleado (instalación de localizador GPS en el vehículo del actor). Efectos en la validez de la prueba y en la calificación del despido. Antigüedad y prestación de servicios. Desestimación del recurso; falta de contradicción y de fundamentación de la infracción legal.

5.5. Publicaciones en redes sociales: ¿es posible la sanción o despido por el contenido que la persona trabajadora publica en redes sociales?

El manejo y utilización de las redes sociales se ha convertido en los últimos tiempos en una forma de la empresa de tener presencia en el mercado, y en alguna ocasión es también objeto de conflicto entre personas trabajadoras y empresas, existiendo multitud de supuestos los cuales, muestran una gran dificultad probatoria de la adopción de medidas disciplinarias, ya no sólo por el uso indebido de medios telemáticos o derivados tratados, sino por el contenido que los/as trabajadores/as pueden volcar en sus perfiles personales o profesionales sobre las mercantiles en las que prestan o han prestado servicios

El manejo y utilización de las redes sociales se ha convertido en los últimos tiempos en una forma de la empresa de tener presencia en el mercado, y en alguna ocasión es también objeto de conflicto entre personas trabajadoras y empresas, existiendo multitud de supuestos los cuales, muestran una gran dificultad probatoria de la adopción de medidas disciplinarias, ya no sólo por el uso indebido de medios telemáticos o derivados tratados, sino por el contenido que los/as trabajadores/as pueden volcar en sus perfiles personales o profesionales sobre las mercantiles en las que prestan o han prestado servicios. Es por ello también conveniente un procedimiento sobre el uso que hacen las personas trabajadoras de las redes sociales corporativas, de forma que tenga conocimiento de los contenidos que pueden incluirse.

RESOLUCIÓN RELEVANTE

SAN n.° 56/2023, de 26 de abril del 2023, ECLI:ES:AN:2023:2021

La Audiencia Nacional (AN) desestima la demanda interpuesta por el sindicato y declara la licitud de la cláusula contenida en el código de conducta de una entidad bancaria, que establece ciertos límites en materia de redes sociales cuando el trabajador se identifique como empleado de dicha compañía. La AN considera que no se vulneran los derechos fundamentales referidos, entre ellos el derecho a la libertad de expresión y el derecho a la intimidad, ya que en ningún momento se establecen limitaciones injustificadas. Se trata de un mero «recordatorio» para el uso responsable y consciente de las redes sociales.

CUESTIONES

1. ¿Puede un trabajador ser despedido por ofrecer sus servicios como autónomos en redes sociales sin el consentimiento de su empresa?

Sí. Según el art. 54 del Estatuto de los Trabajadores, el ejercicio de la actividad por cuenta propia sin autorización del empresario puede ser considerado una competencia desleal, lo que puede dar lugar a un despido disciplinario.

2. ¿Es lícito que la empresa instaure un protocolo sobre uso de redes sociales?

Sí, es lícito que una empresa instaure un protocolo sobre uso de redes sociales siempre y cuando se respeten los derechos fundamentales de los trabajadores, como la libertad de expresión y el derecho a la intimidad personal y familiar. Este protocolo debe estar fundado en la potestad directiva del empresario y justificado por razones organizativas, de producción o de control del trabajo.

Un trabajador puede ser despedido por sus publicaciones en redes sociales si estas incurren en faltas graves y culpables que infrinjan las normativas o los principios que deben regir su relación laboral. Alguno ejemplos de despido que estamos encontrando —con cierta reiteración— relacionados con publicaciones en redes sociales incluyen, entre otros:

– Revelación de secretos de empresa o información confidencial. (STSJ de Madrid, rec. 689/2018, de 26 octubre de 2018, ECLI:ES:TSJM:2018:10344).

– Conductas que pueden dañar la imagen o la reputación de la empresa. (SJS de Baleares n.º 74/2018, de 28 de febrero de 2018, ECLI:ES:JSO:2018:835).

– Actos de acoso o discriminación hacia compañeros de trabajo o hacia la propia empresa. (STSJ de Cataluña n.º 5206/2018, a 5 de octubre de 2018, ECLI:ES:TSJCAT:2018:8236).

– Injurias o calumnias dirigidas contra la empresa, sus directivos o sus productos/servicios. (STS de Madrid, rec. de Madrid, rec. 355/2021, de 19 de julio de 2019, ECLI:ES:TSJM:2019:5944).

– Publicar fotos en redes sociales estando de baja por incapacidad temporal con actitudes incompatibles con su estado físico. (STSJ de Madrid, rec. 355/2021, de 28 de junio de 2021, ECLI:ES:TSJM:2021:7222).

En todos los supuestos, los tribunales realizarán un análisis detallado de cada caso para asegurarse de que el despido respeta el ordenamiento jurídico y los derechos fundamentales del trabajador, como la libertad de expresión. Del mismo modo, como hemos reiterado a lo largo de la obra, para que un despido basado en publicaciones en redes sociales sea considerado procedente deben cumplirse las condiciones de proporcionalidad, relación con la actividad laboral, existir una política de uso de redes sociales (es aconsejable que la empresa cuente con una política clara sobre el uso de redes sociales que sea conocida por los trabajadores, donde se concreten los comportamientos que se consideran inadecuados y las posibles consecuencias de estos), respeto a la vida privada (las publicaciones objeto del despido no deben ser parte de la vida privada del trabajador, a menos que repercutan de forma directa y negativa en el ámbito laboral), prueba (la empresa debe poder demostrar, con pruebas, que las publicaciones fueron realizadas por el trabajador y que son lo suficientemente graves como para justificar el despido), etc.

En este sentido, cabe hacer referencia a la **STS n. 91/2017, de 15 de febrero de 2017, ECLI:ES:TS:2017:363**, donde en un conflicto entre libertad de información y derechos a la intimidad personal y familiar, y a la propia imagen, el alto tribunal analiza la trascendencia de que una foto publicada en un periódico local fuera obtenida en las redes sociales (Facebook) sin consentimiento expreso del implicado, de donde podemos extraer que el derecho a la propia imagen:

– Es un derecho de la personalidad, reconocido como derecho fundamental en el art. 18.1 de la CE, que atribuye a su titular la facultad de disponer de la representación de su aspecto físico que permita su identificación y le permite determinar qué información gráfica generada por sus rasgos físicos personales puede tener dimensión pública.

– En su faceta negativa o excluyente, otorga la facultad de impedir la obtención, reproducción o publicación de su propia imagen por un tercero sin el consentimiento expreso del titular, sea cual sea la finalidad perseguida por quien la capta.

– A pesar de su vinculación con el derecho al honor y con el derecho a la intimidad, «(...) se trata de un derecho constitucional autónomo que dispone de un ámbito específico de protección frente a reproducciones de la imagen que, afectando a la esfera personal de su titular, no lesionan su buen nombre ni dan a conocer su vida íntima, pretendiendo la salvaguarda de un ámbito propio y reservado, aunque no íntimo, frente a la acción y conocimiento de los demás. Por ello atribuye a su titular la facultad para evitar la difusión incondicionada de su aspecto físico, ya que constituye el primer elemento configurador de la esfera personal de todo individuo, en cuanto instrumento básico de identificación y proyección exterior y factor imprescindible para su propio reconocimiento como sujeto individual». (SSTC 231/1988, FJ 3; 99/1994, de 11 de abril, FJ 5) (STC 81/2001, FJ 2).

– Que la fotografía no suponga una intromisión en el derecho a la intimidad del demandante (no captaba imágenes de la vida privada del demandante) no excluye que pueda constituir una intromisión en el derecho a la propia imagen, que tiene un contenido propio y específico, pues, conforme a la doctrina del Tribunal Constitucional (STS n.º 139/2001, de 18 de junio.), protege a su titular frente a la captación, reproducción y publicación de su imagen que afecte a su esfera personal aunque no dé a conocer aspectos de su esfera íntima:

   «Pretende salvaguardar un ámbito propio y reservado, aunque no íntimo, en tanto que el aspecto físico es un instrumento básico de identificación y proyección exterior y un factor imprescindible para el propio reconocimiento como individuo, y constituye el primer elemento configurador de la esfera personal de todo individuo».

– Que el titular de una cuenta en una red social en Internet permita el libre acceso a la misma, y, de este modo, que cualquier internauta pueda ver las fotografías que se incluyen en esa cuenta, no constituye, a efectos del art. 2.1 de la Ley Orgánica 1/1982, un «acto propio» del titular del derecho a la propia imagen que excluya del ámbito protegido por tal derecho la publicación de la fotografía en un medio de comunicación.

El TS ha declarado en reiteradas ocasiones, matiza la Sala de lo Civil (STC 1225/2003, de 24 de diciembre, 1024/2004, de 18 de octubre, 1184/2008, de 3 de diciembre, 311/2010, de 2 de junio. La STC 746/2016, de 21 de diciembre, afirma que, aunque hubiera sido cierto que la fotografía publicada por el medio de información hubiera sido «subida» a Facebook por la persona que en ella aparece, «(...) esto no equivaldría a un consentimiento que [...] tiene que ser expreso y, además, revocable en cualquier momento», que el consentimiento dado para publicar una imagen con una finalidad determinada no legitima su publicación con otra finalidad distinta.

En relación a la regulación del uso de RRSS, el **Dictamen del Comité Económico y Social Europeo sobre el tema «Uso responsable de las redes sociales y prevención de trastornos asociados»**, partiendo del auge que ha experimentado en los últimos años la sociedad digital en general, así como la expansión creciente de las comunidades virtuales, en particular, pone de manifiesto **la necesidad de adoptar políticas de promoción de un uso responsable de las redes sociales y también de prevención y protección frente a los riesgos y problemas que llevan asociados.** Identificando algunos de ellos con afecciones en el ámbito laboral como: traumas psicológicos provocados por insultos transmitidos por medio de dichos servicios; acoso moral reiterado ejercido en organizaciones y protagonizado por superiores jerárquicos, colegas o subordinados (*mobbing*); acoso laboral por injerencia de las empresas en la vida privada de sus trabajadores, o bien derivado del uso excesivo de la telefonía inteligente; *sexting*; violaciones de privacidad, de la honra y la dignidad personal; atentados a la salud física y mental de los usuarios; llamamientos a la violencia, el racismo y la xenofobia; divulgación de determinadas situaciones íntimas a través de estas redes, etc.

De esta forma, con cada vez más frecuencia, las corporaciones acuden al establecimiento de Códigos de uso de las redes sociales, para que la participación en las mismas se haga siempre a título personal, salvo permiso expreso por la empresa, y garantizar así que un empleado que se identifique como empleado adopte posturas acordes coherente con el cargo y las responsabilidades que ostenta en la organización (como ejemplo: «Código de uso de las redes sociales para las empleadas y los empleados del Grupo Banco Sabadell»).

En relación al control del uso del ordenador facilitado al trabajador por el empresario, recalcar, que las SSTS, rec. 966/2006 de 26 de septiembre de 2007, ECLI:ES:TS:2007:6128 y rec. 4053/2010 de 6 de octubre de 2011, ECLI:ES:TS:2011:8876, han sentado la interpretación de que, toda vez que exista una advertencia previa sobre el uso y el control de redes sociales en horario laboral el derecho a la intimidad de la persona trabajadora no se verá vulnerado cuando se monitorice la actividad con fines disciplinarios.

Del mismo modo, como ejemplificaremos en el siguiente punto, el trabajador que se encuentra fuera del lugar y horario de trabajo puede cometer actos que serían legalmente sancionables si transgreden la buena fe contractual para causar un perjuicio a la empresa, si con ello incurre en comportamientos que tengan algún tipo de relevancia y vinculación con la actividad laboral.

Como ya hemos reiterado, es admisible que la empresa establezca los principios de actuación que deben observar sus empleados en la actividad profesional tanto en la utilización de los medios facilitados por la empresa como para el uso o manejo de redes sociales, bien vía códigos de conducta, bien mediante cláusulas específicas. Del mismo modo, cada vez más convenios colectivos están regulando aspectos relacionados con el uso de las redes sociales fuera del Régimen disciplinario y graduación de faltas.

La STSJ de Andalucía, rec. 1632/2013, de 14 de noviembre de 2013, ECLI:ES:TSJAND:2013:11704, declara procedente el despido de tres trabajadoras que usaron los medios informáticos de la empresa para fines personales, como chatear por Facebook, existiendo prohibición expresa empresarial. La Sala avala el uso de programas «espía» en los ordenadores, lo que ya hemos tratado y es aplicable a estos supuestos de uso en horario laboral de RRSS.

La SJS de Palma de Mallorca n.º 74/2018, de 28 de febrero de 2018, ECLI:ES:JSO:2018:835, considera el despido disciplinario del trabajador realizado por la empresa procedente por dañar la imagen de la mercantil de forma pública en su página de Facebook ante «(...) una serie de publicaciones e imágenes que esta Dirección considera contrarias a la dignidad de las personas, ofensivos, difamatorios y humillantes, bajo la consideración de esta empresa».

En la carta de despido comunicada al trabajador, la empresa tipifica con exactitud los hechos, **de conformidad al contenido del convenio colectivo de aplicación,** aludiendo además la empresa demandada a su **normativa interna** —conocida y aceptada (firmada) por el trabajador— en el que la empresa comunica al mismo la necesidad de actuar sin ofensas ni atentados contra la dignidad de las personas cuando él mismo se identifica como empleado de la misma. Siendo incluso intrascendente, asevera el JS, que se acredite o no la existencia de un lucro personal al actor, ni haber causado daños a la empresa, pues **basta para ello el quebrantamiento de los deberes de fidelidad y lealtad implícitos en toda relación laboral** (STS de 26-1-1987).

Asimismo, sigue en el Fundamento Jurídico sexto la sentencia, **no es preciso que se esté ante una conducta reiterada o actos repetidos,** debiéndose valorarse en sí misma y en conjunción con todas las circunstancias que la precedieron o que le fueron coetáneas (SSTS 5 de noviembre de 1983; 3 de octubre de 1985; 29 de abril de 1986).

Por último, debemos recordar la STS n.º 699/2017, de 21 de septiembre de 2017, ECLI:ES:TS:2017:3592, donde el TS ha establecido expresamente la posibilidad de que, en supuestos como el analizado, **la empresa puede adoptar las medidas disciplinarias oportunas a pesar de que el trabajador no se encuentra ni en tiempo ni en lugar de trabajo,** al indicar que fuera de horario y lugar de trabajo no existe una bula absoluta para realizar actuaciones que vayan en perjuicio de la empresa, pues hay que considerar que todas ellas están de alguna forma vinculadas a la relación laboral en cuanto redundan directa o indirectamente un perjuicio a la empresa. Baste reparar en **la posibilidad de que dispone el empresario para sancionar determinadas actuaciones del trabajador fuera de horario y lugar de trabajo,** cuando se encuentra en situación de incapacidad temporal, o incurre en comportamientos de competencia desleal, o incluso de otras expresamente tipificadas en el art 54. 2 ET, como son las ofensas verbales o físicas a los familiares que convivan con el empresario o con cualquiera de las personas que trabajan en la empresa, que, en buena lógica, se producirán habitualmente fuera del lugar y horario de trabajo.

Como reflexión final cabría preguntarse **cuál es la razón de que puedan ser sancionadas este tipo de actuaciones,** encontrando la respuesta en la STSJ de Extremadura n.º 99/2018, de 20 de febrero de 2018, ECLI:ES:TSJEXT:2018:172, por considerarse, en todas ellas, una vinculación a la relación laboral, en cuanto **redundan, directa o indirectamente, en perjuicio de la empresa,** siquiera sea por la vía de enturbiar el buen ambiente de trabajo que pudieren generar entre los propios trabajadores actitudes como las atinentes a esos casos de ofensas verbales y físicas a los familiares de trabajadores y empresarios.

El Tribunal Constitucional tiene establecido en torno a la libertad de expresión de los trabajadores en el marco de la relación laboral recogida en numerosas sentencias (SSTC 120/1983, 85/1985, 6/1988, 129/1989, 126/1990, 6/1995, 4/1996 y 106/1996), que «**La celebración de un contrato de trabajo no implica en modo alguno la privación para una de las partes, el trabajador, de los derechos que la Constitución le reconoce como ciudadano**, entre ellos el derecho a difundir libremente los pensamientos, ideas y opiniones (artículo 20.1, a)), y cuya protección queda garantizada frente a eventuales lesiones mediante el impulso de los oportunos medios de reparación. Y ello porque las organizaciones empresariales no forman mundos separados y estancos del resto de la sociedad ni la libertad de empresa que establece el artículo 38 del texto constitucional legitima que quienes prestan servicios en aquéllas por cuenta y bajo la dependencia de sus titulares deban soportar despojos transitorios o limitaciones injustificadas de sus derechos fundamentales y libertades públicas, que tienen un valor central en el sistema jurídico constitucional». (STC 88/1985).

Ahora bien, ha declarado asimismo el alto tribunal que el ejercicio del derecho reconocido en el art. 20.1.a) de la Constitución Española **no está exento de límites**; y en particular cuando nos situamos en el ámbito de una relación laboral las manifestaciones de una parte respecto de otra deben enmarcarse en las pautas de comportamiento que se derivan de la existencia de tal relación, pues el contrato entre trabajador y empresario genera un complejo de derechos y obligaciones recíprocas que condiciona, junto a otros, también el ejercicio del derecho a la libertad de expresión, de modo que manifestaciones del mismo que en otro contexto pudieran ser legítimas, no tienen por qué serlo necesariamente en el ámbito de dicha relación. De este modo, surge un condicionamiento o «límite adicional» en el ejercicio del derecho constitucional, impuesto por la relación laboral, que se deriva del principio de buena fe entre las partes en el contrato de trabajo y al que éstas han de ajustar su comportamiento mutuo (SSTC 120/1983, 88/1985 y 6/1995).

Al respecto, la STS de 11 de marzo de 1997 declaró que «La libertad de expresión consistiría en el derecho a formular juicios y opiniones, sin pretensión de sentar hechos o afirmar datos objetivos, por lo que el campo de acción vendría solo determinado por la ausencia de expresiones indudablemente injuriosas sin relación con las ideas u opiniones que se expongan, y que resulten innecesarias para la exposición de las mismas. Por el contrario, cuando lo que se persigue es suministrar información sobre hechos que se pretenden ciertos, estaríamos ante la libertad de información; entonces, la protección constitucional se extiende únicamente a la información veraz».

CUESTIÓN

¿Cómo se puede formalizar una cláusula contractual fijando el uso de internet en el trabajo para fines profesionales exclusivamente?

Será necesario incluir en el contrato de trabajo (o en un anexo al mismo) una serie de elementos que definan claramente los términos, limitaciones y obligaciones respecto al uso de internet. A modo de ej.:

«El uso del sistema informático de la empresa para acceder a redes públicas como internet, cuando exista la autorización de la empresa, se limitará a los temas directamente relacionados con la actividad y los cometidos del puesto de trabajo del usuario.

> *Los servicios de mensajería instantánea y chats, así como redes sociales, no están autorizados, con la excepción de aquellos que sean requeridos para el desarrollo de las funciones de su puesto de trabajo.*
>
> *Las descargas directas, son especialmente peligrosos, ya que facilitan la instalación de utilidades que permiten accesos no autorizados al sistema, por lo que su uso queda estrictamente prohibido.*
>
> *El acceso, en caso de ser autorizado por la empresa, a páginas web, grupos de noticias (newsgroups) y otras fuentes de información como FTP, se limita a aquellos que contengan información relacionada con la actividad o con los cometidos del puesto de trabajo del usuario.*
>
> *Cualquier fichero introducido en la red corporativa o en el terminal del usuario desde internet, cuando hubiese sido autorizado por la empresa, deberá cumplir los requisitos fijados en la autorización y en estas normas y, en especial, las referidas a propiedad intelectual y control de virus.*
>
> *Se aplicará, al acceso y al uso de internet, las mismas reglas y exigencias establecidas para el uso del correo electrónico, en relación con los principios que rigen dicho acceso y uso, e información previa sobre posibilidad de control, en orden a comprobar la corrección de los usos. Por lo que cualquier contenido usado en estos medios podrá ser utilizado con fines disciplinarios».*

5.6. WhatsApp: ¿es medio válido de prueba? ¿Es un canal válido para la comunicación del despido o la sanción?

Un mensaje de la aplicación WhatsApp se podría considerar, según lo establecido en el Reglamento (UE) n.° 910/2014 del Parlamento Europeo y del Consejo, de 23 de julio de 2014, relativo a la identificación electrónica y los servicios de confianza para las transacciones electrónicas en el mercado interior y por la que se deroga la Directiva 1999/93/CE, como: «contenido almacenado en formato electrónico, en particular, texto o registro sonoro, visual o audiovisual» (vinculado en este caso a un número de teléfono y un IMEI).

El WhatsApp como documento electrónico

Un mensaje de la aplicación WhatsApp se podría considerar, según lo establecido en el Reglamento (UE) n.° 910/2014 del Parlamento Europeo y del Consejo, de 23 de julio de 2014, relativo a la identificación electrónica y los servicios de confianza para las transacciones electrónicas en el mercado interior y por la que se deroga la Directiva 1999/93/CE, como: «contenido almacenado en formato electrónico, en particular, texto o registro sonoro, visual o audiovisual» (vinculado en este caso a un número de teléfono y un IMEI).

Igualmente, podríamos englobarlo dentro de los arts. 382-384 de la LEC, por tratarse de un medio de reproducción de sonidos, imágenes o instrumentos de archivo.

Ya en un plano laboral, el art. 90 de la LRJS —reconociendo en términos muy amplios los medios de prueba que pueden ser empleados en el proceso laboral— admite que las partes se sirvan de cuantos medios de prueba dispongan, regulados en la Ley, incluidos los procedimientos de reproducción de la palabra, la imagen, el sonido o de archivos y medios de reproducción de datos.

La transcripción de las conversaciones mantenidas mediante el servicio de Whatsapp se viene admitiendo como medio de prueba en los Juzgados de lo Social y en las distintas Salas de lo Social (SSTSJ de Cantabria n.º 447/2014, 18 de junio de 2014, ECLI:ES:TSJCANT:2014:498; Cataluña, rec. 3104/2014, 15 de julio de 2014, ECLI:ES:TSJCAT:2014:7989; Andalucía, rec. 716/2014, de 21 de mayo de 2014, ECLI:ES:TSJAND:2014:4991, entre otras), donde pueden ser objeto de valoración en la fase de instancia ya que el juzgador puede contrastar su contenido y considerarlo acreditado mediante la valoración de otras pruebas, especialmente, la testifical o los interrogatorios.

No obstante, hemos de tener en cuenta que las comunicaciones entre las partes remitidas por vía telemática, como los correos electrónicos o servicios de comunicación mediante la reiterada aplicación, no constituyen prueba documental que permita concluir de forma clara y absolutamente incontrovertida, los asertos que contienen.

Los documentos electrónicos tendrán el valor y la eficacia jurídica que corresponda a su respectiva naturaleza, de conformidad con la legislación que les resulte aplicable. No debemos olvidar, que la utilización de las aplicaciones de mensajería instantánea como método de difusión masiva, han llegado incluso a las **normas colectivas**, como podemos ver, a modo de ejemplo en:

- Art. 24 del convenio Colectivo de Sector de industrias de aderezo, relleno, envasado y exportación de aceitunas (cod. 41000045011982) de Sevilla (BOP Sevilla 12/06/14), donde se establece «Las llamadas al trabajo se podrán realizar por cualquier medio admitido en derecho y en cualquier caso siempre mediante su publicación en el tablón de anuncios A modo meramente enunciativo serán válidos los llamamientos realizados por teléfono, SMS, o WhatsApp o email».

- Art. 30. n) Convenio Colectivo de Sector de oficinas y despachos (cod. 49005705012001) de Zamora (BOP Zamora 29/10/2021), donde se considera falta grave «La utilización de las redes sociales facebook, whatsapp, twiter (...), durante la jornada laboral, bien desde el móvil personal, móvil de la empresa o desde cualquier ordenador».

No obstante, a nivel probatorio, nos encontramos **dos planos** distintos: a) el empleo del servicio de mensajería instantáneo como **prueba**; y b) el **valor probatorio** que se otorga a dicho documento. Actualmente, el WhatsApp, no sólo es un medio de prueba válido, pese a no contemplarse en la LRJS, sino que ya ha tenido plasmación normativa (como se ha visto en los convenios colectivos citados); no obstante lo cual, **para considerar una conversación mediante esta aplicación como documento** —a los fines del proceso laboral—, sería preciso que se hubiese aportado no sólo la copia en papel de la impresión de pantalla o, como se denomina usualmente, «pantallazo», sino una transcripción de la conversación y la comprobación de que de que ésta se corresponde con el teléfono y con el número correspondientes. Esto podría conseguirse aportando por una de las partes su propio móvil y solicitando que, dando fe pública, el Letrado de la Administración de Justicia levante acta de su contenido, con transcripción de los mensajes recibidos en el terminal y de que éste se corresponde con el teléfono y con el número correspondientes; o, incluso, mediante la aportación de un acta notarial sobre los mismos extremos. A esto sería conveniente añadir la solicitud de exhibición del otro terminal desde el que se mandaron estos mensajes.

Posibles causas de impugnación del WhatsApp como medio de prueba

Analizada la consideración como documento electrónico, en cualquier procedimiento, las comunicaciones realizadas por este medio se encontrarán con dos causas de impugnación, la licitud de la obtención del contenido de la conversación, relacionada con aspectos tratados anteriormente como el derecho de intimidad y el secreto de comunicaciones (STC n.º 170/2013, de 7 de octubre de 2013), y la autenticidad e integridad de la misma.

Licitud de la obtención del contenido de la conversación/secreto de las comunicaciones

Con relación a la admisibilidad de los medios de prueba, el art. 90.2 de la LRJS establece que «No se admitirán pruebas que tuvieran su origen o que se hubieran obtenido, directa o indirectamente, mediante procedimientos que supongan violación de derechos fundamentales o libertades públicas».

Sobre el modo de obtención e incorporación de los WhatsApp al proceso, la doctrina y la jurisprudencia (STSJ de Galicia, rec. 4347/2013, de 25 de abril de 2014) ha venido entendiendo que no se vulnera el secreto a las comunicaciones si quien aporta la conversación fue una de las intervinientes en la misma «(...) por lo que se refiere a la ilegitima intromisión e intervención de conversaciones privadas, cabe decir (...) que la prueba documental aportada por la empresa (transcripción de un whatsapp) no se ha efectuado vulnerando el secreto de las comunicaciones, contemplado en el art 18.3 de la CE, y ello por cuanto que el conocimiento de la conversación privada lo tiene la empresa por la revelación de la otra interlocutora, o sea que una de las intervinientes en dicha conversación fue quien se la facilitó a la empresa (...)».

Autenticidad e integridad de las comunicaciones

Otro punto controvertido es sin duda la eficaz preservación de la cadena de custodia con el fin de garantizar la ausencia de manipulaciones en el canal de comunicación analizado.

Resulta de común conocimiento la relativa facilidad con la que los mensajes de WhatsApp pueden ser modificados a conveniencia e, incluso, la existencia de aplicaciones de terceros que permiten crear conversaciones inexistentes (SJS de Oviedo n.º 457/2018, de 9 de octubre de 2018, ECLI:ES:JSO:2018:6090). Y ello porque WhatsApp almacena los mensajes en una base de datos sin cifrar dentro del terminal móvil, pudiendo el usuario acceder libremente a los mismos. A mayores, dichos datos pueden editarse sin dejar ningún rastro de la edición. Este aspecto se refleja en la STS n.º 300/2015 de 19 mayo de 2015, ECLI:ES:TS:2015:2047 donde, en relación al valor de la prueba del contenido de mensajes de Whatsapp, recoge (STS n.º 291/2019, de 31 de mayo de 2019, ECLI:ES:TS:2019:1786):

> «La prueba de una comunicación bidireccional mediante cualquiera de los múltiples sistemas de mensajería instantánea debe ser abordada con todas las cautelas. La posibilidad de una manipulación de los archivos digitales mediante los que se materializa ese intercambio de ideas, forma parte de la realidad de las cosas. El anonimato que autorizan tales sistemas y la libre creación de cuentas con una identidad fingida, hacen perfectamente posible aparentar una comunicación en la que un único usuario se relaciona consigo mismo. De ahí que la impugnación de la autenticidad de cualquiera de esas conversaciones, cuando son aportadas a la causa mediante archivos de impresión, desplaza la carga de la prueba hacia quien pretende aprovechar su idoneidad probatoria. Será indispensable en tal caso la práctica de una prueba pericial que identifique el verdadero origen de esa comunicación, la identidad de los interlocutores y, en fin, la integridad de su contenido».

Por otro lado, **cuando los mensajes de WhatsApp no hubieran sido impugnados por la parte contraria o cuando existiera un acto de reconocimiento expreso de la conversación y de su contenido por ambas partes**, no será necesaria la prueba acerca de la autenticidad ni de la integridad del mensaje. En caso de impugnación, será precisa esa prueba.

Por su parte la STSJ de Galicia n.º 556/2016, de 27 de enero de 2016, ECLI:ES:TSJGAL:2016:173, ha establecido cuatro **supuestos para aceptar como documento una conversación o mensaje de este tipo** (algo diferente a su valor probatorio):

a) Cuando la parte interlocutora de la conversación no impugna la conversación.

b) Cuando reconoce expresamente dicha conversación y su contenido.

c) Cuando se compruebe su realidad mediante el cotejo con el otro terminal implicado (exhibición).

d) Cuando se practique una prueba pericial que acredite la autenticidad y envío de la conversación, para un supuesto diferente de los anteriores.

Como hemos adelantado, en la aplicación práctica a la hora de presentar una conversación por WhatsApp una transcripción privada de la misma, acompañada del correspondiente «pantallazo», podría aceptarse como medio probatorio, siempre que no fuera impugnada por la otra parte. Si la parte contraria impugna la prueba entra en juego la obligación fijada por el art. 268.1 de la LEC, por la que los documentos privados se presentarán en original o mediante copia autenticada por el fedatario público competente y se unirán a los autos o se dejará testimonio de ellos. Para evitar posibles impugnaciones sería recomendable dar fe pública de los mensajes, para ello podemos recurrir:

– Al Letrado de la Administración de Justicia, para que levante acta del contenido con transcripción de los mensajes recibidos

en el móvil, y de que éstos corresponden con el teléfono y número pertinente (SAP de Córdoba n.º 159/2014, de 2 de abril de 2014,
ECLI:ES:APCO:2014:324 —a pesar de tratarse de un tema penal—).
De esta forma estaríamos recurriendo a lo reglamentado en los arts.
268.1 y 382 de la LEC. Entendiendo el smartphone como un instrumento de «filmación, grabación y otros semejantes» podríamos apor-
tarlo —solicitando su devolución y una trascripción de la conversación—. De esta forma, el Letrado de la Administración de Justicia
levantará acta cotejando el contenido del móvil con el de la conversación transcrita. (SAP de Alicante, rec. 990/2016, de 19 de septiembre
de 2016, ECLI:ES:APA:2016:2297).

- Acta notarial reflejando el contenido de la conversación. En este caso
se acudiría al notario para que el fedatario certifique que el documento impreso se corresponde a lo visualizado. Esta opción no asegu-
ra que la prueba no haya sido manipulada, tan sólo probaría que lo
aportado contiene la misma información que ha visto el notario en el
dispositivo electrónico con sustento en el art. 267 de la LEC. En este
caso ha de hacerse constar los números de teléfonos que aparecen en
la misma, la tarjeta SIM con la intención de identificar al propietario
de la línea, el IMEI del dispositivo y la conversación completa como
medio de prueba de la falta de manipulación de las comunicaciones.

- Cotejo de la conversación con el teléfono de la otra parte. En este
caso quedaría acreditada la conversación en caso de coincidir ambas
versiones.

- Prueba pericial informática que pueda acreditar la autenticidad y el
envío de los mensajes.

- Mediante la propia aplicación es posible compartir el chat al completo
en forma de archivo.txt. como copia de seguridad, mediante esta opción sería posible generar un archivo de texto en el que se incluiría la
conversación al completo volcando la misma en un CD, DVD o USB.

En algunas sentencias puede observarse la admisión como única prueba de las conversaciones mantenidas a través de WhatsApp, junto con las
declaraciones de las partes al corroborar el contenido de los WhatsApps el
resto de las pruebas existentes y practicadas. (SAP Barcelona, rec. 288/2012,
de 7 de noviembre de 2013 —a pesar de tratarse de un tema penal—).

En el texto de la demanda, se deberá efectuar una transcripción integra
del contenido del mensaje vía WhatsApp con su hora de remisión. Asimismo, sería conveniente reflejar todos los datos de que dispongamos como los
del titular de la cuenta, el número de teléfono y correo electrónico vinculado
a ella, la compañía telefónica, el Código IMEI del dispositivo, los datos del
supuesto receptor de la comunicación, la existencia de confirmación de recepción, la falta de respuesta, etc.

Hemos de señalar que corresponde al iudex a quo (expresión utilizada para
referirse al Juez o Tribunal contra cuya sentencia o resolución se interpone
un recurso.) apreciar todos y cada uno de los elementos de convicción que
se hayan aportado al proceso y, partiendo de ellos, declarar expresamente

los hechos que estima probados (art. 97.2 de la LRJS), para lo que habrá de tener en cuenta dos nociones, como son, por un lado, la valoración conjunta de las pruebas, y por otro lado, la posición de las partes durante el proceso, en el sentido de estimar su actitud respecto de esta y otras pruebas.

Resumiendo lo expuesto, la LRJS guarda silencio en materia de valoración de la prueba practicada sobre medios audiovisuales e instrumentos que permiten archivar, conocer o reproducir datos relevantes para el proceso, lo que supone la aplicación supletoria de los arts. 382.3 y 384.3 de la LEC. Corolario de lo anterior, los mensajes de WhatsApp deberían ser admitidos como prueba, cuando no hayan sido impugnados por la otra parte —pues como hemos visto, sin dicha impugnación, el documento que los contiene puede ser tenido en cuenta como prueba válida en cualquier jurisdicción— o, en función de los medios de prueba aportados de acuerdo a las reglas de la sana crítica

Todo lo anterior ha de entenderse, sin perjuicio de los riesgos que pueden existir de manipulación —a través de múltiples programas informáticos— de la conversación, imagen o números que se reflejan, lo que permite que el Magistrado que valore dicha prueba pueda rechazar su eficacia probatoria; o que la parte aporte una prueba pericial informática reveladora de la inexistencia de alteración.

El WhatsApp para enviar notificaciones de sanciones o despidos

Sin duda la utilización de mensajería instantánea mediante aplicaciones como WhatsApp forman parte del día a día en las empresas, pudiendo citar ejemplos que a todos nos resultan ya normales como avisar de que un empleado va a llegar tarde al trabajo por algún motivo, encomendar tareas a trabajadores que se encuentra fuera de la oficina, comunicar cambios de cuadrantes, etc. No obstante, como veremos en este bloque, no todo lo enviado por esta vía puede ser considerado como una comunicación válida y, muchos menos, surtir los mismos efectos que una notificación «clásica» mediante escrito.

Del mismo modo, como veremos, a nivel constitucional, la mensajería instantánea, o más bien su control por parte empresarial con fines disciplinarios, puede entrar en conflicto con derechos constitucionales fundamentales como son **el derecho a la intimidad, el derecho al secreto de las comunicaciones, o el derecho a la protección de datos,** algunos de los cuales ya han sido analizados, sobre todo porque en la mayoría de casos se utiliza este medio de comunicación sobre terminales que son propiedad de las personas trabajadoras.

Partiendo de que el WhatsApp, o cualquier otro programa de mensajería instantánea, debería ser limitada para concretar algún aspecto como una hora de visita, fijar reuniones, envío de documentación, avisar de algún imprevisto y poco más, cuando existan garantías de que el consentimiento del trabajador se ha prestado libre y voluntariamente, no hay inconveniente para que la mercantiles utilicen esta vía de comunicación en asuntos relacionados con el contrato de trabajo y las condiciones laborales que no requieran especiales requisitos normativos de notificación.

Tratando este punto en sentido contrario, fuera del horario de trabajo, ni la persona trabajadora tiene obligación de estar conectada a internet, ni tendría obligación de contestar, imperando el derecho a desconexión digital establecido en la LOPDGDD.

> **CUESTIONES**
>
> **1. ¿Puedo comunicar un despido o una sanción por WhatsApp?**
>
> El despido deberá ser notificado por escrito al trabajador, haciendo figurar los hechos que lo motivan y la fecha en que tendrá efectos (junto a cualquier otro requisito establecido por convenio). Aunque no existe una prohibición expresa del uso de WhatsApp para este tipo de comunicaciones, en la práctica, el envío de sanciones disciplinarias o despidos disciplinarios a través de este medio podría ser considerado como no cumpliendo con los requisitos de notificación adecuada y podría ser impugnado ante un tribunal.
>
> **2. ¿Cómo debe actuar la persona trabajadora en caso de despido por WhatsApp o email?**
>
> Lo recomendable sería impugnar el despido en el plazo de 20 días hábiles para conseguir la calificación del despido como improcedente (o nulo en determinados casos) por defectos formales.

Es aconsejable utilizar los métodos tradicionales de notificación que provean garantías de certificación y acuse de recibo, y así asegurarse del cumplimiento de las normativas aplicables y de que la comunicación será considerada válida en caso de litigio. En este punto hemos de definir distintos aspectos de donde se infiere la existencia de una posible interpretación amplia y flexible (similar a la doctrina del TS sobre los correos electrónicos) y la posibilidad de que este tipo de mensajería instantánea no resulte válido:

1. **Las mercantiles pueden revisar las conversaciones de WhatsApp del móvil de empresa.** Aplicándose a estos efectos las mismas previsiones que para el correo electrónico o resto de comunicaciones con medios informáticos de la empresa. Como ej., la STSJ de Madrid, rec. 207/2023, de 8 de junio del 2023, ECLI:ES:TSJM:2023:686, valida el despido disciplinario de una persona trabajadora al descubrir la empresa el cobro de comisiones extras a sus clientes, sin su conocimiento, al revisar las conversaciones de WhatsApp del móvil de empresa. Para la Sala, no hay vulneración de la intimidad del trabajador si en el contrato se especifica que el móvil es solo para uso profesional.

2. **El WhatsApp no es un canal recomendable para notificar el despido o la sanción de un empleado.**

   Debemos tener siempre presente los arts. 53 y 55 del Estatuto de los Trabajadores donde se regulan los requisitos formales para que la empresa pueda extinguir el contrato de trabajo por causas objetivas o despido disciplinario. Siguiendo el texto estatutario, aunque el empresario comunique el despido por medios como *WhatsApp*, para que la extinción contractual sea válida será necesaria su notificación por escrito al trabajador a través de la correspondiente carta de despido, ya sea mediante su entrega física directa o bien mediante el envío de un burofax que le permita tener constancia fehaciente de su recepción por el trabajador.

Dicho lo anterior, podemos hacer referencia a sentencias que han analizado este supuesto:

– **STSJ de Galicia, rec. 4733/2020, de 26 de marzo de 2021, ECLI:ES:TSJGAL:2021:2069,** no considera extensible a los mensajes por WhatsApp la doctrina relativa a la validez de la comunicación por correo electrónico fijada por la STS, rec. 239/2018, de 23 de julio de 2020.

– **STSJ de Madrid, rec. 318/2022, ECLI:ES:TSJM:2022:10959,** donde se ha especificado la obligación de utilizar los medios habituales de comunicación:

«La doctrina referida impone al empresario, ante la trascendencia de la medida sancionadora que se disponía a imponer, el deber de agotar diligentemente los mecanismos regulares de comunicación que obraban a su alcance, entre los que se encontraba el de WhatsApp. No se comprende que sólo acuda a esta vía para informar al trabajador de su cese, y no antes para requerirle para su reintegro a su puesto de trabajo. Si procedió a comunicar esta circunstancia vía telemática y postal, bien pudo también haber acudido al uso de dicha aplicación de mensajería, la cual tenía a su acceso como evidenció el hecho de haber sido dicho cauce para comunicar el despido».

– **STSJ de Cataluña n.º 420/2016, de 26 de enero, ECLI:ES:TSJCAT:2016:666,** la sala de lo social entiende válida la sanción por no haber acudido a trabajar previa comunicación por WhatsApp.

– **STSJ Madrid, rec. 22/2022, 20 de abril de 2022, ECLI:ES:TSJM:2022:5260,** se valida el despido disciplinario por ofensas verbales y envío de mensajes por WhatsApp ofendiendo a sus superiores jerárquicos y familiares.

– **ATS, rec. 965/2022, de 31 de enero del 2023, ECLI:ES:TS:2023:2540A.** La cuestión controvertida consiste en decidir si al trabajador, en el despido que se impugna, le han sido vulnerados sus derechos fundamentales a la intimidad, secreto en las comunicaciones, libertad de expresión y libertad de comunicación teniendo en cuenta que dicho despido se fundamentó en una conversación privada de WhatsApp del actor con otro compañero que éste último aportó en el marco de otro proceso judicial en el que fue parte la empresa y donde tuvo conocimiento del contenido de la misma. El TS valida la existencia de despido nulo por vulneración de los derechos fundamentales a la intimidad, secreto en las comunicaciones, libertad de expresión y libertad en las comunicaciones.

3. **Las conversaciones de WhatsApp son válidas como pruebas en un juicio, pero no es suficiente con entregar los «pantallazos».** Para certificar que los mensajes son reales y no están manipulados es necesario llevar a cabo un informe pericial. (STS, n.º 90/2021, de 7 de octubre de 2021, ECLI:ES:TS:2021:3661).

4. La inclusión en los grupos corporativos de la empresa sin consentimiento de la persona trabajadora supone una infracción de la normativa de protección de datos en tanto se vulneraría el vigente art. 5 de la LOPDGDD, por exigirse a quien maneja datos ajenos guardar el secreto profesional de los mismos. Es por ello conveniente contar con el consentimiento de la persona trabajadora para su inclusión en estos grupos de mensajería instantánea. (Resolución de la AEPD n.º PS-00452-2022, de 10 de octubre de 2023 y Resolución de la AEPD n.º AI-00050-2022, de 9 de enero de 2023).

5. La empresa vulnera el derecho al honor de la persona trabajadora despedida comunicando a su plantilla por WhatsApp la causa de su despido disciplinario (comisión de un robo). (STSJ de Cataluña n.º 4084/2022, de 8 julio de 2022, ECLI:ES:TSJCAT:2022:6802).

‖ El WhatsApp, ¿es un canal válido para la comunicación de ‖ despido?

En la comunicación del empresario al empleado de un eventual despido, por encontrarse sujeta a una regulación legal (arts. 53 y 55 del ET), la jurisprudencia viene exigiendo —obligatoriamente— comunicación escrita, expresando claramente la causa del cese o sanción, así como la fecha a partir de la cual tendría efectos, indicando los hechos específicos y concretos que motivan la decisión.

En este sentido, el artículo 55.1 del Estatuto de los Trabajadores dispone que el despido disciplinario deberá ser notificado por escrito al trabajador, haciendo figurar los hechos que lo motivan y la fecha en que tendrá efectos. Como señala la jurisprudencia (SSTS de 18 de enero de 2000 o 13 de diciembre de 1990, entre otras muchas), aunque el art. 55.1 del ET no impone una pormenorizada o exhaustiva descripción de los hechos fundamentales del despido, «sí exige que la comunicación escrita proporcione al trabajador un conocimiento claro, suficiente e inequívoco de los hechos que se le imputan, para que, comprendido sin dudas racionales el alcance de aquéllos, pueda impugnar la decisión empresarial y preparar los medios de prueba que juzgue convenientes para su defensa, y esta finalidad no se cumple cuando la aludida comunicación sólo contiene imputaciones genéricas e indeterminadas que perturban gravemente aquella defensa y atentan al principio de igualdad de partes, al constituir, en definitiva, esa ambigüedad, una posición de ventaja de la que puede prevalerse la empresa en su oposición a la demanda del trabajador».

Estas exigencias constituyen una garantía para el propio trabajador a fin de tener conocimiento de los hechos que motivan tal circunstancia como garantía de su defensa y chocan con una posible comunicación a través de herramientas de mensajería instantánea. De esta forma, aunque el empresario comunique el despido por medios como WhatsApp, **para que la extinción contractual sea válida será necesaria su notificación por escrito al trabajador a través de la correspondiente carta de despido** (bien mediante su entrega física directa o bien mediante el envío de un burofax por permitir tener constancia fehaciente de su recepción por el trabajador. Y en caso de no recepción por el trabajador se viene admitiendo el burosms remitido al teléfono móvil de la persona trabajadora). Ha de tenerse en cuenta que si la empresa no cuenta con otro medio de comunicación su notificación del despido haciendo uso del teléfono móvil del trabajador es adecuada a su finalidad y se enmarca dentro de las exigencias de buena fe de la relación laboral pero siempre sería conveniente su comunicación por medio de BuroSMS acompañando la carta de despido que ha de ser suficientemente explicativa de las causas del mismo.

> **A TENER EN CUENTA**. La comunicación del despido debe cumplir unos requisitos formales mínimos exigidos por el ET, por lo que cuando se realice únicamente por medio de este tipo de mensajería, con menciones abstractas, genéricas y sin datos o hechos que permitan conocer la fundamentación de la medida, será calificada como improcedente.

RESOLUCIONES RELEVANTES

STSJ de Castilla y la Mancha n.º 1334/2022, de 14 de julio de 2022, ECLI:ES:TSJCLM:2022:2230

«(...) el SMS recibido por el trabajador en su teléfono móvil, aun cuando estuviese certificado, carecía de los elementos externos mínimamente necesarios para poder intuir, incluso indiciariamente, que se trataba de la remisión de una notificación de despido, máxime si se tiene en cuenta que al ubicarse en el ámbito de las comunicaciones telemáticas o a través de mecanismos informáticos, se impone extremar las medidas conducentes a su apertura, ante la posibilidad de que las mismas alberguen riesgos de contaminación con virus informáticos o malware, lo que hacía absolutamente necesario, a fin de garantizar la lógica, adecuada y correcta recepción, que en el SMS se reflejasen los elementos necesarios para poder presuponer que su remitente era la empresa para la que el actor venía prestando servicios, así como la finalidad última del mismo, esto la comunicación de su decisión de extinguir el contrato, posibilitando así su apertura, y el subsiguiente acceso a los documentos adjuntados al mismo, entre los que se encontraba la carta de despido».

STSJ de Galicia n.º 2070/2021, de 20 de mayo de 2021, ECLI:ES:TSJGAL:2021:3070

«(...) No todo lo enviado por esta vía puede ser considerado como una comunicación válida y, muchos menos, surtir los mismos efectos que una notificación por escrito clásica, en la que consta la firma del empresario o su representante y se acredita la recepción del trabajador de la misma, bien mediante su firma en la copia; firma de uno o varios testigos de que la carta de despido se ha entregado, caso de no querer o poder hacerlo el destinataria; acuse de recibo y certificado de contenido de la comunicación remitida por burofax, etc.».

¿Es posible imponer una sanción disciplinaria por una conversación de WhatsApp?

La facultad disciplinaria de la empresa también afecta al posible contenido de WhatsApp, toda vez que los apartados c) y d) del art. 54.1 del ET, establecen como incumplimiento grave y culpable «Las ofensas verbales o físicas al empresario o a las personas que trabajan en la empresa o a los familiares que convivan con ellos» y «La transgresión de la buena fe contractual, así como el abuso de confianza en el desempeño del trabajo».

Aparentemente, el hecho de que un tercero (en este caso la empresa) pueda utilizar el contenido de una conversación privada mantenida a través de WhatsApp entre compañeros de trabajo para justificar una decisión de despido o sanción, supone una vulneración del derecho al secreto de las comunicaciones dentro de una intromisión en la intimidad por vulneración del art. 18.3 de la CE, lo que haría que una decisión sancionadora o extintiva fuera calificada como nula. No obstante, como expone la STC n.º 114/1984 de 29 de noviembre, **el derecho al secreto de las comunicaciones no puede oponerse, sin quebrar su sentido constitucional, frente a quien tomó parte en la comunicación misma así protegida, es decir, que si el integrante de la conversación facilita la misma al empresario, éste podrá adoptar medidas disciplinarias en función de su contenido.** Así, «quien entrega a otro la carta o comunicación recibida no está violando el secreto de las comunicaciones, sin perjuicio de que estas mismas conductas, en el caso de que lo así transmitido a otros entrase en la esfera «íntima» del interlocutor, pudiesen constituir atentados al derecho garantizado en el artículo 18.1 de la Constitución». (STSJ de La Rioja n.º 14/2016, de 21 de enero de 2016, ECLI:ES:TSJLR:2016:18).

Como expresa la STC referida (Doctrina recogida en STSJ de Andalucía de 22 de abril 2009, rec. 489/2009):

«(...) quien graba una conversación de otros atenta, independientemente de toda otra consideración, al derecho reconocido en el art. 18.3 de la Constitución; por el contrario, quien graba una conversación con otro no incurre, por este solo hecho, en conducta contraria al precepto constitucional citado. Si se impusiera un genérico deber de secreto a cada uno de los interlocutores o de los corresponsables ex art. 18.3, se terminaría vaciando de sentido, en buena parte de su alcance normativo, a la protección de la esfera íntima personal ex art. 18.1, garantía ésta que, «a contrario», no universaliza el deber de secreto, permitiendo reconocerlo sólo al objeto de preservar dicha intimidad (dimensión material del secreto, según se dijo). Los resultados prácticos a que podría llevar tal imposición indiscriminada de una obligación de silencio al interlocutor son, como se comprende, del todo irrazonables y contradictorios, en definitiva, con la misma posibilidad de los procesos de libre comunicación humana».

Así lo ha entendido también la STSJ de Galicia n.º 2432/2014, de 25 de abril de 2014, cuando afirma que «por lo que se refiere a la ilegítima intromisión e intervención de conversaciones privadas, cabe decir...que la prueba documental aportada por la empresa (transcripción de un WhatsApp) no se ha efectuado vulnerando el secreto de las comunicaciones, contemplado en el art 18.3 de la CE, y ello por cuanto que el conocimiento de la conversación privada lo tiene la empresa por la revelación de la otra interlocutora, o sea que una de las intervinientes en dicha conversación fue quien se la facilitó a la empresa (...)».

De este modo, como bien trata la STSJ de La Rioja n.º 14/2016, de 21 de enero de 2016, no podrá afirmarse que la actuación del receptor de los WhatsApp —en caso de ser compañero de trabajo— entregando aquellos a la empresa, vulnere el derecho al secreto de las comunicaciones, a lo que hay que añadir que tampoco cabe apreciar vulneración alguna del derecho a la intimidad de la recurrente pues tal derecho (art. 18.1 de la CE), protege la «vida íntima de las personas», pero «tal garantía no es aplicable en el caso presente pues el contenido de los mensajes no lo fueron sobre nada que pudiera estimarse inserto en dicho ámbito, sino que conformaron meras expresiones, prácticamente unilaterales y ciertamente insultantes de la demandante a un compañero de trabajo».

5.7. Canal de denuncias

Una empresa debe establecer canales de fácil acceso, seguros y confidenciales para permitir una comunicación efectiva con el personal responsable de tratar denuncias. La Ley 2/2023, de 20 de febrero, establece una serie de obligaciones para los procedimientos de denuncia por canales internos y externos.

Todas las empresas con más de 50 personas trabajadoras están obligadas a contar con un canal de denuncias antes del 1 de diciembre de 2023.

5.7.1. Procedimiento de gestión del canal de denuncias: canales de denuncias internos y externos

A fin de permitir una comunicación efectiva con el personal responsable de tratar denuncias, no solo será necesario que la empresa establezca y utilice canales de fácil acceso, seguros y confidenciales, sino también que permitan el almacenamiento duradero de información para que puedan realizarse nuevas investigaciones. Esto hace recomendable la existencia de canales diferentes a los utilizados para la comunicación interna o con terceros en el curso ordinario de la actividad empresarial. Al mismo tiempo, el denunciante debe poder elegir el canal de denuncia más adecuado en función de las circunstancias particulares del caso.

La protección frente a represalias como medio de salvaguardar la libertad de expresión y la libertad debe otorgarse tanto a las personas que comunican información sobre actos u omisiones en una organización («denuncia interna») o a una autoridad externa («denuncia externa») como a las personas que ponen dicha información a disposición del público, por ejemplo, directamente a través de plataformas web o de redes sociales, o a medios de comunicación, cargos electos, organizaciones de la sociedad civil, sindicatos u organizaciones profesionales y empresariales (Considerando (45) Directiva (UE) 2019/1937).

Siempre que se garantice la confidencialidad de la identidad del denunciante, corresponde a cada entidad jurídica individual del sector privado y público definir el tipo de canales de denuncia que se hayan de establecer, pudiendo incluso externalizase el canal ético. Europa ha impuesto una serie de obligaciones a las empresas —transpuestas por la Ley 2/2023, de 20 de febrero— que configuran lo que trataremos como **«obligaciones mínimas para los procedimientos de denuncia por canales internos y externos».**

En cualquier caso, el plazo obligatorio para que las empresas cuenten con un canal de denuncias finalizó el **3 de junio de 2023** para las entidades con más de 249 empleados y el **1 de diciembre de 2023** para las que tengan entre 50 y 249 trabajadores en plantilla. (D.T. 2.ª de la Ley 2/2023, de 20 de febrero).

CLAVES PARA IMPLANTAR UN CANAL DE DENUCAS INTERNO TRAS LA LEY DE PROTECCIÓN DEL INFORMANTE
(Ley 2/2023, de 20 de febrero)

1. ¿Qué sistemas de denuncias se establecen?
→ 1. Canal de denuncias interno.
2. Canal de denuncias externo (arts. 6-16 y ss).
3. Revelación pública (arts. 27 y ss.)

2. ¿Qué es un canal de denuncias interno?
→ Un instrumento con el que debe contar la empresa para canalizar cualquier denuncia de acciones u omisiones que supongan infracciones del derecho de la Unión Europea, o constitutivas de infracción penal o administrativa grave o muy grave.

3. ¿Qué debe garantizar el canal de denuncias?
→ Entre otros requisitos:
- Permitir la comunicación sobre infracciones.
- Garantizar la confidencialidad.
- Garantizar la protección de datos (arts. 29 y ss.).
- Permitir la comunicaciones por escrito, verbalmente (o ambos modos).
- Contar con un responsable.
- Contar con una política interna o procedimiento de gestión de las informaciones recibidas.
- Establecer las garantías para la protección de los informantes.

→ - **Condiciones de protección (art. 35):** se regula el derecho a protección siempre que concurran ciertas circunstancias.
- **Prohibición de represalias** y medidas para la protección de las personas afectadas (art. 36 y 38).
- **Medidas de apoyo para los comunicantes (art. 37):** información, asesoramiento, asistencia, justicia gratuita, apoyo financiero y psicológico, etc.
- **Medidas para la protección de las personas afectadas (art. 39):** durante la tramitación del expediente las personas afectadas por la comunicación tendrán derecho a la presunción de inocencia.
- **Supuestos de exención y atenuación de la sanción (art. 40):** en determinados supuestos (cese en la comisión de la infracción, colaboración, etc.) podrá eximirse del cumplimiento de la sanción administrativa.
- **Autoridades competentes (art. 41):** según el ámbito territorial de las comunidades autónomas.

4. ¿Quién debe implantar un canal de denuncias?
→ - Las **empresas que tengan 50 o más personas trabajadoras.**
- **Con independencia del número de personas trabajadoras en plantilla**, las empresas que presten servicios en materia de (art. 10):
  - Productos y mercados financieros.
  - Prevención del blanqueo de capitales o de la financiación del terrorismo.
  - Seguridad del trasporte
  - Protección del medio ambiente.
  - Desarrollen en España actividades a través de sucursales o agentes o mediante prestación de servicios sin establecimiento permanente.

→ - **Las personas jurídicas del sector privado que tengan entre 50 y 249 trabajadores y los municipios de menos de 10.000 habitantes**: pueden compartir entre sí el sistema interno de información y los recursos destinados a la gestión y tramitación de las comunicaciones (arts. 12 y art. 14)

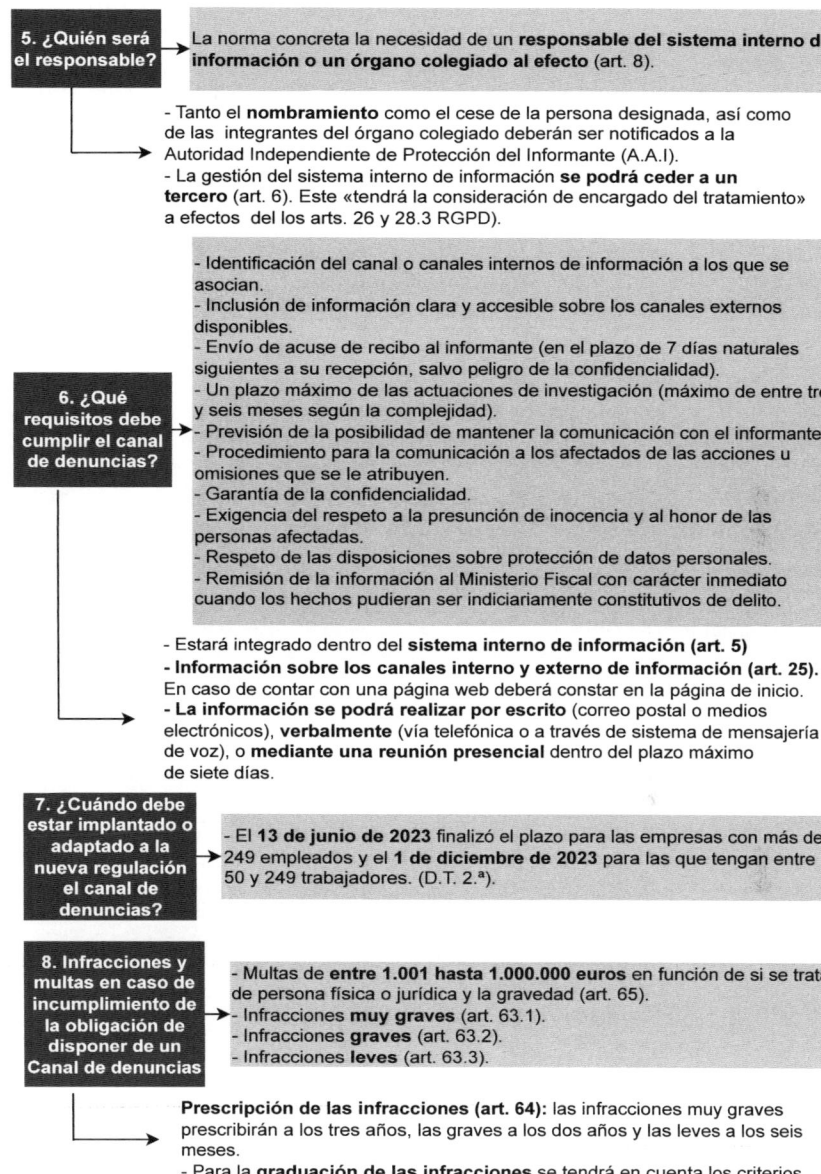

5. ¿Quién será el responsable?

La norma concreta la necesidad de un **responsable del sistema interno de información o un órgano colegiado al efecto** (art. 8).

- Tanto el **nombramiento** como el cese de la persona designada, así como de las integrantes del órgano colegiado deberán ser notificados a la Autoridad Independiente de Protección del Informante (A.A.I).
- La gestión del sistema interno de información **se podrá ceder a un tercero** (art. 6). Este «tendrá la consideración de encargado del tratamiento» a efectos del los arts. 26 y 28.3 RGPD).

6. ¿Qué requisitos debe cumplir el canal de denuncias?

- Identificación del canal o canales internos de información a los que se asocian.
- Inclusión de información clara y accesible sobre los canales externos disponibles.
- Envío de acuse de recibo al informante (en el plazo de 7 días naturales siguientes a su recepción, salvo peligro de la confidencialidad).
- Un plazo máximo de las actuaciones de investigación (máximo de entre tres y seis meses según la complejidad).
- Previsión de la posibilidad de mantener la comunicación con el informante.
- Procedimiento para la comunicación a los afectados de las acciones u omisiones que se le atribuyen.
- Garantía de la confidencialidad.
- Exigencia del respeto a la presunción de inocencia y al honor de las personas afectadas.
- Respeto de las disposiciones sobre protección de datos personales.
- Remisión de la información al Ministerio Fiscal con carácter inmediato cuando los hechos pudieran ser indiciariamente constitutivos de delito.

- Estará integrado dentro del **sistema interno de información (art. 5)**
- **Información sobre los canales interno y externo de información (art. 25).** En caso de contar con una página web deberá constar en la página de inicio.
- **La información se podrá realizar por escrito** (correo postal o medios electrónicos), **verbalmente** (vía telefónica o a través de sistema de mensajería de voz), o **mediante una reunión presencial** dentro del plazo máximo de siete días.

7. ¿Cuándo debe estar implantado o adaptado a la nueva regulación el canal de denuncias?

- El **13 de junio de 2023** finalizó el plazo para las empresas con más de 249 empleados y el **1 de diciembre de 2023** para las que tengan entre 50 y 249 trabajadores. (D.T. 2.ª).

8. Infracciones y multas en caso de incumplimiento de la obligación de disponer de un Canal de denuncias

- Multas de **entre 1.001 hasta 1.000.000 euros** en función de si se trata de persona física o jurídica y la gravedad (art. 65).
- Infracciones **muy graves** (art. 63.1).
- Infracciones **graves** (art. 63.2).
- Infracciones **leves** (art. 63.3).

Prescripción de las infracciones (art. 64): las infracciones muy graves prescribirán a los tres años, las graves a los dos años y las leves a los seis meses.
- Para la **graduación de las infracciones** se tendrá en cuenta los criterios establecidos en el art. 66.
- **Concurrencia de sanciones:** podrá concurrir con el régimen disciplinario del personal funcionario, estatutario o laboral que resulte de aplicación en cada caso (art. 67).

5.7.2. Denuncias internas

Se denomina «denuncia interna», la comunicación verbal o por escrito de información sobre infracciones dentro de una entidad jurídica de los sectores privado o público. La denuncia interna es el mejor modo de recabar información de las personas que pueden contribuir a resolver con prontitud y efectividad el conflicto, y, con carácter general, podemos estandarizar que los denunciantes se sienten más cómodos denunciando por canales internos, salvo la existencia de motivos concretos para denunciar por canales externos.

En el caso de entidades jurídicas del sector privado, la obligación de establecer canales de denuncia interna debe guardar proporción con su tamaño y el nivel de riesgo que sus actividades suponen para el interés público. Las **empresas con 50 o más trabajadores** deben estar sujetas a la obligación de establecer canales de denuncia interna, con independencia de la naturaleza de sus actividades (Considerando (48) de la Directiva (UE) 2019/1937 y art. 10 de la Ley 2/2023, de 20 de febrero).

Siendo conscientes del coste que esta nueva carga pueda generar en las empresas, la Ley 2/2023 admite que aquellas que, superando la cifra de cincuenta trabajadores cuenten con menos de doscientos cincuenta, puedan compartir medios y recursos para la gestión de las informaciones que reciban, quedando siempre clara la existencia de canales propios en cada empresa.

Los canales deberán permitir la denuncia **por escrito o verbalmente, o de ambos modos.** La denuncia verbal será posible por vía telefónica o a través de otros sistemas de mensajería de voz y, previa solicitud del denunciante, por medio de una reunión presencial dentro de un plazo razonable (arts. 7-9 de la Directiva (UE) 2019/1937 y art. 5 de la Ley 2/2023, de 20 de febrero). Igualmente, los procedimientos de denuncia interna deben permitir a entidades jurídicas del sector privado recibir e investigar con total confidencialidad denuncias de los trabajadores de la entidad y de sus filiales, pero también, en la medida de lo posible, de cualquiera de los agentes y proveedores del grupo y de cualquier persona que acceda a la información a través de sus actividades laborales relacionadas con la entidad y el grupo.

Los **procedimientos de denuncia interna** incluirán:

- Canales para recibir denuncias que estén diseñados, establecidos y gestionados de una forma segura que garantice que la confidencialidad de la identidad del denunciante y de cualquier tercero mencionado en la denuncia esté protegida, e impida el acceso a ella al personal no autorizado.

- Un acuse de recibo de la denuncia al denunciante en un plazo de siete días a partir de la recepción.

- La designación de una persona o departamento imparcial que sea competente para seguir las denuncias, que podrá ser la misma persona o departamento que recibe las denuncias y que mantendrá la comunicación con el denunciante y, en caso necesario, solicitará a este información adicional y le dará respuesta.

- El seguimiento diligente por la persona o el departamento designados.

- El seguimiento diligente cuando así lo establezca el derecho nacional en lo que respecta a las denuncias anónimas.

- Un plazo razonable para dar respuesta, que no será superior a tres meses a partir del acuse de recibo o, si no se remitió un acuse de recibo al denunciante, a tres meses a partir del vencimiento del plazo de siete días después de hacerse la denuncia.

- Información clara y fácilmente accesible, sobre el uso de todo canal interno de información que hayan implantado, así como sobre los principios esenciales del procedimiento de gestión. En caso de contar con una página web, dicha información deberá constar en la página de inicio, en una sección separada y fácilmente identificable (art. 10 de la Directiva (UE) 2019/1937 y art. 25 de la Ley 2/2023, de 20 de febrero).

En el contexto de la denuncia interna de infracciones, informar al denunciante, en la medida de lo jurídicamente posible y de la manera más completa posible, sobre el seguimiento de la denuncia es crucial para generar confianza en la eficacia del sistema de protección de los denunciantes y reducir la probabilidad de que se produzcan nuevas denuncias o revelaciones públicas innecesarias.

El seguimiento y la respuesta al denunciante deben producirse en un plazo razonable, dada la necesidad de abordar con prontitud el problema que sea objeto de denuncia, así como la necesidad de evitar la revelación pública innecesaria de información. El plazo no debe exceder de tres meses, pero podría ampliarse a seis cuando sea necesario debido a circunstancias específicas del caso, en particular la naturaleza y la complejidad del objeto de la denuncia, que puedan justificar una investigación larga.

El seguimiento puede incluir, por ejemplo, la remisión a otros canales o procedimientos cuando la denuncia afecte exclusivamente a los derechos individuales del denunciante, archivo del procedimiento debido a la falta de pruebas suficientes o por otros motivos, puesta en marcha de una investigación interna y, en su caso, a sus resultados y toda medida adoptada para abordar el problema planteado, remisión a una autoridad competente para proseguir la investigación en la medida en que dicha información no afecte a la investigación interna o a los derechos del interesado.

En todos los casos, el denunciante debe ser informado de los avances y el resultado de la investigación. Un plazo razonable para informar al denunciante no debe exceder de tres meses. Cuando todavía se esté considerando el seguimiento apropiado, el denunciante debe ser informado de ello, así como de cualquier otra respuesta que haya de esperar.

En el transcurso de la investigación, debe ser posible pedir al denunciante que proporcione información adicional, aunque no exista ninguna obligación de hacerlo.

PROCEDIMIENTO DE ACTUACIÓN PARA LA FORMULACIÓN DE DENUNCIAS INTERNAS (ORIENTATIVO)

Hechos denunciables → Actos contrarios a la Ley en el seno de la empresa. Violaciones del código ético, de conducta, protocolos, fraudes, incumplimientos normativos, etc.

¿Quién puede denunciar? → Cualquier persona que tenga conocimiento de la comisión de un hecho denunciable.

Personas denunciables → Cualquier persona o entidad. A modo de ej.: Administradores, asesores, empleados, proveedores, etc.

Canal de denuncia → Mediante el medio fijado al efecto. A modo de ej.:

- a) De manera presencial ante el «Compliance Officer» o trabajador designado.
- b) Vía telefónica.
- c) Por escrito o mediante formulario on-line habilitado.
- d) Mediante algún tipo de app o aplicación.
- e) Etc.

Formalización de la denuncia → Dependerán del canal (escrito o verbal) y de la posibilidad de realizar denuncias anónimas o no. A modo de ej.:

- a) Datos identificativos del denunciante.
- b) Datos identificativos del denunciado.
- c) Hechos denunciados.
- d) Identificación de testigos.
- f) Etc.

Admisión de la denuncia → De cumplir los requisitos formales establecidos. Se dará acuse de recibo de la admisión de la denuncia o la posibilidad de subsanación de defectos.

Apertura de expediente e investigación → Siguiendo el protocolo específico, se realizarán las investigaciones (formales o informales), análisis de la información, recopilación de pruebas o alegaciones y la formalización del expediente al efecto.

Notificaciones → Notificación de la existencia de una investigación a las personas y Organismos implicados respetando en todo caso la confidencialidad, privacidad y LOPDGDD y activando cualquier medida cautelar que se considere oportuna.

Resolución del Expediente →
- Archivo.
- Medidas disciplinarias.
- Comunicación a las Autoridades.

→ Tratamiento de los datos/ficheros según la LOPDGDD.

CUESTIÓN

¿Es necesario contar con un responsable del sistema interno de información? ¿Quién será en el sector privado?

Sí. El órgano de administración (u órgano de gobierno de cada entidad u organismo) será el competente para la designación, destitución o cese de la persona física responsable de la gestión del sistema.

Este responsable del sistema deberá desarrollar sus funciones de forma independiente y autónoma respecto del resto de los órganos de la entidad u organismo, no podrá recibir instrucciones de ningún tipo en su ejercicio, y deberá disponer de todos los medios personales y materiales necesarios para llevarlas a cabo.

En el caso del sector privado, el Responsable del Sistema persona física o la entidad en quien el órgano colegiado responsable haya delegado sus funciones, será un directivo de la entidad, que ejercerá su cargo con independencia del órgano de administración o de gobierno de la misma. Cuando la naturaleza o la dimensión de las actividades de la entidad no justifiquen o permitan la existencia de un directivo Responsable del Sistema, será posible el desempeño ordinario de las funciones del puesto o cargo con las de Responsable del Sistema, tratando en todo caso de evitar posibles situaciones de conflicto de interés (art. 8.5 de la Ley 2/2023, de 20 de febrero).

5.7.3. Denuncias externas

Se denomina «denuncia externa», la comunicación verbal o por escrito de información sobre infracciones ante las autoridades competentes. Este tipo de actuación por parte del denunciante supone una vía alternativa o complementaria a la denuncia interna y la lógica obligación empresarial de facilitar información sobre los procedimientos de denuncia investigados a las autoridades competentes que lo soliciten en virtud de sus competencias administrativas o sancionadoras.

Debe quedar claro que, en el caso de entidades jurídicas del sector privado que no prevean canales de denuncia interna, los denunciantes deben poder informar externamente a las autoridades competentes y dichos denunciantes deben gozar de la protección frente a represalias que contempla la Directiva *whistleblowing* (Considerando (51)).

La externalización del canal de denuncias supone autorizar a terceros a recibir denuncias de infracciones en nombre de entidades jurídicas de los sectores privado y público. Como hemos dicho, esto será posible siempre que ofrezcan garantías adecuadas de respeto de la independencia, la confidencialidad, la protección de datos y el secreto. Dichos terceros pueden ser proveedores de plataformas de denuncia externa, asesores externos, auditores, representantes sindicales o representantes de los trabajadores.

En este caso corresponderá a los Estados miembros velarán por que las autoridades competentes cuenten con canales de denuncia externa independientes y autónomos para la recepción y el tratamiento de la información sobre infracciones, debiendo cumplir con una serie de **obligaciones** (arts. 10-14 de la Directiva (UE) 2019/1937):

a) Con prontitud, y en cualquier caso en un plazo de siete días a partir de la recepción de la denuncia, acusar recibo de ella a menos que el denunciante solicite expresamente otra cosa o que la autoridad competente considere razonablemente que el acuse de recibo de la denuncia comprometería la protección de la identidad del denunciante.

b) Seguir las denuncias diligentemente.

c) Dar respuesta al denunciante en un plazo razonable, no superior a tres meses, o a seis meses en casos debidamente justificados.

d) Comunicar al denunciante el resultado final de toda investigación desencadenada por la denuncia, de conformidad con los procedimientos previstos en el derecho nacional.

e) Transmitir en tiempo oportuno la información contenida en la denuncia a las instituciones, órganos u organismos competentes de la Unión, según corresponda, para que se siga investigando, cuando así esté previsto por el derecho de la Unión o nacional.

Para que un canal de denuncia externa se considere independiente y autónomo, ha de cumplir todos los siguientes criterios:

a) Se diseñen, establezcan y gestionen de forma que se garantice la exhaustividad, integridad y confidencialidad de la información y se impida el acceso a ella al personal no autorizado de la autoridad competente;

b) Permitan el almacenamiento duradero de información, de conformidad con el art. 18 Directiva (UE) 2019/1937, para que puedan realizarse nuevas investigaciones.

Los canales de denuncia externa permitirán **denunciar por escrito y verbalmente**. La denuncia verbal será posible por vía telefónica o a través de otros sistemas de mensajería de voz y, previa solicitud del denunciante, por medio de una reunión presencial dentro de un plazo razonable.

En nuestro país, los arts. 16-24 de la Ley 2/2023, de 20 de febrero, regulan la **comunicación a través del canal externo de información de la Autoridad Independiente de Protección del Informante, A.A.I. o a través de las autoridades u órganos autonómicos.**

Toda persona física podrá informar ante la Autoridad Independiente de Protección del Informante (A.A.I.), o ante las autoridades u órganos autonómicos correspondientes, de la comisión de cualesquiera acciones u omisiones incluidas en el ámbito de aplicación de la Ley 2/2023. La denuncia externa se configura de forma paralela a una posible comunicación previa a través del correspondiente canal interno.

El informante tendrá las siguientes garantías en sus actuaciones ante la A.A.I. (art. 21 de la Ley 2/2023, de 20 de febrero):

1. Decidir si desea formular la comunicación de forma anónima o no anónima; en este segundo caso se garantizará la reserva de identidad del informante, de modo que esta no sea revelada a terceras personas.

2. Formular la comunicación verbalmente o por escrito.

3. Indicar un domicilio, correo electrónico o lugar seguro donde recibir las comunicaciones que realice la Autoridad Independiente de Protección del Informante, A.A.I. a propósito de la investigación.

4. Renunciar, en su caso, a recibir comunicaciones de la Autoridad Independiente de Protección del Informante, A.A.I.

5. Comparecer ante la Autoridad Independiente de Protección del Informante, A.A.I., por propia iniciativa o cuando sea requerido por esta, siendo asistido, en su caso y si lo considera oportuno, por abogado.

6. Solicitar a la Autoridad Independiente de Protección del Informante, A.A.I. que la comparecencia ante la misma sea realizada por videoconferencia u otros medios telemáticos seguros que garanticen la identidad del informante, y la seguridad y fidelidad de la comunicación.

7. Ejercer los derechos que le confiere la legislación de protección de datos de carácter personal.

8. Conocer el estado de la tramitación de su denuncia y los resultados de la investigación.

RESOLUCIÓN RELEVANTE

STSJ Asturias n.º 63/2021, de 19 de enero de 2021, ECLI:ES:TSJAS:2021:37

Se considera nula (al atentar contra la libertad de expresión) la modificación de condiciones de trabajo consistente en un cambio de centro de trabajo tras manifestaciones de un trabajador en Facebook expresando quejas relacionadas con medidas COVID como la falta de entrega de EPI por parte de su empresa.

6.
ANÁLISIS DE LAS FALTAS MÁS FRECUENTES COMETIDAS POR LAS PERSONAS TRABAJADORAS

Junto con los supuestos analizados completamos nuestra obra con el análisis de otros supuestos de fraudes e incumplimientos laborales de los trabajadores.

6.1. Fraude para obtener o conservar prestaciones por incapacidad temporal

El derecho al subsidio por incapacidad temporal podrá ser denegado, anulado o suspendido cuando el beneficiario haya actuado fraudulentamente para obtener o conservar dicha prestación. En paralelo, el art. 20.4 del Estatuto de los Trabajadores también concede a la persona empleadora la facultad de verificar el estado de enfermedad o accidente del empleado alegado para justificar las faltas de asistencia al trabajo.

Durante la situación de incapacidad temporal, las personas trabajadoras se encuentran cubiertas de tres formas diferenciadas:

– Por la Seguridad Social mediante el denominado **subsidio de incapacidad temporal (IT)**. El art. 175.1.a) de la LGSS determina que el subsidio por incapacidad temporal podrá ser denegado, anulado o suspendido cuando el beneficiario haya actuado fraudulentamente para obtener o conservar dicha prestación.

– Por la dispensa de la prestación de **asistencia sanitaria por parte de la mutua o los servicios públicos** en función del origen de la contingencia que ha causado la IT.

– En el plano laboral, a través de la **suspensión del contrato de trabajo**, asociada a la indicada prestación, el mantenimiento del vínculo laboral y a la reserva del puesto de trabajo mientras dure la situación incapacitante (art. 48 del ET).

En paralelo a la posible consideración de un fraude a nivel prestacional, dentro del poder de dirección, **el empresario podrá sancionar disciplinaria-**

mente incumplimientos contractuales relacionados la simulación de la IT, bien por poder demostrar que la persona trabajadora ha estado haciendo actividades incompatibles con su situación, o bien, acreditando que se han fingido las causas que dieron pie al periodo de incapacidad. En cualquier caso, y en cualquiera de las esferas citadas, el fraude de ley no se presume y ha de ser acreditado por el que lo invoca, pues su existencia —como la del abuso de derecho— solo podrá declararse si existen indicios suficientes de ello, que necesariamente habrán de extraerse de hechos demostrables. (STS, rec. 884/2007, de 14 de mayo de 2008, ECLI:ES:TS:2008:2344).

Dentro de las posibles medidas de vigilancia y control de la incapacidad temporal el Estatuto de los Trabajadores concede a la persona empleadora la facultad de verificar el estado de enfermedad o accidente del empleado alegado para justificar las faltas de asistencia al trabajo mediante reconocimiento médico a cargo de personal médico como medida de lucha contra el absentismo laboral o una pérdida de productividad.

Hemos de diferenciar los reconocimientos médicos al trabajador como medio de prevención de riesgo de accidentes de trabajo y enfermedad profesional o un reconocimiento médico por parte de los servicios de salud públicos, del reconocimiento médico que un empresario está facultado a realizar dentro del poder de dirección y control de la actividad laboral ante una incapacidad temporal del trabajador. En este último caso, la verificación del estado de salud del empleado no tiene por objeto la corrección del diagnóstico médico sobre el estado de enfermedad o accidente, sino finalizar con las dudas que pudiera causar el estado patológico del trabajador al empresario.

A TENER EN CUENTA. La opinión de los facultativos del sistema de Seguridad Social sobre la legalidad de la baja médica oficial prevalecerá frente a la opinión del médico no oficial.

El art. 20.4 del ET dispone lo siguiente:

> «El empresario podrá verificar el estado de salud del trabajador que sea alegado por este para justificar sus faltas de asistencia al trabajo, mediante reconocimiento a cargo de personal médico. La negativa del trabajador a dichos reconocimientos podrá determinar la suspensión de los derechos económicos que pudieran existir a cargo del empresario por dichas situaciones».

En base a lo regulado, la empresa puede contratar médicos privados para que contacten con los trabajadores en baja y hacerles un seguimiento del proceso. Procedimiento que habitualmente se contrata con una mutua y del que debemos conocer:

- Interpretación jurisprudencial del derecho a la no discriminación, integridad física, intimidad y dignidad personal: el precepto citado ha sido examinado por la STS n.º 62/2018, de 25 de enero de 2018, ECLI:ES:TS:2018:481, que confirmó la SAN n.º 114/2016, de 27 de junio de 2016, ECLI:ES:AN:2016:2633, extrayendo los siguientes extremos:
  - Se enmarca dentro de las facultades de dirección y control de la actividad laboral que le corresponden al empresario como titular de la empresa, conforme a las reglas generales del art. 20 del ET.

- La norma, de forma expresa (art. 20.3 del ET), incluye dentro de este posible control el respeto las exigencias de la buena fe y el respeto a los derechos de los trabajadores, esencialmente, todos aquellos relacionados con la salvaguarda de su intimidad y la consideración debida a su dignidad.

- La potestad que otorga al empresario el art. 20.4 del ET consiste en verificar del estado de salud del trabajador «mediante reconocimiento a cargo de personal médico», sin establecer restricción alguna salvo el respeto a los derechos básicos de los trabajadores en la relación de trabajo que recoge el art. 4.2 del ET.

- En relación al control y supervisión del estado de salud de los trabajadores ha de serse especialmente respetuosa con el derecho a la no discriminación, a la integridad física, a la intimidad y a la dignidad personal.

– **Regulación por convenio colectivo**: los convenios o pactos colectivos pueden contener previsiones singulares de obligatorio cumplimiento, que limiten o modulen la forma y manera en la que el empresario haya de ejercitar esa facultad.

A TENER EN CUENTA. Los partes de baja, alta y confirmación en caso de incapacidad temporal se encontraban sujetos a una obligación de entrega a la empresa por parte de la persona trabajadora (partes de baja y confirmación: 3 días y parte de alta: dentro de las 24 horas siguientes a su expedición) hasta la entrada en vigor de las modificaciones operadas en el Real Decreto 625/2014, de 18 de julio y Orden ESS/1187/2015, de 15 de junio. **Desde el 01/04/2023 la comunicación de la expedición de la baja, confirmación y alta se realiza directamente por la administración a la empresa.**

CUESTIONES

1. ¿Puede encomendarse a la mutua el control fijado por el art. 20.4 del ET?

El art. 82.1 de la LGSS fija que la actuación de las mutuas colaboradoras de la Seguridad Social se enmarca en acción protectora del sistema. Las competencias de las mutuas en esta materia quedan perfectamente delimitadas en lo que dispone el número 2 de ese mismo precepto para las contingencias profesionales, y el número 4 para las comunes. Se corresponden con el reconocimiento o denegación del derecho a la prestación de incapacidad temporal, así como a su suspensión, anulación y extinción en los términos legales, quedando estrictamente circunscritas a ese ámbito y sin irradiar sus efectos sobre aspectos estrictamente relativos a la relación laboral y ajenos a las consecuencias prestacionales derivadas del estado de salud del trabajador, ya sea en su aspecto económico o de asistencia médica y sanitaria.

La norma no aclara la posibilidad de que el empresario puede encomendar a la mutua los reconocimientos a cargo de personal médico a los que se refiere el art. 20.4 del ET, pero hemos de entender que sería posible tanto por decisión unilateral empresarial, como si así se pactada en un acuerdo colectivo.

– **Potestad del empresario para organizar el procedimiento de verificación de la salud**: el empresario está facultado para organizar el procedimiento de verificación de la salud del trabajador, sin que la norma disponga otras limitaciones diferentes a las que de ordinario se desprenden de las exigencias de la buena fe y el respeto a los derechos de los trabajadores, esencialmente en este punto, de todos aquellos relacionados con la salvaguarda de su intimidad y la consideración debida a su dignidad, a la que de forma expresa se refiere en ese mismo contexto del control de la actividad laboral art. 20.3 del ET.

- **Costes de los reconocimientos médicos**: el trabajador está obligado a someterse a los mismos, pero dicha sumisión no puede comportar, que tenga que asumir desembolsos para acudir a las visitas médicas presenciales, que pueden hacerse también en el domicilio de los trabajadores, lo que se ajustaría más a su situación de incapacidad temporal, cuya finalidad principal es que se reponga en el plazo más breve posible, lo que no se compadece con estos desplazamientos, especialmente cuando se trate de enfermedades graves, o cuando el trabajador tenga problemas de movilidad. (SAN n.º 190/2018, de 30 de noviembre de 2018, ECLI:ES:AN:2018:4681).

- La doctrina, reflejada en la SAN n.º 114/2016, de 27 de junio de 2016, ECLI:ES:AN:2016:2633, ha precisado que corresponde a la empresa satisfacer los gastos de desplazamiento, efectuados por los trabajadores para acudir a los controles de su estado de salud, siempre que los mismos estén debidamente justificados, ya que no hay razones para distinguir entre desplazamientos por enfermedades graves o con movilidad limitada de los demás.

- **Información sobre el estado de salud del trabajador que facilite el servicio médico**: partiendo de que los datos obtenidos durante el reconocimiento médico del trabajador (sea por la empresa o por la mutua) son de carácter confidencial y reservado, hemos de tener en cuenta que la empresa no puede conocer el resultado de las pruebas realizadas, ni tan siquiera el diagnóstico, limitándose el servicio médico contratado a constatar si el trabajador se encuentra o no enfermo. Toda filtración constatada sería denunciable ante la Agencia de Protección de Datos.

- La empresa no está legitimada para conocer los detalles concretos del reconocimiento médico que ha ordenado, sino únicamente la conclusión, es decir, si la persona trabajadora está o no en condiciones psicofísicas de reincorporarse a su puesto de trabajo. Cualquier tratamiento de datos personales por parte de la empresa implicada, por tanto, no requerirá el consentimiento en materia de protección de datos de la persona trabajadora.

- No obstante, es totalmente válido que la empresa utilice los servicios médicos de una sociedad externa subcontratada para reconocer a los trabajadores que se ausentan por motivos de salud (STS n.º 62/2018, de 25 de enero de 2018, ECLI:ES:TS:2018:481), por lo que el intercambio de datos con una clínica externa o empresa contratada para el control del absentismo debe tener en cuenta ciertas condiciones (Guía «La protección de datos en las relaciones laborales». AEPD. Mayo 2021):

  o La información a la persona trabajadora debe ser muy precisa e indicar que se trata de un control laboral.

  o La información se referirá a que se están verificando sus condiciones de aptitud por cuenta de la empresa y que el tratamiento de datos se ampara en el art. 20.4 del ET.

  o La incorporación de los datos de salud de la persona trabajadora por parte del prestador de ese servicio a una historia clínica le convierte en responsable del tratamiento.

  o Una base de datos para el control del absentismo sería desproporcionada, pero la empresa sí está legitimada para elaborar estadísticas sobre el índice de este y sus causas. En este último caso la AEPD entiende que las estadísticas se conformarán con datos disociados por lo que no sería necesario un tratamiento concreto. «Tales informes son un estudio estadístico sobre absentismo y que se limitan a reflejar el porcentaje de trabajadores afectados por diversas patologías, sin que aparezcan datos individualizados que permitan la identificación de los afectados, por lo que no se produce una violación del secreto profesional a que se refiere el art. 27 del Código de Deontología Médica». (STS n.º 62/2018, de 25 de enero de 2018, ECLI:ES:TS:2018:481).

– **Información a la representación legal de las personas trabajadoras:** el art. 64 del ET se limita a especificar que el comité de empresa tendrá derecho a ser informado trimestralmente de las estadísticas sobre el índice de absentismo y las causas, los accidentes de trabajo y enfermedades profesionales y sus consecuencias, los índices de siniestralidad, los estudios periódicos o especiales del medio ambiente laboral y los mecanismos de prevención que se utilicen.

2. ¿Cuándo puede llamarse a una persona trabajadora a un reconocimiento médico como el analizado?

El 20.4 del ET no establece legalmente una referencia de la que pueda deducirse la necesidad de esperar durante un plazo determinado antes de citar al trabajador a reconocimiento médico, por lo que, recurriendo al art. 7 del Real Decreto 625/2014, de 18 de julio, donde se regulan determinados aspectos de la gestión y control de los procesos por incapacidad temporal (y salvo concreción por convenio), podemos concretar un plazo de 72 horas (tres días) para que el trabajador pueda entregar el parte médico de baja. No procedería una convocatoria al trabajador para reconocimiento antes del transcurso de ese periodo de tiempo. (STS n.º 62/2018, de 25 de enero de 2018, ECLI:ES:TS:2018:481).

RESOLUCIONES RELEVANTES

STSJ de Madrid n.º 276/2019, de 8 de marzo de 2019, ECLI:ES:TSJM:2019:1928

Declarando vulnerado por la empresa el derecho fundamental de la persona trabajadora a la intimidad ante el contenido de un fichero con datos atinentes a la salud de los trabajadores.

STSJ de Castilla y León, rec. 555/2022, de 29 de septiembre de 2022, ECLI:ES:TSJCL:2022:3757

La STSJ de Castilla confirma la procedencia del despido de una trabajadora con lumbalgia por realizar movimientos incompatibles con su situación de baja por IT a través de la plataforma Tik Tok, transgrediendo la necesaria buena fe contractual recogida en el artículo 54.2.d) del ET. El video subido a redes sociales supone no respetar el tratamiento médico recomendado para la enfermedad diagnosticada, perjudicando innecesariamente la situación de la trabajadora.

JURISPRUDENCIA

STS n.º 1025/2020, de 24 de noviembre de 2020. ECLI:ES:TS:2020:4096

Se reitera la necesidad de que la habilitación otorgada por el repetido art. 20.4 del ET, atinente a la comprobación de que el estado de salud del trabajador le imposibilita la asistencia al trabajo, partiendo de buena fe, razonabilidad, proporcionalidad y adecuación. En este caso, el TS recuerda que dicho precepto carece de cualquier connotación que pudiere estar vinculada con la gestión de la prestación de incapacidad temporal desde ninguna de sus diferentes perspectivas, además de dos premisas de interés al fin entonces examinado y que también devienen operativas en el actual: los parámetros en que se base la empresa al activar su facultad fiscalizadora han de ser los mismos que cuando ejerce su poder de dirección («buena fe, razonabilidad, proporcionalidad y adecuación») y las condiciones en que se lleva a cabo (aunque intervenga una empresa a la que se encomiende la tarea) son de responsabilidad empresa.

STS n.° 209/2021, de 16 de febrero de 2021. ECLI:ES:TS:2021:476

Analiza dos ámbitos jurídicos diversos de las facultades de control del estado de salud del trabajador por parte del empresario durante la situación de Incapacidad temporal: «(...) el atinente a la gestión de los complementos en caso de enfermedad y el de dirección y control de la actividad laboral facultado por el art. 20.4 ET». Se valida la imposición sin consulta a la RLT de controles vía empresa externa del absentismo laboral.

6.2 Incumplimientos relacionados con el registro horario y la jornada laboral

Como es lógico, para que la empresa detecte o sancione los incumplimientos de la jornada laboral de las personas trabajadores es necesario un **método de control**, más cuando la normativa obliga al registro horario del inicio y finalización de la jornada de trabajo de cada persona trabajadora, sin perjuicio de la flexibilidad horaria existente (art. 34 del ET).

El tipo de sistema de registro responderá a la libre elección de la empresa, siempre que garantice la fiabilidad e invariabilidad de los datos y refleje, como mínimo, los datos citados. Actualmente podemos hablar de dos tipos de métodos o sistemas de control, el de fichaje —al entrar o salir del centro de trabajo, o en caso de trabajadores no presenciales o móviles, mediante internet—, y el de validación —a través plataformas que habitualmente utilizan un software específico— generando informes automáticos.

Tras analizar los datos de registro de jornada la empresa conocerá —o debería conocer— si alguna de sus personas trabajadores ha incumplido su horario, debiendo acudir al convenio colectivo o Estatuto de los Trabajadores para sancionar mediante:

- Amonestación verbal o escrita.

- Imposición de falta laboral grave o muy grave por escrito (haciendo constar fecha y descripción de los hechos).

- En caso de máxima gravedad, proceder al despido o a la suspensión de empleo y sueldo.

A TENER EN CUENTA. En caso de sanción administrativa a la empresa por incumplimiento del registro horario no será posible alegar falta de colaboración de los trabajadores ya que es obligación de las mercantiles hacer cumplir el registro horario (**STSJ del País Vasco n.° 4239/2022, de 14 de julio de 2022, ECLI:ES:TSJCAT:2022:6585**). Del mismo modo, la omisión de registro genera la presunción de existencia de jornada a tiempo completo. (STSJ Castilla y León, rec. 272/2019, de 24 de mayo de 2019, ECLI:ES:TSJCL:2019:2243 y STSJ País Vasco, rec. 2203/2018, de 18 de diciembre de 2018, ECLI:ES:TSJPV:2018:2831).

Algunos ejemplos que podemos citar son:

1. **Sanción disciplinaria por eludir los controles horarios y fichar por otros compañeros**: SAN, rec. 18/2018, de 20 de marzo de 2019, ECLI:ES:AN:2019:947.

2. **Descuento en nómina de los retrasos en el fichaje de entrada**: SAN, rec. 115/2019, de 20 de junio de 2019, ECLI:ES:AN:2019:2570.

3. **Falsear el registro horario supone despido procedente**: STSJ de Madrid n.º 509/2022, de 22 de septiembre de 2022, ECLI:ES:TSJM:2022:10899.

4. **Obligación de fichar cuando se realiza una pausa para salir a fumar, tomar café o desayunar**: SAN n.º 144/2019, de 10 de diciembre de 2019, ECLI:ES:AN:2019:4555.

5. **Despido procedente por abuso sobre las personas trabajadoras a su cargo al obligar a realizar horas extra no remuneradas ni registradas**: STSJ Cataluña n.º 4640/2018, de 26 de noviembre de 2018, ECLI ES:TSJCAT:2018:10854.

6. **Se considera nulo el despido efectuado como represalia tras denunciar la manipulación del registro horario por parte de la empresa**: STSJ Murcia n.º 458/2019, de 30 de abril de 2019, ECLI:ES:TSJMU:2019:929.

7. **El funcionamiento erróneo del programa informático de fichaje no permite justificar un despido por impuntualidad**: STSJ Madrid n.º 783/2019, de 12 de julio de 2019, ECLI:ES:TSJM:2019:5800.

CUESTIÓN

¿La detracción que efectúa la empresa de los salarios mensuales que perciben los trabajadores constituye una multa de haber?, ¿y una doble sanción?

Durante el tiempo en que el trabajador no presta servicios laborales sin justificación, teniendo obligación de hacerlo, no se devenga salario, sin que ello suponga una multa de haber.

El art. 58.3 del ET establece: «No se podrán imponer sanciones que consistan en la reducción de la duración de las vacaciones u otra minoración de los derechos al descanso del trabajador o multa de haber».

En efecto, aclara la STS n.º 582/2021, de 27 de mayo de 2021, ECLI:ES:TS:2021:2264, anteriormente citada, «(...) la multa de haber consiste en la detracción de salario devengado o al que el trabajador tiene derecho. En el supuesto enjuiciado, el trabajador no tiene derecho a percibir dicho salario porque no ha prestado servicios por causa imputable únicamente a él».

Si el trabajador incurre en varias faltas de puntualidad supone un incumplimiento contractual que, si es reiterado, justifica el ejercicio del poder disciplinario por el empleador, sin que ello suponga una doble sanción: «(...) el empleador no está obligado a abonar el salario correspondiente al tiempo en que el trabajador no prestó servicios por causa imputable únicamente a él».

Lo mismo sucede con el incumplimiento contractual consistente en la falta de asistencia injustificada al trabajo [art. 54.2 a) del ET]. El hecho de que el empleador sancione esa conducta del trabajador no supone que deba abonar el salario correspondiente a los días de inasistencia injustificada porque el ejercicio del poder disciplinario no conlleva que se devengue la retribución indebida.

Analizando esta situación, la STS n.º 582/2021, de 27 de mayo de 2021, ECLI:ES:TS:2021:2264, ha concretado:

«(...) los retrasos injustificados de los trabajadores en su incorporación a sus puestos de trabajo pueden dar lugar a penalizaciones para la empresa, existen dificultades para compensar dichos retrasos con trabajo efectuado en un turno distinto y no se ha reconocido el derecho de los trabajadores de esa empresa a que, una vez fijado su horario, si se produce una falta de puntualidad injustificada imputable al empleado, pueda prestar servicios en otro momento para compensar su tardía incorporación. No se ha producido un descuento de salario efectivamente devengado por el trabajador».

6.3. Concurrencia y competencia desleal de la persona trabajadora

Durante la vigencia de la relación laboral la obligación de la persona trabajadora de no incurrir en competencia desleal con su empleadora es parte del deber de buena fe. Al terminar esta relación, el trabajador solo se verá limitado en su derecho al trabajo cuando medie un pacto post contractual y por las exigencias derivadas de la aplicación de la normativa de competencia desleal.

La cláusula de no competencia tiene su regulación en el apartado segundo del art. 21 del Estatuto de los Trabajadores, donde, como única referencia al mismo, se señala literalmente:

«El pacto de no competencia para después de extinguido el contrato de trabajo, que no podrá tener una duración superior a dos años para los técnicos y de seis meses para los demás trabajadores, solo será válido si concurren los requisitos siguientes:
- Que el empresario tenga un efectivo interés industrial o comercial en ello.
- Que se satisfaga al trabajador una compensación económica adecuada».

La sanción aplicable se incardinaría como un incumplimiento grave del trabajador, sancionado con despido disciplinario en virtud del artículo 54.2.d) del ET: la transgresión de la buena fe contractual, así como el abuso de confianza en el desempeño del trabajo. En paralelo la empresa podrá reclamar una indemnización por los daños y perjuicios ocasionados.

A TENER EN CUENTA. Los tribunales han considerado que a pesar de demostrarse que las cantidades abonadas al operario como consecuencia de pacto postcontractual fueron inadecuadas e insuficientes, cuando el trabajador es el sujeto incumplidor, procede la devolución de las cantidades pagadas. (STSJ Madrid n.º 971/2005, de 20 de diciembre, ECLI:ES:TSJM:2005:13257).

En cuanto a la **determinación del porcentaje o cuantía en compensación,** o la indemnización, la norma no lo determina, señalando únicamente el término de la adecuación, por ello, si el trabajador percibe un plus por tal compromiso, libremente aceptado, en cuantía proporcionada al salario que percibe, no resulta arbitrario ni abusivo que la empresa demande, cuando se incumple el pacto, una indemnización correspondiente en su cuantía a la cantidad percibida por el trabajador en atención a tal limitación. Este criterio se inscribe en la línea de los previamente sentados en la STS, rec. 2108/1997, de 18 mayo de 1998, ECLI:ES:TS:1998:3200. También en STS, rec. 1004/2000, de 21 de marzo de 2001, ECLI:ES:TS:2001:2311, así como en la STS, rec. 1264/2008, de 9 febrero de 2009, ECLI:ES:TS:2009:861 («El pacto de no competencia contractual crea sobre todo expectativas de derecho, que permiten la consolidación por el trabajador de la compensación económica recibida por renuncia a concurrir con la actividad de su antigua empresa durante cierto tiempo, o autoriza al empresario a reclamar la devolución de lo percibido ?o en su caso a no abonar lo pactado? cuando el trabajador incumple esa prohibición de concurrencia»), las sentencias, rec. 2973/2007, de 10 de febrero de 2009, ECLI:ES:TS:2009:870 y rec. 4161/2008, de 30 de noviembre de 2009, ECLI:ES:TS:2009:7937, que también destacan que el incumplimiento por el trabajador del pacto de no competencia postcontractual implica la devolución de la compensación económica percibida. (STSJ Cataluña n.º 6262/2015, de 22 de octubre, ECLI:ES:TSJCAT:2015:10207).

JURISPRUDENCIA

STS n.º 3769/2018, de 18 de octubre de 2021, ECLI:ES:TS:2021:3815

Se declara inválido el pacto de no competencia ante la insuficiente cantidad abonada al trabajador para «compensar el sacrificio impuesto». El trabajador cuestiona la validez del pacto atendiendo a la compensación económica abonada (35 euros al mes) a la duración del pacto (24 meses) y a la indemnización a satisfacer por el trabajador a la empresa en caso de incumplimiento (seis meses de salario). Para el TS la compensación económica no es adecuada y, por lo tanto, el pacto no es válido:

«Teniendo en cuenta el amplio periodo al que se extiende el pacto de no competencia, la exigua cantidad abonada al trabajador como compensación por la obligación impuesta y la desproporción entre esta cantidad y la que ha de abonar el trabajador a la empresa en caso de incumplimiento, se ha de concluir que en el pacto suscrito entre empresa y trabajador no concurre el segundo requisito establecido en el artículo 21. 2 ET, en concreto en su apartado b), a saber, que se satisfaga al trabajador una compensación económica adecuada, lo que determina, de conformidad con lo dispuesto en el precitado artículo 21.2 ET, que el pacto no sea válido y, en consecuencia, no proceda reconocer a la empresa reconviniente la indemnización que por incumplimiento del pacto de no competencia reclama al trabajador».

CUESTIÓN

¿Es posible un pacto de no competencia durante el contrato y una vez extinguido el mismo?

La STSJ de Madrid n.º 236/2007, de 16 de mayo, ECLI:ES:TSJM:2007:5779 estudió el supuesto de un pacto de no competencia existente entre las partes, diferenciando de la **competencia durante la vigencia del contrato de la competencia para después de extinguido el contrato de trabajo**, con previsiones indemnizatorias distintas en cada caso, queda vulnerado doblemente cuando la concurrencia de produce antes de la extinción del contrato de trabajo y continúa tras la misma.

La sala considera que no es factible que una misma relación laboral pueda integrar al mismo tiempo un incumplimiento durante la vigencia de la relación contractual y después de la misma, pues la infracción, necesariamente, tiene que producirse antes o después y, produciéndose antes, como es el caso de autos, se excluye la responsabilidad por competencia postcontractual. Es decir, si la concurrencia prohibida se produce antes de la extinción del contrato de trabajo no es posible apreciar incumplimiento del pacto de no concurrencia postcontractual.

RESOLUCIÓN RELEVANTE

STSJ Cataluña n.º 5159/2018, de 4 de octubre, ECLI:ES:TSJCAT:2018:8058

Se considera no ajustado a derecho, abusivo y nulo, un pacto-contractual en el que la obligación de no concurrir es superior a la duración del contrato, junto con una penalización de incumplimiento con el reintegro de la totalidad de las cantidades que percibió por la realización de su trabajo.

ANEXO I.
CASOS PRÁCTICOS

Caso práctico | ¿Las grabaciones constituyen una prueba válida para justificar el despido disciplinario?

PLANTEAMIENTO

Tras examinar las imágenes captadas por las cámaras de seguridad del centro de trabajo, la dirección de la empresa comprueba una conducta ilícita por parte de una de las personas trabajadoras que encaja dentro de la descripción de falta muy grave por la que el convenio colectivo permite el despido disciplinario.

La empresa no ha comunicado ni la existencia de cámaras, ni su posible utilización a efectos disciplinarios como obliga la LOPDGDD. No obstante, todos los trabajadores son conocedores de su existencia ya que se ven a simple vista y, en su momento, el trabajador fue informado por escrito (en cumplimiento de la normativa entonces vigente recogida en la derogada Ley 15/1999), con carácter previo, de que se había procedido a instalar un sistema electrónico de seguridad y un sistema electrónico de videovigilancia las 24 horas del día, con indicación expresa de «(...) que está siendo grabado mientras permanece en las instalaciones».

Cuando se comunica el despido disciplinario a la persona trabajadora, esta manifiesta su disconformidad ya que las grabaciones atentan contra su derecho a la intimidad y el derecho a la protección de datos.

- En el supuesto no existe cartel informativo ni expresamente se ha informado al trabajador de los posibles fines disciplinarios de la grabación según la actual LOPDGDD. ¿La empresa puede utilizar como prueba del despido una grabación que no cumple con el deber de comunicación que establece la legislación de protección de datos?

- ¿La empresa puede ser sancionada por un incumplimiento de la LOPDGDD?

RESPUESTA

Este supuesto ha generado siempre controversia, diferenciándose entre videovigilancia oculta y la que se realiza con conocimiento de la persona empleada. Lo ideal es contar con el consentimiento expreso del trabajador para tratar las imágenes de videovigilancia con la finalidad de seguridad o control laboral. En caso contrario la utilización como prueba se verá limitada a los juicios de justificación, idoneidad, necesidad y proporcionalidad al fin perseguido para satisfacer las exigencias que imponen la jurisprudencia constitucional y del TEDH.

En relación con la falta de información al trabajador del destino dado al sistema de vigilancia existente en la empresa, es evidente que en el supuesto planteado, el trabajador no solo conocía la existencia de las cámaras sino que suscribió unos documentos en los que se ponía en su conocimiento el tratamiento de los datos a los efectos del contrato de trabajo, de las funciones y de la videovigilancia (a pasar de seguir la derogada LOPD).

Con esa información se podría entender que el trabajador tenía suficiente conocimiento del tratamiento que se le iba a dar a lo captado por las cámaras. En este sentido:

- STS, n.º 692/2022, de 22 de julio de 2022, ECLI:ES:TS:2022:3160, y la STS n.º 60/2022, de 25 de enero de 2022 (rcud 4468/2018): es al empresario a quien le corresponde «la carga de probar la veracidad de los hechos imputados en la carta de despido como justificativos del mismo» (artículo 105.1 LRJS), empresario que es también titular del derecho a la tutela judicial efectiva sin indefensión (artículo 24.1 CE), por lo que lógicamente tiene que disponer del derecho a utilizar «los medios de prueba pertinentes para su defensa» (artículo 24.2 CE). También las SSTS 1003/2021, 13 de octubre de 2021 (rcud 3715/2018) y 285/2022, 30 de marzo de 2022 (rcud 1288/2020), hacen referencia a esta consideración de la STS 817/2021, 21 de julio de 2021 (rcud 4877/2018).

– **STS n.º 309/2023, de 26 de abril del 2023, ECLI:ES:TS:2023:1792**: «(...) respecto del deber de información, "el trabajador conocía que en la empresa se había instalado un sistema de control por videovigilancia, sin que haya que especificar, más allá de la mera vigilancia, la finalidad exacta que se le ha asignado a ese control. Lo importante será determinar si el dato obtenido se ha utilizado para la finalidad de control de la relación laboral o para una finalidad ajena al cumplimiento del contrato, porque sólo si la finalidad del tratamiento de datos no guarda relación directa con el mantenimiento, desarrollo o control de la relación contractual el empresario estaría obligado a solicitar el consentimiento de los trabajadores afectados", que, en el caso presente, además, estaba cumplido».

No obstante, ha de distinguirse la validez de la prueba de videovigilancia en cuanto se haya obtenido con respeto de los derechos fundamentales y libertades públicas, de la eventual responsabilidad de la empresa por un posible incumplimiento de la legislación de protección de datos con las posibles consecuencias administrativas o civiles, o de otra naturaleza, que ello pueda conllevar, en el ámbito de la legalidad ordinaria.

Recientemente, la STSJ de Madrid, rec. 678/2023, de 3 de noviembre de 2023, ECLI:ES:TSJM:2023:12247, ha entendido como proporcionado que, «(...) ante una continuada perpetración de un ilícito penal que afectaba al patrimonio de la empresa (sustracción de los cartuchos de tinta de las impresoras al menos en tres ocasiones precedentes), esta, con sospechas más que razonables (...)», decida poner una cámara oculta para identificar al responsable e intentar poner fin a los hurtos.

Tras realizar algunas observaciones de carácter general referentes a la utilización de las grabaciones de imagen obtenidas a través de cámaras de videovigilancia para sancionar a los trabajadores por el incumplimiento de sus obligaciones laborales, el TSJ entiende como válida y lícita la prueba de grabación por cámara encubierta en el caso enjuiciado:

> «Lo que sucede en el caso sometido a esta Sala de suplicación es que, ante una continuada perpetración de un ilícito penal que afecta al patrimonio de la empresa (sustracción de los cartuchos de tinta de las impresoras al menos en tres ocasiones precedentes), esta, con sospechas más que razonables, decide tomar una medida que en el contexto de lo acontecido juzgamos proporcionada , cual es poner una cámara oculta para poner fin a los hurtos e identificar al responsable, y no con carácter permanente, dado que cuatro o cinco o días después de su instalación descubre al autor de los hechos y lo despide. Se trata de un uso coyuntural, excepcional y no permanente de unas cámaras de seguridad para confirmar incumplimientos laborales, pues la empresa demandada hasta entonces siempre había puesto en conocimiento de la representación de los trabajadores la instalación de las cámaras».

Caso práctico | ¿Es posible realizar un despido disciplinario reconociendo la improcedencia?

PLANTEAMIENTO

¿Es posible realizar un despido disciplinario reconociendo la improcedencia? ¿Supone algún problema para la empresa?

RESPUESTA

No es recomendable.

Antes de la reforma laboral de 2012 una empresa podía reconocer la improcedencia del despido y abonar al trabajador la correspondiente indemnización, para evitar tener que ir a juicio, sin necesidad de ir a un acto de conciliación, pero la Ley 3/2012, de 6 de julio, de medidas urgentes para la reforma del mercado laboral, eliminó toda posibilidad de reconocimiento de la improcedencia del despido, salvo que tuviese lugar en el acto de conciliación o ante el juez.

Si el despido no es reconocido como improcedente en un acto de conciliación, deberá cotizar y tributar por toda la indemnización.

Esta actuación traería consigo posibles incidencias relativas a la cotización, el desempleo y con Hacienda. En supuestos como el que plantea es fácil que la TGSS, el SEPE y Hacienda considerasen que se trata, no de un despido, sino de un pacto que supone una baja voluntaria. Y de esta forma, **la indemnización no estaría exenta (cotizaría y tributaría) y no procedería la prestación por desempleo**.

Lo recomendable sería que el trabajador presenté una papeleta para que se celebre el acto de conciliación y el empresario reconozca nuevamente la improcedencia del despido para que, de esta manera, el trabajador no tenga problemas futuros.

La empresa podría perder el derecho a subvenciones así como a beneficios o incentivos fiscales o de la seguridad social.

Caso práctico | ¿Es posible imponer una sanción consistente en la reducción de jornada?

PLANTEAMIENTO

La actitud y comportamiento de una persona trabajadora ha supuesto la pérdida de una concesión de limpieza por parte de la empresa.

¿Sería posible que una empresa redujese la jornada a la persona trabajadora que realizaba limpieza por la pérdida de concesión de la contrata achacable a ella?

RESPUESTA

La normativa laboral establece que el contrato de trabajo podrá extinguirse por decisión del empresario, mediante despido disciplinario basado en un incumplimiento grave y culpable del trabajador (art. 54 del ET), siendo requisito indispensable, que el incumplimiento influya en la relación laboral, afectando las obligaciones que nacen del contrato de trabajo.

En este caso **no se reconoce la posibilidad de un despido disciplinario parcial o de reducción de jornada por motivos disciplinarios** ya que se encuadraría dentro de las **multas de haber prohibidas por el art. 58.3 del ET** y en caso de reclamación por parte de la trabajadora se consideraría improcedente con toda probabilidad.

Dicho lo anterior, la empresa podrá:

- **Sancionar el incumplimiento laboral de la trabajadora de conformidad a la graduación de las faltas y sanciones que se establezca para cada caso en el convenio colectivo aplicable como faltas leves, graves y muy graves.** La valoración de las faltas y las correspondientes sanciones impuestas por la dirección de la empresa serán siempre revisables ante la jurisdicción competente. El trabajador podrá impugnar la sanción que le hubiere sido impuesta mediante demanda, correspondiendo al empresario probar la realidad de los hechos imputados.

- **Realizar un despido disciplinario**, aludiendo incumplimiento grave y culpable del trabajador justificado por el perjuicio causado por la pérdida de la contrata en base a su negligencia.

En caso de pretender realizar una **reducción de jornada, las únicas posibilidades legales serían basarla** en:

- Causas económicas, técnicas, organizativas o de producción.
- Una modificación sustancial de las condiciones de trabajo.

En este caso la trabajadora tendría la opción de no aceptarla con derecho a indemnización de 20 días/año prorrateándose por meses los períodos inferiores a un año y con un máximo de nueve meses.

En caso de que un Juez de lo Social interpretase que se realiza con motivos disciplinarios «encubiertos» sería considerada improcedente.

Caso práctico | ¿Se puede cobrar el paro tras un despido disciplinario?

PLANTEAMIENTO

¿Una persona trabajadora tiene derecho a desempleo cuando ha sido despedida disciplinariamente por disminución continuada en el rendimiento de trabajo?

RESPUESTA

Con **independencia del tipo de despido**, incluido el disciplinario, **existe derecho a percibir la prestación por desempleo**. El SEPE solo **solicitará la carta de despido** (disciplinario) **y el certificado de empresa para la acreditación de la situación legal de desempleo del trabajador**.

En caso de despido disciplinario:

– La empresa no tiene obligación de abonar a la persona trabajadora ningún tipo de indemnización económica.

– Si cumplen los requisitos exigidos para el acceso a la prestación la persona trabajadora podrá acceder a la prestación por desempleo.

En la práctica, el SEPE solo solicitará la carta de despido (disciplinario) y el certificado de empresa para cobrar el paro sin ser necesario accionar ante el Juzgado de lo Social demanda frente al despido, ni que el mismo fuese calificado como procedente, improcedente o nulo por resolución judicial (arts. 266-267 de la LGSS).

No obstante, ante este tipo de despidos y la existencia de posibles acuerdos fraudulentos, el Servicio Público de Empleo suele incrementar los controles, pudiendo solicitar documentación adicional sobre el cese de la relación laboral o una investigación a la Inspección de Trabajo.

Del mismo modo, una reclamación judicial de improcedencia permitiría igualmente acceder a la prestación, modificándose vía resolución del Organismo Gestor de la prestación de desempleo si fuera necesario en función del fallo judicial la prestación.

Caso práctico | Cálculo de la indemnización en caso de consideración del despido disciplinario como improcedente

PLANTEAMIENTO

Una persona trabajadora lleva prestando servicios en una empresa desde el 1 de enero de 1.995 percibiendo un salario de 3.000 euros brutos mensuales, más dos pagas extraordinarias cada una de ellas. Con fecha 28 de abril de 2.023 ante una serie de incumplimientos laborales graves el empresario decide prescindir de sus servicios.

En caso de que el despido fuese declarado improcedente:

- ¿Qué posibilidades tendría la empresa en caso de que el despido fuese considerado improcedente?

- ¿Cómo se calcula el salario regulador de la indemnización en caso de consideración del despido como improcedente? ¿estaría sujeta a algún límite máximo?

- ¿Cuánto costaría a la empresa el despido disciplinario del trabajador si se declarase improcedente por el Juzgado de lo Social?

RESPUESTA

1. ¿Qué posibilidades tendría la empresa en caso de que el despido fuese considerado improcedente?

Cuando el despido sea declarado improcedente, el empresario, en el plazo de cinco días desde la notificación de la sentencia, **podrá optar entre la readmisión del trabajador o el abono de una indemnización equivalente a treinta y tres días de salario por año de servicio, prorrateándose por meses los períodos de tiempo inferiores a un año, hasta un máximo de veinticuatro mensualidades**. El tiempo trabajado con anterioridad al 12/02/2012 (fecha de entrada en vigor de la Reforma Laboral 2012 que estableció al citada indemnización de 33 días de salario por año de servicio) da derecho a un indemnización de 45 días de salario, por año de servicio, prorrateándose por meses los períodos de tiempo inferiores a un año hasta un máximo de 42 mensualidades.

El abono de la indemnización determinará la extinción del contrato de trabajo, que se entenderá producida en la fecha del cese efectivo en el trabajo.

En caso de que se **opte por la readmisión**, el trabajador tendrá derecho a los salarios de tramitación. Estos equivaldrán a una cantidad igual a la suma de los salarios dejados de percibir desde la fecha de despido hasta la notificación de la sentencia que declarase la improcedencia o hasta que hubiera encontrado otro empleo, si tal colocación fuera anterior a dicha sentencia y se probase por el empresario lo percibido, para su descuento de los salarios de tramitación.

En el supuesto de **no optar el empresario por la readmisión o la indemnización**, se entiende que procede la primera.

Si el despedido fuera un **representante legal de los trabajadores o un delegado sindical**, la opción corresponderá siempre a éste. De no efectuar la opción, se entenderá que lo hace por la readmisión. Cuando la opción, expresa o presunta, sea en favor de la readmisión, ésta será obligada. Tanto si opta por la indemnización como si lo hace por la readmisión, tendrá derecho a los salarios de tramitación a los que se refiere el apartado 2.

2. ¿Cómo se calcula el salario regulador de la indemnización en caso de consideración del despido como improcedente? ¿estaría sujeta a algún límite máximo?

La declaración del despido como improcedente obliga a calcular la indemnización extintiva de acuerdo con el art. 110.1 de la Ley Reguladora de la Jurisdicción Social; con el artículo 56.1 del Estatuto de los Trabajadores y, al haberse iniciado la relación laboral con anterioridad al 12 de febrero de 2012, con la disposición transitoria undécima del Estatuto de los Trabajadores. (STSJ de Canarias, rec. 1114/2022, de 25 de julio de 2023, ECLI:ES:TSJICAN:2023:2658).

El cálculo de esta indemnización debe hacerse sobre la base del periodo en que la parte actora ha prestado servicios laborales para el empleador, tomando como fecha inicial el día 01/01/1999 correspondiente a la antigüedad reconocida en esta resolución y como fecha final el día de extinción de la relación laboral 28/04/2023. El prorrateo de los días que exceden de un mes completo se computa como si la prestación de servicios se hubiera efectuado durante toda la mensualidad: se considera como un mes completo (sentencias del TS de 20 de julio de 2009, recurso 2398/2008, ECLI:ES:TS:2009:5261; 20 de junio de 2012, recurso 2931/2011 ECLI:ES:TS:2012:4645; y 6 de mayo de 2014, recurso 562/2013, ECLI:ES:TS:2014:2125).

La indemnización correspondiente al periodo anterior al 12 de febrero de 2012 se calcula a razón de «cuarenta y cinco días de salario por año de servicio por el tiempo de prestación de servicios anterior a dicha fecha, prorrateándose por meses los períodos de tiempo inferiores a un año» (D.T. 10.ª del Estatuto de los Trabajadores). Ello significa que debemos contabilizar 36 meses en este primer periodo y que por cada uno de ellos se devengan 3,75 días indemnizatorios (45 días de salario anuales divididos por los 12 meses del año). Debido a que los días indemnizatorios del primer periodo no superan los 720, también debe computarse el periodo de prestación de servicios posterior al 12 de febrero de 2012.

En el segundo periodo opera una indemnización de «treinta y tres días de salario por año de servicio por el tiempo de prestación de servicios posterior, prorrateándose igualmente por meses los periodos de tiempo inferiores a un año» (D.T. 10.ª del Estatuto de los Trabajadores). En consecuencia, debemos contabilizar 120 meses en el segundo periodo. Por cada uno de ellos se devengan 2,75 días indemnizatorios (33 días de salario anuales divididos por los 12 meses del año).

Sumando las indemnizaciones de ambos periodos, con el tope de 720 días, obtendremos la indemnización por despido improcedente.

3. ¿Cuánto costaría a la empresa el despido disciplinario del trabajador si se declarase improcedente por el Juzgado de lo Social?

En cuanto al cálculo de la indemnización en caso de despido improcedente:

- **Fecha de inicio:** 01/01/1999
- **Fecha de finalización:** 28/04/2023
- **Número de días totales antigüedad a efectos indemnizatorios:** 7789
- **Meses antigüedad antes 12/02/2012:** 158
- **Meses antigüedad después 12/02/2012:** 135
- **Salario bruto anual:** 41.884 euros.
- **Salario diario:** 114,75 euros.
- **Indemnización:** salario diario × número de meses × días de indemnización:
- a) Tramo 1: salario diario × número de meses × 3,75 (producto de la división de 45 por 12 meses de un año).

- b) Tramo 2: salario diario x número de meses x 2,75 (producto de la división de 33 por los 12 meses de un año).

- **Tope máximo legal**: Puesto que la indemnización resultante del tramo anterior a la reforma laboral 2012 no supera los 720 días, la indemnización total será el resultado de la suma de la indemnización anterior a la Reforma Laboral (45 días/año trabajado) más la indemnización posterior a la reforma laboral 2012 (33 días/año trabajado) con el límite máximo de 24 mensualidades.

I.- Primer tramo: Desde el 01/01/1999 hasta el 11/02/2012.

114,75 euros x 158 x 3,75: **67.989,37 euros** indemnización primer tramo.

II.- Segundo tramo: Desde el 12/02/2012 hasta el 28/04/2023.

114,75 x 135 x 2,75: **42.600 euros** indemnización segundo tramo.

Total suma primer y segundo tramo (sin aplicar limite): 67.989,37 + 42.600 = **110.590 euros.**

III.- Aplicación del tope máximo legal

La indemnización máxima para un despido improcedente asciende a 720 días de salario, es decir **24 mensualidades.**

En nuestro caso el límite se calculará sobre la fórmula: salario diario x 720 días.

TOTAL A INDEMNIZAR: 114,75 x 720 = **82.620 euros de indemnización.**

Caso práctico | ¿Es posible despedir disciplinariamente a un trabajador por mentir en su currículum vitae?

PLANTEAMIENTO

A los pocos días de terminar el periodo de prueba de un nuevo trabajador la empresa se dio cuenta de que había falseado la experiencia y capacitación académica que decía tener en su currículum vitae, ¿estaría justificado el despido disciplinario?

RESPUESTA

Según la **STS, rec. 2660/2004, de 15 de junio de 2009, ECLI:ES:TS:2006:899**, la transgresión de la buena fe contractual exige una quiebra de las reglas de lealtad, probidad y mutua confianza a las que ha de ajustarse el cumplimiento de las obligaciones recíprocas derivadas de la relación laboral, desvirtuando con ello la confianza en el trabajador depositada, lo cual es propio de conductas de engaño u ocultación, como la analizada y destinadas a conseguir y mantener el vínculo de trabajo sobre unas condiciones de capacidad laboral irreales y parcialmente incompatibles con las exigencias del puesto desempeñado.

Por afectar a las condiciones básicas y a la formación de voluntad de la empresa en la celebración del contrato procedería un despido por transgresión de buena fe contractual, así como el abuso de confianza en el desempeño del trabajo en base al 54.2.d) del ET, ya que **será demostrable la falsedad de la capacitación académica si había indicado tener títulos o experiencia que no pudiera acreditar.**

En el mismo sentido, la **STSJ de Castilla y León, rec. 404/2021, de 16 de abril de 2021, ECLI:ES:TSJCL:2021:1390**, considera procedente el despido ante una acción similar a la planteada (la persona trabajadora miente en su CV y en una declaración responsable sobre sus limitaciones físicas) al constituir una clara transgresión de la buena fe contractual y un abuso de confianza en el ejercicio del trabajo.

ANEXO II.
FORMULARIOS

Carta de sanción por falta laboral al trabajador

En [LUGAR], a [DIA] de [MES] de [AÑO]

[DATOS_EMPRESA]

Sr./Sra. D./D.ª [NOMBRE_PERSONA_TRABAJADORA].

Muy señor/a nuestro/a:

La dirección de esta entidad ha decidido imponerle una [AMONESTACIÓN POR ESCRITO/FALTA LEVE/FALTA GRAVE/FALTA MUY GRAVE] ante los sucesos del pasado día [FECHA] (1), cuando usted [ESPECIFICAR] (2).

Este hecho se contempla como [FALTA LEVE/FALTA GRAVE/FALTA MUY GRAVE] en el artículo [NÚM_ARTÍCULO] del vigente Convenio Colectivo de [CONVENIO_COLECTIVO_APLICABLE] por el que se rige nuestra empresa, imponiendo la sanción dentro de los límites establecidos en el artículo [NÚM_ARTÍCULO] (3) de la misma norma, consistente en [ESPECIFICAR]:

- En caso de que el trabajador sea representante de los trabajadores en la empresa: Por tener usted la condición de representante de los trabajadores, le informamos que con [FECHA], abrimos la tramitación de un expediente contradictorio, en el que serán oídos, aparte del interesado, el comité de empresa o restantes delegados de personal. [Art. 68 a) del ET] (4).

- Existencia de un reglamento de régimen interno en la empresa: A pesar de que la [SITUACIONES/HECHO/OMISIÓN] imputada no se encuentra reflejada como tal en el convenio colectivo de [CONVENIO_COLECTIVO_APLICABLE], si se encuentra graduada como sanción [ESPECIFICAR], en el Reglamento de Régimen Interno aprobado utilizado por la empresa desde [FECHA] (5).

- **Comunicación al comité de empresa de sanciones por faltas muy graves:** Por tratarse de una falta muy grave, le informamos que se dará copia de la presente al comité de empresa siguiendo lo establecido en el art. 64 del Real Decreto Legislativo 2/2015, de 23 de octubre, por el que se aprueba el texto refundido de la Ley del Estatuto de los Trabajadores (6).

Todo esto, sin perjuicio de su derecho a impugnar esta decisión, en caso de que lo considere oportuno, por los cauces previstos en el artículo 114 de la Ley 36/2011, de 10 de octubre, reguladora de la jurisdicción social (7).

Por último, advertirle que la reincidencia en faltas de esta u otra naturaleza serán sancionadas en lo sucesivo con mayor rigor (8).

Con el ruego de que firme el duplicado de la comunicación que se acompaña, le saluda,

Atentamente,

[SELLO_Y_FIRMA_EMPRESA]

La empresa.

Recibí:

[FIRMA]

D./D.ª [NOMBRE_PERSONA_TRABAJADORA].

---

(1) Fecha en la que acontecieron los hechos objeto de sanción. Las faltas leves prescribirán a los diez días; las graves, a los veinte días, y las muy graves, a los sesenta días a partir de la fecha

en que la empresa tuvo conocimiento de su comisión y, en todo caso, a los seis meses de haberse cometido. (art. 60.2 del ET). Es reiterada y conocida la jurisprudencia que establece que el conocimiento por el empresario de la falta cometida a que se refiere el art. 60.2 del Estatuto de los Trabajadores, ha de ser un conocimiento cabal y suficiente para actuar con eficacia la facultad sancionadora.

(2) Relación detallada de los hechos objeto de sanción.

(3) Los trabajadores podrán ser sancionados por la dirección de las empresas en virtud de incumplimientos laborales, de acuerdo con la graduación de faltas y sanciones que se establezcan en las disposiciones legales o en el convenio colectivo que sea aplicable (art. 58.1 del ET).

(4) En el supuesto de sanciones por faltas graves o muy graves, los miembros del comité de empresa y los delegados de personal, como representantes legales de los trabajadores, tendrán, a salvo de lo que se disponga en los convenios colectivos, el derecho a la apertura de expediente contradictorio en el que serán oídos, aparte del interesado, el comité de empresa o restantes delegados de personal (arts. 64 y 68 del ET y 10 de la LOLS).

(5) Algunos convenios colectivos permiten el desarrollo por parte de las empresas de un reglamento de régimen interior para la especificación como faltas laborales de situaciones, hechos u omisiones no previstas por negociación colectiva. En estos casos, el reglamento de régimen interior tendrá el mismo valor normativo y la misma vigencia que el convenio que lo aprueba. (STS, rec. 580/2000, de 10 de julio de 2000, ECLI:ES:TS:2000:5653).

(6) El comité de empresa tendrá derecho a ser informado de todas las sanciones impuestas por faltas muy graves a los trabajadores, dentro de los derechos de información y consulta y competencias concedidos por el art. 64.4 c) del ET, por el que se aprueba el texto refundido de la Ley del Estatuto de los Trabajadores.

(7) A pesar de no ser una cláusula obligatoria para la imposición de sanción, podemos matizar la posibilidad de impugnación. La valoración de las faltas y las correspondientes sanciones impuestas por la dirección de la empresa serán siempre revisables ante la jurisdicción social.

(8) La reiteración de faltas leves implica, para la mayoría de los convenios colectivos, la imposición de faltas graves o muy grave.

Carta de sanción por falta muy grave con suspensión de empleo y sueldo

En [PROVINCIA], a [DÍA] de [MES] de [AÑO].

[DATOS_EMPRESA].

A la Att. D./D.ª [NOMBRE_PERSONA_TRABAJADORA].

Muy señor/a nuestro/a:

Por la presente le comunicamos, a la luz de los hechos relatados con posterioridad, la decisión de **SUSPENDERLE DE EMPLEO Y SUELDO** durante un período de [DIA] días.

Los hechos que se le imputan sucedieron el pasado día [DÍA] de [MES] de [AÑO] a las [HORA] horas aprox. **(1)** cuando usted [DESCRIPCIÓN] **(2)**. Quedando confirmados por [DESCRIPCIÓN] **(3)**. Su actuación ha traído como consecuencia [relatar perjuicio para la empresa].

Los referidos hechos aparecen tipificados por el artículo [ARTÍCULO] del convenio colectivo aplicable a la empresa como **FALTA DE CARÁCTER MUY GRAVE**, pudiendo ser sancionados de conformidad a lo dispuesto en el artículo [NÚM_ARTÍCULO] del mismo texto **(4)**.

La citada sanción será efectiva a partir del día [DÍA] de [MES] de [AÑO], sin perjuicio de su derecho a reclamar contra la misma ante el juzgado de lo social si la considera improcedente.

Con el ruego de que firme el duplicado de la comunicación que se acompaña, le saluda

Atentamente,

[SELLO_FIRMA_EMPRESA]

La empresa.

Recibí:

[FIRMA]

D./Dª. [NOMBRE_PERSONA_TRABAJADORA].

---

(1) Téngase en cuenta los plazos de prescripción para sancionar a un trabajador por faltas leves, graves o muy graves establecidos en el art. 60 del ET y convenio colectivo. (STS, rec. 3512/2004, de 11 de octubre de 2005, ECLI:ES:TS:2005:6023, y STS, rec. 383/2017, de 8 de mayo de 2018, ECLI:ES:TS:2018:2129; STS n.º 370/2022, de 26 de abril, ECLI:ES:TS:2022:1735; STS, rec. 4141/18, de 13 de octubre de 2021, ECLI:ES:TS:2021:3804; STS, rec. 1869/2019, de 14 de diciembre de 2021, ECLI:ES:TS:2021:4923).

(2) Relatar las acciones realizadas merecedoras de sanción.

(3) Especificar testigos, videovigilancia, datos de geolocalización, forma en la que se ha tenido conocimiento de los hechos, etc.

(4) La persona trabajadora incurre en una falta cuando incumple de forma culpable sus obligaciones laborales. Conforme ha señalado la jurisprudencia «la facultad de elección de entre las sanciones previstas para cada grado de faltas es facultad exclusiva del empresario(...), quedando limitada la fiscalización judicial al grado de éstas». (STS, rec. 3805/1992, de 11 de octubre de 1993, ECLI:ES:TS:1993:6754).

La comunicación de una sanción a un trabajador debe cumplir una serie de requisitos formales y sustantivos para garantizar tanto la seguridad jurídica como los derechos del trabajador. Estos requisitos se encuentran regulados principalmente en el Estatuto de los Trabajadores y en los convenios colectivos aplicables, así como en la jurisprudencia.

Carta de despido disciplinario

En [PROVINCIA], a [DÍA] de [MES] de [AÑO].

[DATOS_EMPRESA].

Sr./Sr. D./D.ª [NOMBRE_PERSONA_TRABAJADORA].

Muy señor/a nuestro/a:

Por la presente, la dirección de la empresa le comunica que ha tomado la decisión de proceder a la extinción de su contrato de trabajo, en base a las facultades que a la misma se le reconocen en el artículo 54 del Estatuto de los Trabajadores, para proceder a un despido disciplinario.

Desde la dirección de esta empresa le comunicamos que, debido a [ESPECIFICAR], el pasado día [DÍA] de [MES] de [AÑO] a las [HORA] horas **(1)**, apreciado en calidad de testigos por D./D.ª [NOMBRE] y D./D.ª [NOMBRE] se produjo [ESPECIFICAR_REPERCUSIONES], por lo que estimamos que es conveniente que usted abandone, el próximo [DÍA] de [MES] de [AÑO], su puesto de trabajo como [CATEGORÍA_PROFESIONAL] **(2)**.

Nuestra decisión se fundamenta en la letra b) del artículo 54.2 del Estatuto de los Trabajadores, y el artículo [NÚMERO] del convenio colectivo de [CONVENIO_COLECTIVO_APLICABLE] aplicable a su relación laboral, en el cual la citada falta de disciplina está tipificada como justa causa de despido **(3)**.

Contra la citada sanción puede recurrir ante el juzgado de lo social en el plazo de 20 días hábiles contados a partir de la recepción de la presente comunicación sin perjuicio del percibo de la liquidación que por saldo y finiquito le corresponde, por importe de [CANTIDAD] euros, y que se encuentra a su disposición en las oficinas de esta empresa **(4)**.

Sin otro particular que comunicarle, rogándole firme el duplicado a los efectos oportunos,

Atentamente,

[SELLO_Y_FIRMA_EMPRESA]

La empresa.

Recibí:

[FIRMA]

D./D.ª [NOMBRE_PERSONA_TRABAJADORA].

---

(1) Téngase en cuenta los plazos de prescripción para sancionar a un trabajador por faltas leves, graves o muy graves establecidos en el art. 60 del ET y convenio colectivo. (STS, rec. 3512/2004, de 11 de octubre de 2005, ECLI:ES:TS:2005:6023, y STS, rec. 383/2017, de 8 de mayo de 2018, ECLI:ES:TS:2018:2129; STS n.º 370/2022, de 26 de abril, ECLI:ES:TS:2022:1735; STS, rec. 4141/18, de 13 de octubre de 2021, ECLI:ES:TS:2021:3804; STS, rec. 1869/2019, de 14 de diciembre de 2021, ECLI:ES:TS:2021:4923).

(2) Respetando lo establecido en convenio colectivo, se consideran incumplimientos contractuales: a) Las faltas repetidas e injustificadas de asistencia o puntualidad al trabajo; b) La indisciplina o desobediencia en el trabajo; c) Las ofensas verbales o físicas al empresario o a las personas que trabajan en la empresa o a los familiares que convivan con ellos; d) La

transgresión de la buena fe contractual, así como el abuso de confianza en el desempeño del trabajo; e) La disminución continuada y voluntaria en el rendimiento de trabajo normal o pactado; f) La embriaguez habitual o toxicomanía si repercuten negativamente en el trabajo; g) El acoso por razón de origen racial o étnico, religión o convicciones, discapacidad, edad u orientación sexual y el acoso sexual o por razón de sexo al empresario o a las personas que trabajan en la empresa.

(3) Si el trabajador estuviera afiliado a un sindicato y al empresario le constare, deberá dar audiencia previa a los delegados sindicales de la sección sindical correspondiente a dicho sindicato.

(4) El despido será calificado como procedente, improcedente o nulo. El despido se considerará procedente cuando quede acreditado el incumplimiento alegado por el empresario en su escrito de comunicación. Será improcedente en caso contrario o cuando en su forma no se ajustara a lo establecido en este modelo. Será nulo el despido que tenga por móvil alguna de las causas de discriminación prohibidas en la Constitución o en la ley, o bien se produzca con violación de derechos fundamentales y libertades públicas del trabajador o en los supuestos tipificados en el art. 55.4 de la ET.

Papeleta de conciliación en reclamación por despido disciplinario improcedente

AL SERVICIO DE MEDIACIÓN, ARBITRAJE Y CONCILIACIÓN DE [LOCALIDAD]

D./D.ª [NOMBRE_PERSONA_TRABAJADORA], DNI. [NÚMERO], con domicilio a efectos de notificación en [DOMICILIO], comparece en nombre propio y

EXPONE

Que, mediante el presente escrito, y a tenor de lo dispuesto en el artículo 63 de la Ley 36/2011, de 10 de octubre, reguladora de la jurisdicción social, vengo a promover intento de conciliación en materia de **DESPIDO por motivos disciplinarios** contra [NOMBRE_EMPRESA] con domicilio social en [DOMICILIO_SOCIAL], en base a las siguientes,

HECHOS

PRIMERO.- He venido prestando mis servicios para la empresa demandada desde el día [DÍA] de [MES] de [AÑO], mediante contrato laboral [MODALIDAD_CONTRAC-TUAL] bajo el grupo profesional de [GRUPO_PROFESIONAL] y salario mensual de [CANTIDAD] euros, incluida la prorrata de pagas extraordinarias, según Convenio Colectivo de [CONVENIO_COLECTIVO_APLICABLE].

SEGUNDO.- El día [DÍA] de [MES] de [AÑO] la empresa procedió a mí despido por causas disciplinarias, lo que realizó mediante carta, que me fue entregada el [DÍA] de [MES] de [AÑO], ante D./D.ª [NOMBRE] en su condición de representante de los trabajadores, y cuya fecha de efectos era el día [DÍA] de [MES] de [AÑO].

En la citada comunicación constan como motivos del despido los siguientes:

«[ESPECIFICAR]». **(1)**

TERCERO.- Esta parte está disconforme con lo dispuesto en la carta de despido, debiendo merecer el mismo la **calificación improcedente**, solicitando se le readmita en su puesto de trabajo en las mismas condiciones que regían antes de producirse el mismo, así como al abono de los salarios de tramitación (art. 56.2 del Estatuto de los Trabajadores), y, en el supuesto de no ser posible, se le fije la indemnización que le corresponda por aplicación de la normativa legal, en base a los siguientes motivos:

«[ESPECIFICAR]».

CUARTO.- (SI/NO) ostento ni he ostentado, en el último año, la condición de representante legal ni sindical de los trabajadores **(2)**.

QUINTO.- (SI/NO) estoy afiliado a ningún sindicato **(3)**.

Por lo expuesto,

SOLICITA AL SMAC:

Que teniendo por presentado este escrito, con sus copias, se sirva admitirlo y tener por formulada papeleta de conciliación por el concepto de **DESPIDO** contra [NOMBRE_EMPRESA], señalar día y hora para que tenga lugar el acto promovido, citando en legal forma a las partes para que comparezcan a fin de que los demandados se avengan a reconocer la **improcedencia del despido** practicado con las consecuencias legales inherentes a dicho reconocimiento, todo ello de conformidad con lo previsto en los arts. 63 a 68 de la Ley 36/2011, de 10 de octubre, reguladora de la jurisdicción social.

En [LOCALIDAD], a [DÍA] de [MES] de [AÑO].

[FIRMA]

D./D.ª [NOMBRE_PERSONA_TRABAJADORA].

---

(1) El despido se considerará procedente cuando quede acreditado el incumplimiento alegado por el empresario en su escrito de comunicación.

(2) Cuando el trabajador fuera representante legal de los trabajadores o delegado sindical procederá la apertura de expediente contradictorio, en el que serán oídos, además del interesado, los restantes miembros de la representación a que perteneciere, si los hubiese.

(3) El art. 55 del Estatuto de los Trabajadores, relativo a la forma y efectos del despido disciplinario, preceptúa entre los requisitos de forma que «si el trabajador estuviera afiliado a un sindicato y al empresario le constase, deberá dar audiencia previa a los delegados sindicales de la sección sindical correspondiente a dicho sindicato».

Papeleta de conciliación para la impugnación de sanción laboral al trabajador

AL SERVICIO DE MEDIACIÓN ARBITRAJE Y CONCILIACIÓN DE [PROVINCIA]

D./D.ª [NOMBRE_PERSONA_TRABAJADORA] de profesión [PROFESIÓN] con domicilio a efectos de notificación en [DOMICILIO_TRABAJADOR], titular del DNI. n.º [NÚMERO] y afiliado a la Seguridad Social con el n.º [NÚM_SEG_SOCIAL], ante ese servicio comparece y, como mejor proceda en derecho,

DIGO

Que por el presente viene a solicitar la celebración de acto de conciliación, de conformidad con el artículo 63 de la Ley 36/2011, de 10 de octubre, reguladora de la jurisdicción social, en materia de **IMPUGNACIÓN DE SANCIÓN (1)** impuesta por la empresa [NOMBRE_EMPRESA], dedicada a [ACTIVIDAD_EMPRESA], con domicilio social en [DOMICILIO_SOCIAL] y CIF [CIF], en base a los siguientes,

HECHOS

PRIMERO.- Que el solicitante viene prestando sus servicios por cuenta de la mercantil desde el [DÍA] de [MES] de [AÑO] con el grupo de [GRUPO_PROFESIONAL] y salario mensual de [CANTIDAD] euros, con inclusión de pagas extras, en el centro de trabajo de [LUGAR_CENTRO_TRABAJO], siéndole de aplicación el convenio de [CONVENIO_COLECTIVO_APLICABLE].

SEGUNDO.- Que la empresa [NOMBRE_EMPRESA] — con efectos de [FECHA] **(2)** — me ha impuesto una sanción por una supuesta comisión de falta [LEVE/GRAVE/MUY GRAVE], al amparo del art. [NÚM_ART.] del convenio colectivo de [CONVENIO_COLECTIVO] en base a las siguientes circunstancias: [ESPECIFICAR] y que implica una sanción consistente en [DESCRIPCIÓN].

TERCERO.- Que los hechos que se me imputan no son correctos porque [DESCRIPCIÓN].

CUARTO.- Que el solicitante [SI/NO] ostenta la condición de representante de los trabajadores. **(2)**

En su virtud,

SOLICITO:

Que teniendo por presentado este escrito, se sirva admitirlo y a su vista tener por solicitada la celebración de acto de conciliación, citando a las partes, a fin de que la empresa [NOMBRE_EMPRESA] se avenga a retractar de la sanción impuesta.

En [PROVINCIA], a [DÍA] de [MES] de [AÑO].

[FIRMA]

---

(1) Las empresas podrán sancionar los incumplimientos laborales de los trabajadores de conformidad a la graduación de las faltas y sanciones que se establezca para cada caso en el convenio colectivo aplicable como faltas leves, graves y muy graves. La valoración de las faltas y las correspondientes sanciones impuestas por la dirección de la empresa serán siempre revisables ante la jurisdicción social. El trabajador podrá impugnar la sanción que le hubiere

sido impuesta mediante demanda, correspondiendo al empresario probar la realidad de los hechos imputados, este tipo de procedimiento es una modalidad específica regulado en los arts. 114 y 115 de la LRJS.

(2) El art. 60.2 del ET, respecto a la prescripción de las faltas de los trabajadores, establece «(...) las faltas leves prescribirán a los diez días; las graves, a los veinte días, y las muy graves, a los sesenta días a partir de la fecha en que la empresa tuvo conocimiento de su comisión y, en todo caso, a los seis meses de haberse cometido». Diferenciamos una doble prescripción, por un lado la «prescripción corta» que es la relacionada con las faltas leves y graves y la denominada como «prescripción larga» para las faltas muy graves. (ATS, rec. 633/2009, de 14 de enero de 2010, ECLI:ES:TS:2010:1458A).

(3) Art. 114.2 de la LRJS: «En los procesos de impugnación de sanciones por faltas graves o muy graves a los trabajadores que ostenten la condición de representante legal o sindical, la parte demandada habrá de aportar el expediente contradictorio legalmente establecido».

Demanda para la impugnación de sanción impuesta al trabajador

AL JUZGADO DE LO SOCIAL DE [PROVINCIA]

D./D.ª [NOMBRE_ABOGADO_CLIENTE], graduado social/abogado, colegiado con el n.º [NÚMERO], en nombre y representación de D./D.ª [NOMBRE_PERSONA_TRABAJADORA], mayor de edad, poseedor del DNI n.º [NIF_CIF_DNI_CLIENTE], y vecino de [LOCALIDAD], con domicilio en calle [CALLE], conforme se tiene acreditada por apoderamiento efectuado en el día de hoy, ante el letrado de la Administración de Justicia, del juzgado al que nos dirigimos, ante el juzgado de lo social comparezco y como mejor proceda en derecho,

DIGO

Que por medio del presente escrito vengo a interponer **DEMANDA DE IMPUGNACIÓN DE SANCIÓN** contra la empresa [NOMBRE_EMPRESA], domiciliada en [DOMICILIO_SOCIAL], en base a los siguientes hechos y fundamentos de derecho:

HECHOS

PRIMERO.- Que el demandante ha venido prestando sus servicios en la empresa demandada desde el [DÍA] de [MES] de [AÑO], con la categoría de [CATEGORÍA_PROFESIONAL] y un salario [ESPECIFICAR] de [CANTIDAD] euros, incluida la prorrata de pagas extras, prestando sus servicios en el centro de trabajo de [LUGAR_CENTRO_TRABAJO], en la sección de [ESPECIFICAR], y realizando las funciones de [FUNCIONES_PERSONA_TRABAJADORA].

SEGUNDO.- Que con fecha [DÍA] de [MES] de [AÑO] la empresa demandada hizo entrega al firmante de una carta, en la que se le comunicaba la imposición de la sanción de [ESPECIFICAR], como consecuencia de la supuesta comisión de una serie de hechos que figuran en la carta, que se adjunta a la presente **(1)**.

TERCERO.- Que los hechos alegados en la referida comunicación son inciertos, siendo el verdadero relato de los hechos el siguiente: [ESPECIFICAR].

CUARTO.- Que el trabajador no ocupa ni ha ocupado cargo electivo sindical ni está amparado por garantías sindicales dimanantes del ejercicio del mismo.

QUINTO.- Que por la parte demandante se ha intentado la conciliación a través del preceptivo acto ante el SMAC, teniendo lugar el mismo sin [ESPECIFICAR], según se acredita por medio del certificado adjunto.

FUNDAMENTOS DE DERECHO

I.- La competencia para el conocimiento de esta pretensión la ostenta el juzgado de lo social al que nos dirigimos, tanto por razón de la materia y territorio, así como por la condición de los litigantes, pues así lo establecen los artículos 1.2 a), 6 y 10 de la Ley 36/2011, de 10 de octubre, reguladora de la jurisdicción social, que regula el procedimiento impugnatorio de sanciones.

II.- El Real Decreto Legislativo 2/2015, de 23 de octubre, por el que se aprueba el texto refundido de la Ley del Estatuto de los Trabajadores y, en particular, su artículo 58, que regula las faltas y sanciones de los trabajadores y el artículo 60 que establece la prescripción de las infracciones y faltas.

III.- El capítulo II del título II del libro II del de la Ley 36/2011, de 10 de octubre, reguladora de la jurisdicción social, que regula el procedimiento impugnatorio de sanciones, y en particular sus artículos 114 y 115, que regulan el proceso para la impugnación de sanciones.

IV.- Los artículos [NÚM_ARTÍCULO] del vigente convenio colectivo de [CONVENIO_COLECTIVO_APLICABLE], que regula el régimen de faltas y sanciones.

V.- En relación al principio de proporcionalidad entre la falta y la sanción que está en conexión con la actividad, comportamiento, clasificación y/o graduación de las faltas y sanciones que se realizan por las disposiciones, citar la STSJ del País Vasco n.º 1194/2015, de 23 de junio de 2015, donde se manifiesta la necesidad de que «(...) el principio de moderación en el ejercicio de la facultad disciplinaria, pues la misma debe ejercitarse de forma atemperada, no sorpresiva, presidida por la prudencia en el sentido de no trasvasar la conciencia de generalidad permisiva a un posterior comportamiento de prohibición total. Además el poder sancionatorio ha de ejercitarse de forma regular sin vulnerar los principios de igualdad y no discriminación reconocidos como fundamentales, siendo nulas las sanciones que se impongan por tales motivos no pudiendo idénticos hechos llevar a trato diferenciado a trabajadores autores de los mismos en exigencia de idénticas consecuencias (sentencia del Tribunal Supremo 13 de octubre de 1983,) pues como bien recoge el Tribunal Constitucional (sentencia del Tribunal Constitucional 34/84, 49/85, 21/92) solo es viable un trato diferenciado o no discriminatorio cuando existan razones objetivas que justifiquen la desigualdad de trato pues sino sería una arbitrariedad no justificable que incluso puede ser apreciada de oficio (sentencia del Tribunal Supremo de 5 de febrero de 1985). Pero es posible admitir la existencia de sanciones distintas para hechos similares en base a circunstancias personales como son la categoría profesional (sentencia del Tribunal Superior de Justicia del País Vasco de 19 de mayo de 1994), la antigüedad u otros factores a graduar como son la diferente responsabilidad existente entre los sujetos que la realizan (sentencia del Tribunal Superior de Justicia del País Vasco 9 de febrero de 1999). Muy importante es aplicar el criterio individualizador en la imposición de las sanciones por análisis de cada conducta en concreto tomando en consideración las circunstancias que configuran el hecho las de su autor, no por simples conjeturas, sospechas o indeterminaciones (sentencia del Tribunal Constitucional 125/95 y 153/00). También es cierto que el principio de presunción de inocencia tiene en el ámbito laboral un alcance específico y restrictivo distinto del habido en el penal y en el administrativo sancionador no hace falta incluir en el juicio laboral la consideración sobre la culpabilidad o inocencia del trabajador (sentencia del Tribunal Constitucional 30/92, 27/93)» **(2)**.

VI.- Necesidad de sanción previa firme para despido disciplinario por reincidencia de faltas. Partiendo de que solo desde una sanción firme cabe la apreciación de la agravación de responsabilidad que lleva implícita la reincidencia, interesa la STSJ de Navarra, rec. 318/2016, de 12 de septiembre de 2016 donde la falta de sanción previa firme termina en la declaración del despido como improcedente. Para el TSJ de Navarra, como sostienen las STS de 13 de octubre de 1986 y 22 de septiembre de 1988, ECLI:ES:TS:1988:15473, y STSJ de Madrid, rec. 4130/2012, de 19 de noviembre de 2012, ECLI:ES:TSJM:2012:16280, «(...) **si la reincidencia se pudiera interpretar sin consideración al hecho de que la sanción impuesta por la falta grave anterior fuera o no firme, ello significaría que para poder acudir a un despido disciplinario basado en reincidencia en la comisión de falta grave, la empresa podría sancionar, sin más, al trabajador con la antelación exigida en el convenio,** para desde ese momento, legitimar el despido posterior, que como se ve, descansaría en la sola voluntad del empresario y también cabría la posibilidad, según esta tesis, de que judicialmente se dejara sin efecto la sanción anterior y no sería razonable el despido posterior que sólo descansa en una sanción anterior revocada por el Juzgado de lo Social» **(2)**.

Por lo expuesto,

SOLICITO al JUZGADO DE LO SOCIAL:

Que, teniendo por presentada esta demanda con sus copias y documentos que se acompañan, la admita a trámite, tenga por formulada demanda de impugnación de sanción, contra [DENOMINACIÓN SOCIAL], acordando señalar día y hora para la celebración de la conciliación previa y, caso de no avenencia, del acto del juicio, y tras de este y de los demás trámites oportunos, concluir dictando sentencia por la que, acuerde revocar totalmente la sanción por no ser ciertos los hechos imputados a esta parte, y la actuación realmente realizada no constituye falta de tipo alguno, pues así procede en derecho y justicia.

OTROSÍ DIGO: es intención de esta parte acudir a los actos de conciliación y juicio acompañado de abogado/graduado social que encabeza la presente demanda, en nombre y representación del demandante, por ser de justicia que reitero en lugar y fecha arriba indicados.

SOLICITO AL JUZGADO DE LO SOCIAL:

Que tenga por hecha dicha manifestación, siendo justicia que reitero.

En [PROVINCIA], [DÍA] de [MES] de [AÑO].

[FIRMA]

---

(1) La reclamación a la sanción solicitando anulación o revocación debe realizarse en el plazo de 20 días hábiles a contar desde el siguiente al que se le notifica la sanción. Plazo de caducidad en el que solo deben computarse los días hábiles, excluyendo sábados, domingos y festivos. A estos efectos se consideran inhábiles los días del mes de agosto (art. 43.4 de la LRJS).

(2) Consignar jurisprudencia adaptada al caso. (STSJ del País Vasco, rec. 1974/2016, de 25 de octubre de 2016).

Demanda contra despido disciplinario para su consideración como improcedente

AL JUZGADO DE LO SOCIAL NÚMERO [NUMERO_JUZGADO] DE [LOCALIDAD]

D./D.ª [NOMBRE_PERSONA_TRABAJADORA], en posesión del D.N.I. [NÚMERO], mayor de edad, y con domicilio a efectos de notificación en [DOMICILIO_NOTIFICA-CIÓN], ante ese juzgado de lo social comparece y, como mejor proceda en derecho,

DIGO

Que mediante el presente escrito formula demanda por despido improcedente contra la empresa [NOMBRE_EMPRESA] con domicilio social en [DOMICILIO_SO-CIAL] en base a los siguientes hechos y fundamentos de derecho:

HECHOS

Primero.- El/la demandante ha venido prestando sus servicios en la empresa demandada desde el [DÍA] de [MES] de [AÑO], con la categoría de [CATEGORIA_PRO-FESIONAL] y un salario mensual, incluida la prorrata de pagas extras, de [CANTIDAD] euros.

Segundo.- Con fecha [DÍA] de [MES] de [AÑO] a empresa demandada hizo entrega al firmante de una carta, cuya fotocopia se adjunta, en la que se le notificaba la decisión de despido disciplinario, con efectos del día [DÍA] de [MES] de [AÑO], por los motivos que constan en la misma.

Tercero.- La decisión del empleador de extinguir el contrato de trabajo, es improcedente por las siguientes razones:

– Los motivos alegados en la carta entregada al demandante son inciertos, por lo que el despido que ha sido notificado al trabajador, ha de ser declarado como improcedente.

– Que el que suscribe en ningún momento [DESCRIPCIÓN]. Como se puede demostrar [ESPECIFICAR].

Cuarto.- El/La suscribiente no ocupa ni ha ocupado cargo electivo sindical ni está amparado por garantías sindicales dimanantes del ejercicio del mismo.

Quinto.- Se ha intentado la conciliación ante el SMAC con el resultado de [ESPE-CIFICAR], conforme queda acreditado por la certificación que adjunta se acompaña.

FUNDAMENTOS DE DERECHO

I.- JURISDICCIÓN

Es competencia de los juzgados de los social el conocimiento de la presente demanda, con arreglo a lo establecido en el artículo 2 de la Ley 36/2011, de 10 de octubre, Reguladora de la Jurisdicción Social (LRJS).

II.- COMPETENCIA

Es competente el juzgado de lo social al que nos dirigimos, a tenor de lo establecido en los artículos 6 y 10 de la LRJS.

III.- PROCEDIMIENTO

Por tratarse de un despido, el procedimiento adecuado es el correspondiente a la modalidad procesal de despido previsto en los artículos 103 y siguientes de la LRJS.

IV.- LEGITIMACIÓN

Activa: Se encuentra legitimado activamente el actor, en base a lo establecido en los artículos 17.1 y 103 de la LRJS.

Pasiva: Está legitimada la parte demandada por tratarse de la empresa contratante.

VI.- FONDO DEL ASUNTO

Con respecto al fondo del asunto, se consideran infringidos los artículos 54.2.a) del Estatuto de los Trabajadores (ET), y art. [NÚMERO] del [CONVENIO_COLECTIVO_APLICABLE] de la Provincia de [PROVINCIA] para el año [AÑO].

A este respecto, cabe citar las Sentencias que se relacionan en la que se declara el despido improcedente en un caso similar **(1)**:

– - [ESPECIFICAR].

– - [ESPECIFICAR].

Por todo lo expuesto,

SUPLICO AL JUZGADO:

Teniendo por presentada esta demanda con sus copias y documentos que se acompañan, la admita a trámite, convoque a las partes a juicio en la debida forma y celebrado éste dicte sentencia por la que, reconociendo la improcedencia del despido, condene a la demandada a que a su elección, y conforme a lo dispuesto en el artículo 56 del Estatuto de los Trabajadores, proceda a la readmisión del demandante o al pago de la indemnización legalmente establecida para despido improcedente, con abono en ambos casos de los salarios dejados de percibir desde que el despido tuvo lugar, por ser todo ello conforme a justicia y derecho.

En [LOCALIDAD], a [DÍA] de [MES] de [AÑO].

[FIRMA]

OTROSÍ DIGO: que la parte actora comparecerá asistida y defendida por el/la letrado/a D./D.ª [NOMBRE]

SUPLICO AL JUZGADO:

Tenga por efectuada la anterior manifestación.

Es justicia que pido en lugar y fecha indicados *ut supra*.

[FIRMA]

---

(1) Consignar jurisprudencia según el caso concreto.